Kristian Lutze wurde am 2. Januar 1960 in Solingen geboren und ist in Düsseldorf aufgewachsen. Er studierte Literaturwissenschaft (Amerikanistik, Anglistik und Germanistik) und Film Studies in Köln, Düsseldorf, Buffalo (N.Y.) und Hamburg.
Er lebt heute als freier Schriftsteller, Übersetzer und Journalist in Hamburg.

Vollständige Taschenbuchausgabe März 1991
Droemersche Verlagsanstalt Th. Knaur Nachf., München
© 1988 Rasch und Röhring Verlag, Hamburg
Umschlaggestaltung Manfred Waller
Druck und Bindung brodard & taupin
Printed in France 5 4 3 2 1
ISBN 3-426-02827-1

Kristian Lutze:
Mein Freund Marlowe

Das einsame Leben des Raymond Chandler

Für Maria
This dream 's for real

Inhalt

Sachdienliche Hinweise 7
Ein Vorwort

Down These Mean Streets a Man Must Go 9
Der Beginn einer wundervollen Freundschaft

Crime Doesn't Pay 23
Gangster und Groschenhefte

I Was Calling on Four Million Dollars 41
Die Reichen

L A – »The Plastic Asshole of the World« 64
Kalifornische Alpträume

Hurrah for Hollywood 91
Die Filme

Put the Blame on Mame, Boys 144
Die Frauen

The Long Goodbye 175
Die Liebe, die Sehnsucht und der Tod

Into the Sunset 218
Das Ende

Anmerkungen 226

Literatur 238

Sachdienliche Hinweise
Ein Vorwort

»Ich glaube nicht, daß *mein Freund Philip Marlowe* sich sehr viele Sorgen darüber macht, ob er geistig reif ist oder nicht«, erklärt der Schriftsteller Raymond Chandler einem Fan seiner Romane in einem Brief aus den frühen fünfziger Jahren. »Ich muß zugeben«, fährt er fort, »daß mir selber die Sorge darum in gleicher Weise mangelt.«
Redet so ein Autor über seinen Helden?
Mein Freund Marlowe ist er auch immer gewesen.
Angefangen hat alles mit *Casablanca*. Ich war 16 und hin und weg und wollte danach sofort einen Trenchcoat. Bogart führte mich in die Welt der nachtschwarzen Straßen, der zwielichtigen, gebrochenen, einsamen Helden. Und Marlowe war für mich der Größte. Ich bekam meinen Trenchcoat und behielt mein Interesse für das Ineinanderfließen von Fakten und Fiktionen, wie es die amerikanische Kultur von jeher geprägt hat. Ich wollte soviel wie möglich über ihre Helden wissen, warum und wie sie zu Helden geworden waren. Ich sammelte Informationen über die Zeit, in der Marlowe lebt, über Depression und Korruption, über die Traumfabrik Hollywood und ihre schwärzesten Stories. Ich spürte den amerikanischen Träumen und angstvollen Männerphantasien nach und schlenderte durch die Straßen der großen Stadt LA, wie sie in Büchern und Filmen erschaffen war.
Und ich stieß – viel später erst – auf den Mann, der sich Marlowe als Freund erfunden hat: Raymond Chandler. Die Geschichte seines Lebens, sein Weg von einer englischen Privatschule auf den Chefsessel einer Ölgesellschaft, vom heruntergekommenen Groschenheftschreiber zum astronomisch bezahlten Hollywoodautor, der mit dem

Leben kämpft, obwohl er es doch so gerne geliebt hätte – eine Geschichte, die ein schöner, großer, trauriger Film wäre. Ich habe ihn mir ausgedacht und als die fiktive Geschichte einer Männerfreundschaft inszeniert.

Was Marlowe und Chandler miteinander reden, wenn sie sich in irgendeiner Bar treffen, habe ich mir natürlich nicht ausgedacht. Ihre Gespräche über ihre Arbeit und ihre Träume, über Geld und Gier, Hollywood, die Frauen, das Leben und die Liebe sind montiert aus Briefen, Essays und Tagebuchnotizen des Schriftstellers Raymond Chandler und aus den Fällen und Phantasien seines Helden, des Privatdetektivs Philip Marlowe.

Ich habe ein Hotelzimmer am Pazifik, ein Antiquariat in San Francisco, eine Angeltour von Marlowe und Chandler, einen Ehestreit bei den Chandlers und noch ein paar andere Dinge erfunden, aber alle wichtigen Aussagen der Beteiligten sind authentisch.

Das zeitgeschichtliche Material über Prohibition, Depression, über Los Angeles und Hollywood, über die Reichen und die Mächtigen, über Schriftsteller und Schauspielerinnen ist belegt.

Wen es reizt, das Mosaik meiner Geschichte wieder zu zerlegen, der sei auf die Anmerkungen verwiesen.

Mich hat es gereizt, zu sehen, wie sich der Autor Raymond Chandler und sein Held Philip Marlowe gegenseitig spiegeln, welch neues Ganzes entsteht, wenn die Grenzen zwischen Fakten und Fiktionen verschwimmen. Ich habe mich auf die Spur eines modernen Helden begeben, nicht, um seinen Mythos zu er- oder gar zu verklären, sondern um ihn zu erzählen.

Der amerikanische Kulturkritiker Leslie Fiedler mit seinem fröhlich-anarchischen Verhältnis zur Literaturwissenschaft und Wim Wenders mit seinen Filmen haben mich eine neue Art zu sehen gelehrt. Ulrike, Jürgen, Ralf und vor allem Maria waren erste kritisch-ermutigende Zuhörer. Ihnen und vielen anderen bin ich sehr dankbar.

Kristian Lutze

Down These Mean Streets a Man Must Go

Der Beginn einer wundervollen Freundschaft

Der tiefe Schlaf kam erst spät in solchen Nächten. Er ging noch einmal zum Kühlschrank und füllte sein Glas mit Eiswürfeln und Whiskey. Er trank jetzt weniger, aber im Frühling des Jahres 1933 kühlte es manchmal auch nachts nicht richtig ab. Da brauchte er dann seinen Drink.

Am Morgen schon, als er mit seiner Frau Cissy aufgebrochen war, war es heiß gewesen. Er hatte in einem kleinen Drugstore für sie den *Cosmopolitan* und für sich drei Hefte der *Black Mask*-Reihe gekauft. Der alte Verkäufer hatte Cissy hinter seiner Nickelbrille mißbilligend gemustert, aber sie hatte es zum Glück nicht bemerkt. Sie hatte sich nicht wohl gefühlt und war schon am frühen Abend schlafen gegangen. Sie fühlte sich oft nicht wohl.

Der Mann setzte sich mit seinem Whiskey an den kleinen Schreibtisch und betrachtete das Titelblatt eines der Groschenhefte: eine junge dunkelhaarige Frau, die sich mit weit aufgerissenen Augen und in weit ausgeschnittenem Abendkleid angstvoll an eine Tür preßt. Neben ihr ein Mann im Smoking, eine Pistole in der Hand. Beide starren auf eine ins Bild ragende Hand, die eine andere Tür öffnet.

Der Mann blickte vom Schreibtisch zum Fenster und betrachtete das Spiegelbild seiner Frau in der Scheibe. Im Schlaf hatten sich ihre verhärteten Gesichtszüge geglättet, sie war trotz ihrer 61 Jahre noch schön. Der Mann versuchte hinter dem Spiegelbild den Pazifik auszumachen, der gegen die Felsen rauschte. Er trank und träumte. Er war jetzt 44, fühlte sich alt und müde und lebte mit seiner Frau von den hundert Dollar, die ihnen ein mitleidiger Freund monatlich schickte. Es fiel dem Mann schwer, nicht zu trinken. Er hieß Raymond Chandler und war, laut Eintrag im Telefonbuch von Los Angeles, Schriftsteller.

Das hatte er schon als junger Mann werden wollen, damals, nach seiner Schulzeit an der feinen englischen Privatschule, an der man eine Uniform und die Oberlippe steif trug, Griechisch lernte und den Akzent, den man in England für jede Karriere braucht. Chandler war ein guter Schüler und ein Bücherwurm. Er hätte später auf die Universität gehen können, wenn sein fetter irischer Onkel Ernest es gewollt hätte. Onkel Ernest war ein wohlhabender, rettungslos versnobter Rechtsanwalt und Privattyrann, der entschieden hatte, daß der junge Raymond im Staatsdienst Karriere machen sollte.
Vorher durfte er noch in Paris und München Sprachen lernen. Das war 1906/07. Chandler erinnerte sich gern an diese Zeit. Er hatte auf dem Boule Miche gewohnt; gleich im Haus war ein Café, in dem sich Studenten und Literaten trafen. Auch Süddeutschland hatte ihm sehr gefallen.
Nach seiner Rückkehr nach England bestand er eine Aufnahmeprüfung und wurde Buchhalter im Marineministerium. Dort gefiel es ihm nicht. »Der Staatsdienst war mir zutiefst zuwider«, sagte er später. Nicht nur, daß er als angehender Dichter Transportlisten für das Militär erstellen mußte, er fühlte sich auch in seinem Selbstwertgefühl gedemütigt, weil er sich »von ein paar Vorstadtnullen herumschubsen lassen mußte«. Denn der junge Raymond Chandler fühlte sich zu Höherem geboren, und je länger und weiter er sich davon entfernt sah, desto mehr wurde sein Snobismus zu hektischer Arroganz.
Das Beamtendasein ertrug er sechs Monate. Dann kündigte er. Onkel Ernest tobte, der Rest der Familie war entsetzt. Als 19jähriger hatte Chandler seine einzige reelle Chance vertan, regelmäßig Geld zu verdienen und lang-

sam, aber sicher Karriere zu machen. Als Dichter lebte es sich im London des Jahres 1907 schlecht. Also jobbte er wie viele arbeitslose Intellektuelle als Aushilfslehrer an einem College.
Mit 19 verfaßte Chandler auch sein erstes Werk, ein Gedicht, das in der *Westminster Gazette* erschien. Er erinnerte sich später daran, es im Badezimmer gedichtet zu haben, und war »froh, kein Exemplar mehr zu besitzen«. Es begann so:

> »Wenn die Abendsonne sinkt,
> wenn der Grillen Sang anhebt
> und der Tau im Grase blinkt...«

und endete ähnlich schrecklich.
1908 und 1909 veröffentlichte die *Westminster Gazette* 26 Gedichte von Chandler, pathetischer Schwulst. Hemmungslos reproduzierte er, knapp zwanzig, den Jargon der Uneigentlichkeit, der damals an den höheren Bildungsanstalten des Landes und in den literarischen Zirkeln gepflegt wurde.
Irgendwann zwischendurch hatte er sich als Reporter beim *Daily Express* versucht – mit fatalem Erfolg. »Ich war eine absolute Niete, der schlechteste Mann, den sie je hatten. Sie feuerten mich. Ich hatte es nicht anders verdient.«
Das war das Spiegelbild seiner Überheblichkeit: quälende Selbstzweifel und seine ungeheure Angst zu scheitern. Diese Angst war nicht unbegründet. Zwar übersetzte Chandler als »allgemeiner Berichterstatter« für die *Westminster Gazette* hin und wieder ein Artikelchen aus einer französischen oder deutschen Zeitung und schrieb Glossen und Rezensionen für die literarische Wochenschrift *Academy*, aber er war nur einer von Hunderten, die mit ihren Texten die Spalten der Bildungsbürgerblätter füllten. Und die anderen waren oft von Haus aus vermögend oder – im Gegensatz zu Chandler – im Staatsdienst geblieben.
Mit 23 lebte Chandler noch immer bei seiner Mutter, mit der er als Sechsjähriger nach England gekommen war. Er

konnte es sich anders nicht leisten. Erzogen, jemand zu sein, den niemand brauchte, schrieb er sich sein Versagertrauma in hämischen Verrissen von der Seele. In dem, was er zu der Zeit sein wollte, war er mittelmäßig, und, was schlimmer war, er wußte es.
»Ich besaß alle Voraussetzungen, ein ziemlich guter zweitklassiger Dichter zu werden, aber das will nichts heißen, weil ich die Art Verstand habe, mit dem man ein ziemlich guter zweitklassiger Was-auch-immer werden kann, ohne sich groß anzustrengen.«
Literatur hatte Chandler damals schreiben wollen, aber er wußte nichts zu sagen, noch nicht. Schlimmer kann man als Schreiber nicht stranden. Chandler trat den bitteren Gang zu seinem reichen fetten Onkel an und lieh sich 500 Pfund. Er wollte weg. Als 23jähriger sah er für sich in England, wo er sich zu Hause fühlte, keine Zukunft mehr.
Als er schon lange resigniert hatte und seine Abreise nach Amerika vorbereitete, bot ihm ein intellektueller Dandy aus der Zeitungsbranche einen lukrativen Job an. Chandler sollte Fortsetzungsromane für Illustrierte schreiben, »was ich damals für den übelsten Schund hielt, den man mit Worten hinschmieren konnte. Ich schenkte ihm ein müdes Lächeln und verließ das Land.«

Das war 1912 gewesen. Chandler war zurückgekehrt in das Land, in dem er 1888 geboren war, in die Vereinigten Staaten von Amerika. Hier hatte er damals als 23jähriger eine Zukunft gesehen, hier war er jetzt als 44jähriger noch gründlicher gescheitert.
Raymond Chandler – Schriftsteller.
Er saß in diesem Hotelzimmer, in dem man nachts den Pazifik hören konnte. Seine Frau schlief, und er versuchte, mit ein paar Drinks die quälenden Erinnerungen zu vernebeln.
Er blätterte in einer Kladde, die er sich im Herbst gekauft hatte, in Seattle, wo er sich bei einem Freund aus der

Armee von einem Zusammenbruch erholt hatte. Bei den Skizzen zu einem Gedicht, die irgendwann auf dieser Reise entstanden waren, hielt er inne.

>»Visionen von einer einst geliebten
Frau vermischen sich mit Visionen
von einem Land, das ich einst
fast ebenso geliebt.
Es gibt keine Länder so schön wie
das England, das ich mir vorstelle
in den Nachtstunden.«

»Nocturne von Nirgendwo« hatte er drübergeschrieben. Das Gedicht handelte vom England seiner Jugendträume und von einer Frau mit kornblumenblauen Augen. Die würde später sein Freund Philip Marlowe immer wieder begehren – vergeblich.

»Für ein Weilchen in den Nachtstunden laßt
mich zurückgehen in jene gütige und glänzende Zukunft,
die nicht vergangen ist, da sie
nie sich ereignete, und die doch gänzlich verloren ist –«

Chandler klappte das Heft zu und holte neues Eis aus dem Kühlschrank. Aus der Verbitterung dieser Zeilen sprach mehr als verlorene Jugendliebe und unerfüllte Jugendträume. Diese Hoffnungslosigkeit war tief.

Er hatte viele vage Hoffnungen, als er 1912 mit Schulkrawatte und steifem Kragen, mit Mittelscheitel und einem »englischen Akzent, den man im Dunkeln sehen konnte«, in New York an Land ging.
Über St. Louis und Omaha, Nebraska, war er nach Kalifornien gekommen. Er arbeitete auf einer Aprikosenplantage und als Tennisschlägerbespanner in einem Sportgeschäft. Er besorgte sich ein Zertifikat und fing als Buchhalter bei einer Molkerei in Los Angeles an. Statt über Militärtransporte durfte er jetzt über Milchprodukte Buch führen. Er lebte in Pensionen für fünf Dollar die Woche,

frische Bettwäsche alle zehn Tage. Manchmal blieb er nicht so lange. Er lernte das Gelobte Land von unten kennen, und er merkte sich alles gut.
Als er sich endlich eine eigene Wohnung leisten konnte, holte er seine Mutter zu sich nach Kalifornien. Dann war Krieg. Im August 1917 meldete sich Chandler in Victoria zu den Gordon Highlanders of Canada. Seine patriotischen Gefühle für die USA hielten sich erkennbar in Grenzen.
Chandler kam erst nach England, dann im Frühjahr 1918 nach Frankreich. Als er im Februar 1919 in Vancouver aus der Armee entlassen wurde, wollte er den Alptraum des vergangenen Jahres vergessen. Ein deutsches Sperrfeuer hatte seine Einheit aufgerieben: Chandler überlebte als einziger. Das nackte Grauen, das er gesehen hatte, hatte ihn verändert. In ihm blieb eine Verstörung darüber, was Menschen Menschen antun können.
»Wenn man einmal einen Zug ins direkte Maschinengewehrfeuer führen mußte, ist danach nichts mehr wie vorher.«
Eigentlich war in seinem Leben schon alles wie vorher. Chandler hatte es nicht eilig, nach Hause zu kommen. Er bummelte die Pazifikküste runter. »Ich unternahm wieder einmal einen halbherzigen Anlauf zum Schreiben, aber ich kam nirgends hin.«
Inzwischen war er 31. In dem, was er für sich erhofft hatte, war er nach wie vor so gründlich erfolglos, daß ihm zum Weiterkommen nur noch das Geschäftsleben blieb. Zunächst probierte Chandler es 1919 mit einer englischen Bank in San Francisco, in der vagen Hoffnung, so vielleicht nach England zurückkehren zu können. Seine englischen Kollegen in dieser Bank, die ihm, »verdammt noch mal, ständig mit ihrem gekünstelten Gehabe und Akzent vor der Nase herumwedelten«, waren von der Sorte, die er noch nie hatte ausstehen können – der Inbegriff von »billigem Vorstadtsnobismus«. Er ertrug sie nicht sehr lange.
Schließlich kehrte er nach Los Angeles zurück, arbeitete sechs Wochen beim *Daily Express,* dann etwas länger hier

und etwas kürzer dort. Auch seine Wohnungen wechselte er ständig, als sei er vor sich selbst auf der Flucht. Als habe er Angst, sich in seinem Leben dauerhaft einzurichten.

Vierzehn Jahre später, 1933, war Chandler noch immer auf der Flucht vor seinem Leben. Er fuhr mit seiner Frau die amerikanische Westküste ab, sie übernachteten in Hotels. Da saß er dann, wie an diesem Abend, an einem schäbigen Schreibtisch auf einem unbequemen Stuhl in einem Zimmer mit Nummer und ohne Atmosphäre. Von seinen Träumen waren eine Kladde und ein Stift geblieben. Und dieser Telefonbucheintrag: Raymond Chandler – Schriftsteller.
Er stand auf und öffnete leise das Fenster. Im Stehen stopfte er sich eine Pfeife und zündete sie an. Draußen roch es nach Frühling am Meer. Als er das Fenster wieder schloß, fuhr Cissy kurz aus dem Schlaf hoch, murmelte ein paar Worte und war wieder weg.
Cissy war das einzige, was Chandler geblieben war. Sie hatte keine andere Wahl. Sie war 61 und Pianistin ohne viel Berufserfahrung. Seit neun Jahren war sie Chandlers Frau, vor 14 Jahren hatten sie sich ineinander verliebt, seit zwanzig Jahren kannten sie sich, und er hatte sie in die gründlichste Katastrophe ihres Lebens geführt. Er hatte sie belogen, betrogen und arm gemacht. Und dennoch war Cissy die einzige, die an ihn glaubte. »Schreib«, hatte sie gesagt. Sie sagte es noch immer.
Kennengelernt hatten sie sich durch die Lloyds. Damals auf dem Schiff von England hatte er sich mit den Lloyds angefreundet. Warren Lloyd, Dr. phil., Yale-Absolvent, Alma Lloyd, Bildhauerin, drei Kinder und genug Geld, um sich Kultiviertheit leisten zu können. Sie hatten den höflichen und gebildeten jungen Mann, der sehr schüchtern und sehr englisch war, nach Kalifornien eingeladen, und ab 1913 gab Chandler seine offizielle Postadresse mit c/o Mrs. Warren Lloyd an.

Bei den Lloyds traf man sich in philosophischen und literarischen Zirkeln; auch Musikabende wurden gegeben, bei denen die Dame des Hauses sang, am Klavier begleitet von Julian Pascal, Cissys zweitem Mann. Chandler mochte diese Abende, die kultivierte Gemeinschaft, den feinsinnigen Humor, und er mochte Cissy Pascal, die Frau des Pianisten. Immerhin so sehr, daß er ihr während des Krieges Briefe schrieb. Und sie antwortete ihm. Die Pascals kümmerten sich in dieser Zeit auch um seine Mutter. Als Chandler 1919 nach Los Angeles zurückkam, traf er sie alle wieder, und die Lloyds, Pascals und Chandlers bildeten schnell einen engen Freundeskreis.

Cissy Pascal war damals 48, sehr chic und elegant und mit theatralischem Gespür für die richtige Geste. Als junges Mädchen hatte sie Anfang 1890 in New York Musik studiert. Es gab viele Bilder aus dieser Zeit, denn sie hatte Fotografen und Malern Modell gestanden. Darauf strahlte sie eine wunderschöne, rätselhafte Traurigkeit aus.

Inzwischen war sie eine reife Frau, schön, klug und witzig. Chandler war 31, schlaksig, schüchtern und ein wenig verträumt. Die beiden verliebten sich ineinander.

Chandler fühlte sich endlich einmal verstanden; daß diese Frau ihn liebte, war mehr Bestätigung, als das Leben ihm bisher hatte zuteil werden lassen. Chandlers Mutter war keineswegs begeistert und der harmonische Freundeskreis reichlich durcheinander. Cissys Mann war tief getroffen. Aber alle Beteiligten setzten sich zusammen und diskutierten die Affäre wie aufgeklärte Menschen, die sie ja sein wollten. Schließlich reichte Cissy die Scheidung ein, die im Oktober 1920 ausgesprochen wurde.

Von einer Heirat ihres Sohnes mit dieser älteren Frau wollte die alte Mrs. Chandler nichts wissen. Sie und ihr Sohn standen sich sehr nahe, sie hatten einen langen gemeinsamen Weg hinter sich. Von Chandlers Geburtsort Chicago nach London und viele Jahre später zurück in die USA, nach Los Angeles; ein langer Weg durch Armut und Demütigung, ohne besondere Glanzpunkte.

Chandler wußte, daß seine Mutter nie wieder geheiratet hatte, weil sie fürchtete, »ein Stiefvater würde« ihn »nicht freundlich behandeln«, weil sein »Vater so ein Schwein war«. Chandlers Vater war ein Trinker gewesen, oft unterwegs, der seine Frau schließlich mit dem sechsjährigen Raymond hatte sitzenlassen. Sie hatte alles gegeben, damit aus dem Jungen trotz allem etwas würde.
Gegen den Willen seiner Mutter brachte Chandler es nicht fertig, Cissy zu heiraten. Er mietete zwei Wohnungen, eine für Cissy und eine für seine Mutter und sich, und lebte mal hier, mal dort. Das war zwar verlogen und kostspielig, aber inzwischen konnte Chandler dafür aufkommen. Warren Lloyd hatte ihm einen ganz guten Posten bei der Ölfirma seines Bruders besorgt. 1924 starb Chandlers Mutter nach langem Krebsleiden. Knapp zwei Wochen später heirateten Raymond Chandler, 35, und Pearl Eugene, genannt Cissy, Hurburt-Pascal, 43. So stand es in der Heiratsurkunde. Tatsächlich war Cissy 53 und hatte schon damals ihr verzweifeltes Schattenboxen gegen das Altern begonnen.
Bereits ein Jahr zuvor war Chandler zum Wirtschaftsprüfer des Dabney-Ölsyndikats aufgestiegen, nachdem sein Vorgänger 30000 Dollar unterschlagen hatte. Damit war Chandler Direktor des Büros in Los Angeles, die rechte Hand des Chefs. Er galt als »genial«, die Leichtigkeit, mit der er komplexe Vorgänge organisierte, wurde von seinen Mitarbeitern bewundert. Er war glücklich verheiratet, verfügte über einen Dienstwagen und besaß privat noch einen Chrysler. Er verdiente tausend Dollar im Monat, womit er in den zwanziger Jahren ein reicher Mann war.
Aber immer noch zog er dauernd um, immer noch fühlte er sich nirgends zu Hause. Er fand das Geschäftsleben hart, und er haßte es. »Aber was man einmal angefangen hat, muß man auch so gut machen, wie man kann. Was man auch tut, man muß immer etwas hergeben. Das Leben ist schließlich ein Kampf, nicht?«
Chandler bemühte sich, die Rolle des harten Geschäfts-

manns zu spielen. Er war gut in seinem Job, aber etwas stimmte nicht.

Mit Kollegen ging er zum Football, oder er spielte mit ihnen am Wochenende Tennis. Es gab Footballspiele, die er nicht mehr mitbekam, weil er einfach zu betrunken war. Als er an einem Samstag seinen Kollegen Mr. Philleo zum traditionellen Doppel abholen wollte, entschuldigte dieser sich damit, daß seine Frau krank sei. Der angetrunkene Chandler ging daraufhin in Mrs. Philleos Schlafzimmer und versuchte, sie aus dem Bett zu ziehen. Philleo warf ihn raus. Aber Chandler ging nicht. Er stand im Wohnzimmer und hielt sich eine Pistole an die Schläfe. Philleo nahm ihm die Waffe ab und beförderte ihn nach draußen. Am Montag entschuldigte sich Chandler, und man beschloß, die Sache zu vergessen.

Dann begann er, tagelang zu verschwinden. Weder Cissy noch sein Büro wußten, wohin. Manchmal meldete er sich telefonisch, gab Name und Adresse irgendeines Hotels an, in dem er sich gleich aus dem Fenster stürzen werde. Mit der Zeit gewöhnten sich Freunde und Kollegen an diese Auftritte, denn sie wußten, Chandler bluffte.

Er war jetzt Ende Dreißig, verheiratet, wohlhabend, erfolgreich und verzweifelt. Er galt als pedantisch und humorlos. Im Beruf gebärdete er sich hartgesotten, zu Hause verfiel er in grenzenloses Selbstmitleid. Cissy ging auf die Sechzig zu, Chandler war noch keine vierzig. Sie färbte sich die Haare blond und trug entschieden zu jugendliche Kleider. Sie hatte die Launen einer Diva und residierte in einem Schlafzimmer voller rosa Rüschen. Sie kultivierte einen verblühten mädchenhaften Charme oder – öfter noch – die Flucht in die Krankheit. Chandler kümmerte sich um sie, aber er war froh, wenn er ausgehen konnte, allein.

Er trank gegen die Verzweiflung an, ein Leben zu leben, in dem er sich fremd fühlte. Und er trank sich Mut an, das zu suchen, was er in dem rosa Schlafzimmer zu Hause nicht bekam. Kein Wunder, daß Kollegen spotteten.

»Bei den jährlichen Banketten der Öl- und Gasgesellschaften, wo tausend Unternehmer sich im Biltmore glänzend amüsierten, sah man Chandler kaum, und wenn, dann trieb er sich stinkbesoffen mit einem Schwarm Showgirls im Hintergrund herum und ging allen auf die Nerven.«
Sein Arbeitskollege und Tennispartner Mr. Philleo hatte eine Sekretärin, die plötzlich jeden Montag fehlte, wofür sie nur lahme Entschuldigungen vorbringen konnte. Philleo hakte nach und fand heraus, daß Chandler für sich und diese Sekretärin ein Apartment gemietet hatte, in dem sie am Wochenende wilde Saufgelage veranstalteten. Zu wild, um montags arbeiten zu können. Chandler erschien sowieso erst wieder mittwochs, wenn überhaupt.
Denn manchmal blieb er wochenlang verschwunden. Für seine Frau und seine Mitarbeiter war er einfach weg. Er wachte in Ausnüchterungszellen auf oder in fremden Hotels. Unbekannte Gesichter drängten sich in seine Erinnerung, wenn er in die Normalität zurückkehrte. Verlorene Wochenenden reihenweise, ein selbstzerstörerisches Doppelleben. Eine Zeitlang hielten die Kollegen dicht, dann sickerte etwas zum Chef durch. Chandler wurde erst verwarnt, dann gefeuert.

Das war ein Jahr her. Zwei Jahrzehnte dauerte sein Versuch nun schon, hier in Amerika einen neuen Anfang zu machen, und jetzt hatte er sich auch noch seinen Ruf als seriöser Geschäftsmann ruiniert. Er hatte die Liebe seiner Frau enttäuscht, gute Freunde vor den Kopf gestoßen. Er hatte wie ein Getriebener gelebt.
Nie hatte die Wirklichkeit dem Anspruch seiner Träume standgehalten. Immer war er nur ein Abglanz des Mannes gewesen, der er sein wollte. Er hatte versucht, sich in dem Punkt selbst zu belügen, aber es war ihm nicht gelungen, nicht mit Liebe und nicht mit Erfolg, schon gar nicht mit Alkohol. »Keiner von uns findet, was er sucht, und muß sich letztlich damit begnügen, was er ist.«
Er war also weggelaufen, hatte sich bei dem Freund aus

der Armee in Seattle verkrochen, bis Cissy diese Lungenentzündung bekam. Jedem seine Fluchten. Jetzt dieses Hotelzimmer und der Eintrag ins Telefonbuch von Los Angeles: Raymond Chandler – Schriftsteller. Manche Träume sind hartnäckig.
Chandler begann diese Frühlingsnacht des Jahres '33 zu hassen. Das Meer rauschte gegen die Felsen, seine Frau schlief, und seine Erinnerungen waren erbarmungslos klar.
Er nahm ein anderes der Groschenhefte und begann zu lesen. Danach, das wußte er, würde er schlafen können. Das Titelblatt versprach »die härteste und schnellste Story von allen – reiner Terror, mit knallharter Gewalt geschrieben, von hypnotischer Kraft«.
Der Held der Geschichte hatte im Osten schnelle 2000 Dollar gemacht und kam nach Südkalifornien. Der Ruf, der ihm vorauseilte, half ihm, auch hier schnell wieder in lukrative, wenn auch illegale Geschäfte einzusteigen. Dann spielte er verschiedene Gangster gegeneinander aus, erledigte ein paar, gewann bei all dem einige tausend Dollar, verlor alles bis auf ein paar Cent wieder und verschwand schließlich zurück in den Osten. »Dort«, so endete die Story, »verließ ihn nach einer Weile das Leben.«
Chandler liebte diesen Schund. Er kannte seine Helden. Race William zum Beispiel, der manchmal als Privatdetektiv, manchmal als Zeitungsmann oder sogar als Berufsspieler auftrat. Die Frauen liebten Race, vergeblich, die Männer fürchteten ihn. Er sagte Sachen wie, »richtig und falsch sind für mich nicht in den Gesetzen aufgeschrieben, und meine Moral finde ich nicht in den Essays von langatmigen Professoren«.
In Nächten wie dieser, wenn er nicht schlafen konnte, weil seine Enttäuschungen ihn quälten, war Chandler oft mit diesen Typen unterwegs. Dann begab er sich vom Schreibtisch in die Hinterhöfe und in die schäbigen Bars, wo sich Menschen trafen, die das Leben kannten. Lauter Verlierer, betrogen um ihre Träume.

Chandler fand, »daß das Geschreibsel stilistische Kraft besaß und ehrlich war, auch wenn es in reichlich roher Form dastand«. Wieder ging er zum Kühlschrank, um sich neues Eis zu holen. Längst hatte er die Hoffnung aufgegeben, betrunken zu werden. Er stopfte sich noch eine Pfeife. Daß er sich unverstanden und allein fühlte, warf er schon lange niemandem mehr vor. Er setzte sich und nahm ein neues Heft zur Hand. Er las ein paar Absätze, unterbrach die Lektüre aber, um etwas in seine Kladde zu schreiben.

»Alle Menschen, die lesen, flüchten vor irgend etwas, flüchten sich in das hinüber, was hinter der bedruckten Seite liegt; qualitativ mag das Träumen diskutabel sein, aber funktionell ist es ganz einfach eine Notwendigkeit geworden.«

Eine Notwendigkeit für Menschen wie die in diesen schwarzen Stories, eine Notwendigkeit für Menschen wie Raymond Chandler, die vom wirklichen Leben nicht mehr viel erwarteten.

Das liebte Chandler an den kalten Geschichten, »den Geruch von Angst in der Welt, in der etwas schiefgelaufen war, einer Welt, in der die Zivilisation eine Maschinerie der Selbstzerstörung konstruiert hatte, die sie jetzt benutzen lernte, mit dem schwachsinnigen Vergnügen, mit dem ein Gangster seine erste Maschinenpistole ausprobiert«.

Die harten Helden machten sich nichts mehr vor:
»Gesetze waren da, um für Profit und Macht manipuliert zu werden. Die Straßen waren finster, aber nicht nur, weil es Nacht war.«

In dieser Nacht traf Raymond Chandler auf den schäbigen Straßen seiner desillusionierten Träume einen Mann. Denn »durch diese schäbigen Straßen muß der Mann gehen, der selbst nicht schäbig ist, der eine reine Weste hat und keine Angst«.

Chandler wunderte sich, daß er ihm nicht schon eher begegnet war. Die beiden kamen ins Gespräch, und

Chandler mochte den einsamen Fremden. Er war »ein Mann von Ehre – aus Instinkt, ohne Gedanken daran und gewiß ohne Worte darüber«. Wie Chandler war er »ein relativ armer Mann«, ein Detektiv, aber das kriegte Chandler erst später raus. Zuerst trafen sie sich nur in seinen schwarzen Phantasien. Raymond Chandler, Schriftsteller, und der schweigsame Privatdetektiv, beide lakonisch, wie es einsame Männer auf finsteren Straßen sind. Der fremde Mann hatte einen rauhen Witz und einen lebhaften Sinn fürs Groteske, er verabscheute Heuchelei und verachtete alles Kleinliche. Und darin war sich Chandler sicher:
»Gäbe es genügend seinesgleichen, die Welt wäre ein Ort, so sicher, daß man darin leben könnte, und doch nicht so langweilig, daß es sich nicht mehr lohnte, darin zu leben.«
Als er schon fast gegen Morgen müde von seinen Traumwanderungen aus dem dunklen Teil der Stadt zurückkehrte, war er fast froh. Er dachte an den Fremden und schrieb in seine Kladde:
»Die Story ist das Abenteuer dieses Mannes auf der Suche nach der Wahrheit.«
Chandler stellte sein Whiskeyglas auf den Kühlschrank, zog sich aus und legte sich ins Bett. Diese Nacht war der Beginn einer wundervollen Freundschaft. Aber das konnte er nicht wissen. Der Fremde hieß Philip Marlowe, auch das wußte Raymond Chandler noch nicht.

Crime Doesn't Pay
Gangster und Groschenhefte

Philip Marlowe saß hinter seinem Schreibtisch und rauchte. Durch das offene Fenster seines Büros drang der Lärm des Feierabendverkehrs vom Cahuenga-Boulevard herauf. Die Gerüche aus dem Restaurant nebenan zogen durch die vergilbte Netzgardine. Das warme Licht der Spätnachmittagssonne fiel auf die staubige Glasplatte des Schreibtischs, dem alten roten Teppich tat es nichts Gutes. Marlowe klopfte seine Pfeife aus und kramte in den Schubladen seines Schreibtischs nach einer kleinen Flasche Whiskey, die er, da war er sich sicher, vor ein paar Tagen dort deponiert hatte. Er fand sie schließlich, sie war leer.
Die Luft wurde immer stickiger, und Marlowe beschloß, auf dem Nachhauseweg auf einen Drink bei Victor vorbeizugehen. Er nahm seinen Hut, zog sich die Jacke über und verschloß hinter sich die Tür, auf der in schwarzer Schrift auf Riffelglas stand:

PHILIP MARLOWE – ERMITTLUNGEN

Die kleine Bar an der Ecke, in der Victor mixte, hatte gerade geöffnet und war noch fast leer. Die ersten Gäste tranken unter gedämpftem Geplauder das Ende eines heißen, staubigen Tages ein. Noch war es hier drinnen kühl und klar, waren die Gläser blank, sah Victors Hemd gebügelt aus. Marlowe setzte sich an die Theke. Er bestellte einen Whiskey und redete. Daß es heiß sei für Los Angeles im Juni und was man beim ersten Drink mit dem Barmann so redet.
Lou Harger kam in die Bar, ein freundlicher kleiner Ganove, den Marlowe flüchtig kannte. Seitdem das Alkoholverbot aufgehoben war, ging es Lou ziemlich schlecht. Er bat

Marlowe um Kleingeld zum Telefonieren, redete geheimnisvoll von todsicherer Sache, Bombengeschäft, und war schnell wieder verschwunden.
»Vielleicht klappt es diesmal«, dachte Marlowe. Und vielleicht würde er dann seine fünf Dollar zurückbekommen, er konnte sie brauchen.
Während Marlowe noch überlegte, ob er sich einen zweiten Drink genehmigen sollte, kam dieser Mann rein, den er schon neulich nachts getroffen hatte. Der Mann war wohl Mitte Vierzig, ziemlich groß, fast mager, mit runder Hornbrille und gutem Anzug, den er aber offensichtlich schon ein, zwei Jahre zu lange trug. Er wirkte etwas scheu und unbeholfen, bestellte bei Victor einen Gimlet und nickte Marlowe verlegen zu.
»Guten Abend, Sir. Wir trafen uns unlängst, wie Sie sich vielleicht erinnern. Darf ich Sie zu einem Drink einladen?«
Man durfte Marlowe fast immer zu einem Drink einladen.
»Vielen Dank, Mister. Ich nehme das gleiche wie Sie.«
Der fremde Mann sprach mit einem leicht manirierten englischen Akzent. Die beiden setzten sich an einen freien Tisch. Victor brachte die Gimlets, zu gleichen Teilen Gin und Limonensaft, der fremde Mann ergriff sein Glas und sagte träumerisch:
»Der erste stille Drink des Abends in einer ruhigen Bar – das ist etwas Wunderbares. Auf Ihr Wohl.«
»Ihr Wohl, Mister.«
»Alkohol ist wie die Liebe. Der erste Kuß ist magisch, der zweite innig, der dritte Routine.«
Der Mann betrachtete nachdenklich das Glas in seiner Hand. »Gestatten Sie, daß ich mich vorstelle. Mein Name ist Raymond Chandler.« Er nickte Marlowe kurz zu.
»Angenehm. Philip Marlowe – mit e.«
Wieder nickte der Mann kurz.
»Kommen Sie oft hierher?« fragte Marlowe, um etwas zu fragen.

»Nein, ich bin zufällig hier hereingeraten. Ich schlendere oft durch die Straßen, nur so, und denke mir Sachen aus. Und Sie?«
Marlowe runzelte die Stirn und sagte: »Ich habe mein Büro gleich um die Ecke.«
»Sie sind Geschäftsmann, wenn ich fragen darf?«
»Privatdetektiv!«
Chandler schien sehr interessiert. Er ließ sich von Marlowe die zwei Sorten Visitenkarten zeigen, die dieser stets bei sich trug: die normalen und die mit der Pistole in der Ecke, für Kunden, die beeindruckt werden wollten.
»Was für Fälle bearbeiten Sie denn so?« Chandler schien ganz aufgeregt.
»Alles, was halbwegs ehrlich ist. Und Sie, was tun Sie?« fragte Marlowe, der, wenn er halbwegs ehrlich war, zugeben mußte, daß er schon seit einer Woche auf einen Auftrag wartete.
»Ich bin Schriftsteller«, sagte Chandler.
Marlowe runzelte wieder die Stirn. »Schriftsteller, ach ja? Was schreiben Sie denn so?«

Ein halbes Jahr zuvor hatte Chandler eine Erzählung geschrieben. Sie hieß »Bier in der Mütze des Oberfeldwebels oder Die Sonne niest auch«. Unter dem Titel stand: »Ohne triftigen Grund Ernest Hemingway gewidmet, dem größten lebenden amerikanischen Romancier«. Chandler verehrte Hemingway. Hemingway war zehn Jahre jünger als Chandler und hatte im Ersten Weltkrieg als Journalist gearbeitet. Wie viele seiner Schriftstellerkollegen war er in Paris gelandet. Sie alle wollten nicht zurück in die spießige Verlogenheit ihrer amerikanischen Heimat. »Lost Generation« hatten sie sich genannt und mit Dollarschecks von zu Hause ihren Kummer in französischem Wein ertränkt.
Sie hatten das Vertrauen in die Werte verloren, die man ihnen gepredigt hatte. Gerechtigkeit, Ehre, Vaterland – sie konnten nicht mehr daran glauben.

Hemingway fand für diese verlorene Unschuld eine knappe, harte Sprache. Er erzählte immer wieder dieselbe Geschichte von einsamen Männern, vom Kampf, von der Jagd und vom Tod. Und er wurde sehr reich und berühmt damit.
Chandler hatte als junger Mann in England einmal ein paar Kurzgeschichten geschrieben. Übungen eines Fernkursus, der in seiner Werbung versprach, den in jedem schlummernden Schriftsteller zu wecken. Chandler hatte alle seine Geschichten gesammelt und in einer Mappe aufbewahrt. Seine Lehrer hatten ihm gute Noten gegeben und literarisches Talent bescheinigt.
Hemingway hatte mit 26 den Roman geschrieben, den seine Kritiker für den besten hielten: *Fiesta,* mit dem Erzähler Jake Barnes, einem impotenten Stierkampffan, als Helden. Chandler war 44 und suchte immer noch nach seinem Helden, den er durch die Straßen schicken konnte in einer Welt, wie er sie sah.
Aber die blutrünstigen Gutenachtgeschichten der *Black Mask*-Heftchen und seine erste nächtliche Begegnung mit dem Fremden hatten in Chandlers Kopf eine Idee festgesetzt. Seine Frau Cissy konnte nicht begreifen, daß ein gebildeter erwachsener Mann sich derartig für solchen Schund begeistern konnte und noch dazu meinte, daß er »dieses Zeug vielleicht schreiben könnte.«
Und Chandler erklärte Cissy, warum er bis jetzt ein Schriftsteller weitgehend ohne Schriften geblieben war:
»Langsam merke ich, daß uns überpeniblen Leuten viele Stories durch die Lappen gehen, bloß weil wir unserem Verstand erlauben, bei jedem Fehler zu gefrieren, anstatt ihn eine Weile frei laufen zu lassen, ohne den kritischen Beobachter, der gleich alles abschießt, was nicht vollkommen ist.«
So war das also. Aber diesmal schien Chandler es wirklich ernst zu meinen. Er begann Unmengen von Krimis zu lesen. Zuerst die alten, in denen ein superschlauer Detektiv nach ein paar hundert Seiten Verwirrspiel einer stau-

nenden Leserschaft den Mörder präsentiert wie das Lösungswort vom Wochenendkreuzworträtsel der *Los Angeles Times*. Chandler lernte die großen Detektive der Literatur kennen und ließ kein gutes Haar an ihnen:
»Sherlock Holmes«, befand er, »besteht letzten Endes im wesentlichen nur aus einer Attitüde und ein paar Dutzend Zeilen unvergeßlichen Dialogs.«
Und Poirot aus *Mord im Orient-Expreß* kam auch nicht besser weg:
»Bei Agatha Christie findet sich ein Hirngespinst von Plan, das uns M. Hercule Poirot charakterisiert, jenen ingeniösen Belgier, der ein Französisch spricht wie ein wörtlich übersetzender Schuljunge. Nachdem er ›seine kleinen grauen Zellen‹ ausgiebig betätigt hat, kommt M. Poirot zu dem Schluß, daß, da keiner der Leute in einem bestimmten Schlafwagen den Mord alleine begangen haben kann, ihn alle zusammen begangen haben müssen. Das ist ein Typus, vor dem selbst der raffinierteste Verstand schließlich mit offenem Mund dasteht. Nur ein Schwachkopf könnte auf diese Lösung verfallen.«
Mühsam arbeitete sich Chandler durch die »dicke Kruste aus englischer Adligkeit und Pseudonoblesse«. »Eine ziemlich schwierige Angelegenheit«, fand er, an der er dann auch bald die Lust verlor. Diese Sorte Krimi stelle »ein steriles Formelrezept dar, das nicht einmal seinen eigenen Gegebenheiten gerecht werden konnte«!
Zu lange und zu weit war Chandler inzwischen von seinen Ich-Phantasien anglophiler Großbürgerlichkeit entfernt, als daß ihn die näselnde Arroganz der adligen Meisterdenker noch packen konnte, die zwischen Rosenbeeten in Pfarrhausgärten nach den Spuren realer Gewalt suchten.
Chandler stellte sich Lord Peter Wimsey, Dandy-Detektiv aus Dorothy Sayers' Romanen, im Polizeihauptquartier von Los Angeles vor und konnte nur lachen:
»Die Jungs mit den Füßen auf dem Schreibtisch wissen genau, daß kein Mordfall auf der Welt so leicht zu lösen ist

wie der, in dem jemand versucht, besonders raffiniert vorzugehen; was ihnen wirklich Kopfzerbrechen bereitet, sind die Fälle, bei denen dem Mörder der Einfall erst zwei Minuten vor der Tat gekommen ist. Aber wenn die Autoren dieses Genres Morde beschreiben würden, wie sie wirklich vor sich gehen, dann müßten sie auch das Leben beschreiben, wie es wirklich vor sich geht. Und da sie das nicht können, tun sie so, als wäre ihr Gefummel wirklich der Lauf der Welt.«

In den Stories der *Black Mask*-Hefte ging es weniger lavendelbeduftet zu. Ihr Herausgeber Joseph T. Shaw hatte sein Programm auf einen knappen Nenner gebracht: »Wir wollen Einfachheit, Klarheit, Glaubwürdigkeit und Überzeugung. Wir wollen Action.«

Auch von seinem typischen Leser hatte Shaw eine klare Vorstellung. Er veröffentlichte sie im April 1933 in *Black Mask* unter dem Titel »Here is looking at you«: ein Mann, natürlich ein Mann,

»der das Lied einer Kugel kennt, das gleitende Zischen eines rasch geworfenen Messers, das Gefühl harter Fäuste, den Ruf des Mutes. Er ist lebenstüchtig; hart, so, wie ein anständiger Kerl hart ist. Er ist nicht zimperlich oder prüde, sondern sauber und bewundert das Gute in Mann und Frau. Er ist nicht schwärmerisch sentimental, sondern schätzt echte Gefühle, und er ist immer auf der Seite dessen, der im Recht ist.«

Neben solch erbaulicher Lektüre begann Chandler, getreu seinem Motto »Analysieren und imitieren – eine andere Schule ist nicht nötig«, mit Schreibübungen. »Als Anfänger ahmt jeder nach«, meinte er. Und Chandler war Anfänger, nachdem er 26 Jahre lang davon geträumt hatte, Schriftsteller zu sein.

Also begann er die Geschichten, die ihn am stärksten beeindruckten, nachzuerzählen, um zu lernen, wie man so was schreibt. Eine Story von Erle Stanley Gardner etwa, in der der Held Rex Kane hieß und sich »mit einer etwas überkandidelten Dame in einer Prachtvilla in Hollywood

einließ, die eine Anti-Erpresserorganisation leitete«, wie Chandler Cissy erzählte.
Zunächst schrieb er eine detaillierte Zusammenfassung. Dann erzählte er die Geschichte neu, verglich das Ergebnis mit dem Original, schrieb noch weiter um und so weiter. Am Ende war er ein bißchen sauer, daß er nicht versuchen konnte, die Geschichte zu verkaufen. Er fand sie nämlich ganz gelungen.
Nach und nach hatte Chandler begonnen, sich auch ältere Jahrgänge von *Black Mask* zu besorgen. In vier aufeinanderfolgenden Heften des Jahres 1929 stieß er auf einen Roman mit dem Titel *Der Malteserfalke*. Er handelte von dem Privatdetektiv Sam Spade, der in eine verzwickte Geschichte um einen vermeintlich wertvollen Porzellanfalken geriet. Die Sache stellte sich am Ende als großer Bluff heraus, aber sie kostete ein paar Leuten das Leben. Spade war tief in die Geschichte verstrickt, vor allem, weil er sich in seine Klientin, Miss Wonderly, verliebte. Als er am Ende herausbekam, daß sie seinen Partner erschossen hatte, übergab er sie der Polizei.
»Ich werde ein paar schlimme Nächte haben«, sagte er, »aber das geht vorbei.«
Chandler fand den Roman fantastisch. Er war von einem Dashiell Hammett. Und von diesem Hammett, das wußte Chandler sofort, mußte er Marlowe erzählen.

Im Sommer haßte Marlowe LA besonders. Die Luft stand, es war heiß, man konnte kaum atmen. Das Anzünden einer Zigarette brachte einen ins Schwitzen. Das war in den weißen Villen von Beverly Hills nicht anders als in den schäbigen Apartments von Watts. Aber in Beverly Hills saßen sie in ihren Gärten an Swimmingpools und ließen sich von ihren Butlern Daiquiris bringen.
Marlowe saß in seinem Büro. Hinter ihm lag ein Tag im Leben eines Privatdetektivs. Er war dabei weder sehr reich geworden, noch hatte er besonders viel Spaß gehabt.

Vor ihm lag die Nachmittagsausgabe des *Telegram*. Bei dieser Zeitung arbeitete sein Freund von Ballin. Er hatte Marlowe erzählt, daß er an einer Story über das organisierte Glücksspiel in LA recherchierte. Marlowe hatte ihm ein paar Namen genannt. Nun suchte er im Lokalteil nach von Ballins Bericht.
Er suchte vergebens. Alles, was er fand, waren die Anzeigen, die ihn vor wirtschaftlichem, sozialem oder romantischem Versagen warnten, wenn er nicht umgehend die zahllosen Produkte anwendete, die zu seiner persönlichen Rettung angeboten wurden. Marlowe versuchte sich zu erinnern, wie lange es her war, daß Zeitungen in der Hauptsache aus Informationen bestanden. Irgendwann in den frühen Zwanzigern mußte das gewesen sein, obwohl Marlowe das kaum noch wissen konnte. Danach verschwanden die Nachrichten aus den Zeitungen, und die Medien beschränkten sich auf die Botschaft, daß nur Millionär-Werden ein lohnendes Lebensziel sei. Alle hatten es geglaubt, und ein paar hatten es sogar geschafft, bis die meisten im großen Krach, vor vier Jahren, alles wieder verloren hatten.
Zwischen den Anzeigen fand Marlowe eine kurze Notiz über einen Raubüberfall auf die Sun-Oil-Tankstelle in der Copley Road, bei dem ein unbekannter Täter 33 Dollar erbeutet hatte. Vor seiner Flucht hatte der Räuber dem Tankwart versichert:
»Es tut mir leid, das zu tun, aber ich habe eine Frau und drei Kinder zu ernähren. Ich hoffe, Sie sind versichert.«
»Prosperity is just around the corner« dudelte das Radio in Marlowes Büro einen Oldie aus der Zeit, als Hoover gerade Präsident geworden war. Aber weder auf Marlowe noch auf sonst wen wartete der Wohlstand um die Ecke. Marlowe hatte wieder mal keinen Auftrag, aber zum Glück auch keine Familie zu ernähren. Etwa 17 Millionen Menschen in den USA hatten keine Arbeit; das bedeutete, daß ungefähr 40 Millionen Menschen nicht regelmäßig zu essen hatten. »Keiner wird verhungern«, wiederholten die Poli-

tiker so laut, bis sie es selber glaubten. Dabei hatte es in der *New York Times* lapidar geheißen: »Es ist unmöglich zu schätzen, bei wie vielen Todesfällen im vergangenen Jahr Verhungern die tatsächliche Todesursache war.«

Marlowe zündete sich eine Pfeife an, ließ sie aber nach zwei Zügen wieder ausgehen. Nicht einmal die Pfeife schmeckte bei dieser Hitze. Marlowe rief beim *Telegram* an und verlangte von Ballin. Der war außer Haus und würde erst gegen fünf zurück sein. Marlowe begann diesen stickigen Nachmittag zu hassen. Im Radio sang jemand »Brother, can you spare me a dime«. Marlowe zündete seine Pfeife wieder an. Das Lied war ein Protestsong in den ersten Monaten der Krise, eine heimliche Hymne der Verlierer. Dann hatten es immer mehr Bands ins Programm genommen, und als Hoover im letzten Wahlkampf versuchte, den Song aus dem Radio zu verbannen, war er endgültig ein Hit geworden. Marlowe stellte sich den Sänger als dicken Cowboy vor.

Das Telefon klingelte. Marlowe sah ihm eine Weile dabei zu, bevor er abnahm.

»Hier Marlowe.« Er bemühte sich, wie jemand zu klingen, der nicht den halben Nachmittag auf einen Anruf gewartet hatte.

»Guten Tag, Mr. Marlowe. Hier ist Raymond Chandler, Sie erinnern sich?«

»Das ist mein Job«, knurrte Marlowe.

»Natürlich, ja, verzeihen Sie. Ich dachte, da ich gerade in der Gegend, also, wenn Sie nichts Dringendes vorhaben, könnten wir zusammen in der kleinen Bar einen Gimlet trinken?«

»Warum nicht«, sagte Marlowe, »in einer halben Stunde kann ich dort sein.«

Er konnte auch in zehn Minuten dort sein, aber Chandler sollte nicht den Eindruck bekommen, Marlowe habe nichts zu tun.

Das Telefon klingelte wieder. Diesmal war es von Ballin.

»Als treuer Leser Ihres Blattes bin ich tief enttäuscht«,

sagte Marlowe. »Ich warte auf Ihre Story. Wer organisiert denn nun das Glücksspiel in LA, und wie viele Stadträte gehören ihm?« – »Marlowe, alter Junge, spotten Sie nicht. Sie wissen doch selbst, wie das ist...« Von Ballin klang müde. »Gehen wir einen trinken, und ich erzähl' Ihnen, was ich bis jetzt rausgekriegt habe.«
»Gern«, sagte Marlowe. »Ich habe allerdings schon eine Verabredung mit einem Bekannten, einem Schriftsteller. Chandler heißt er, komischer Kauz. Aber wenn Sie dazustoßen möchten, wir sind bei Victor.«
»Chandler? Nie gehört. Egal. Ich schaue später mal rein. Bis dann, Meisterdetektiv.«
Marlowe grinste. Selbst das war bei dieser Hitze noch ziemlich anstrengend. Im Radio verlas ein Nachrichtensprecher gerade die Meldung, daß Fiorello Henry La Guardia zum Bürgermeister von New York gewählt worden war.
La Guardias Wahlkampf hatte Joe Adonis finanziert, der Chef von »Murder Incorporated«. Diese Firma war während der Prohibitionszeit reich geworden durch Alkoholschmuggel und -raub sowie durch den Betrieb von »Speakeasies«. Illegale kleine Kneipen, auf die unterschiedlichste Art getarnt. Adonis' berühmteste war die »Italian Kitchen«, ein Knotenpunkt von New Yorker Ober-, Halb- und Unterwelt.
Durch Bündnisse mit den großen Bossen »Lucky« Luciano und Frank Costello hatte Adonis es geschafft, daß sich seine Firma ungestört entwickeln konnte. Auch das FBI hielt still, weil Adonis ihnen »Lepke« Buchhalter, »Mindy« Weiss und Louis Capone ausgeliefert hatte. Diese drei Mitglieder seiner Organisation waren die Hauptverdächtigen in einem Mordfall. Adonis hatte ungern auf sie verzichtet, aber dafür gehörte ihm ja jetzt der Bürgermeister von New York.
All das kam nicht im Radio. Marlowe drehte es ab, schloß die Tür und ging.

Chandler saß schon an der Theke. Er erzählte Victor gerade eine Anekdote aus seiner Schulzeit in England, so daß dieser froh war, als Marlowe mit einem »Heiß, hm?« hinzutrat. Chandler freute sich, Marlowe zu sehen. Die beiden redeten über die Hitze und Roosevelts Wirtschaftspolitik. Chandler wies Marlowe darauf hin, daß das Schlagwort »New Deal«, unter dem umfangreiche Arbeitsbeschaffungs- und Sozialprogramme angelaufen waren, ursprünglich aus einem Roman von Mark Twain stammte. Das hatte Marlowe nicht gewußt. Es interessierte ihn auch nicht.
Als die Drinks fertig waren, setzten sich die beiden an einen der Tische.
»Worauf trinken wir?« fragte Chandler.
»Trinken wir einfach nur so«, sagte Marlowe.
Sie tranken und hingen beide eine Weile ihren Wunschträumen nach, auf die sie getrunken hätten, wenn das Trinken noch geholfen hätte.
»Wie gehen die Geschäfte?« erkundigte sich Chandler höflich.
»Nicht gut«, brummte Marlowe, »ziemlich mies, eigentlich. An Tagen wie heute frage ich mich, warum ich mir ausgerechnet diesen Job ausgesucht habe. Er bringt wenig Geld und ist ziemlich gefährlich. Das hatte ich früher auch, aber wenigstens mit Pensionsanspruch.«
Chandler verstand nicht.
»Ich habe bis zum vergangenen Jahr für den Distriktsanwalt gearbeitet.«
»Und dann?«
»Wurde ich gefeuert. Wegen Insubordination, Gehorsamsverweigerung, Sie verstehen?«
Chandler verstand. Wieder schwiegen beide.
»Kennen Sie Dashiell Hammett?« begann Chandler das Gespräch von neuem. Marlowe schüttelte den Kopf.
»Er ist sozusagen ein Kollege von uns.« Chandler war sichtlich erleichtert, ein neues Thema gefunden zu haben.
»Er hat als junger Mann für die Detektei Pinkerton gear-

beitet. Keine großen Sachen. Dann hat er vor zehn Jahren angefangen zu schreiben, erst Geschichten, dann auch Romane.«
»Was für Geschichten?« wollte Marlowe wissen.
»Detektivgeschichten natürlich! Er versuchte ganz einfach, sich den Lebensunterhalt zu verdienen, indem er etwas beschrieb, was er kannte.«
»Detektivgeschichten? – Ich hab' mal eine Geschichte gelesen, in der der Detektiv einen schwarzen Hausdiener als komischen Gegenpart hatte. Er brauchte ihn nicht. Er war selbst komisch genug.«
Chandler war nicht zu bremsen. Er erklärte Marlowe, daß Hammett für Leute schreibe, »die eine harte, aggressive Einstellung zum Leben haben. Die haben keine Angst vor den Schattenseiten des Lebens, die leben dort.«
Marlowe sagte nichts, aber er betrachtete Chandler aufmerksam. Chandler erzählte ihm, daß er in den letzten Wochen viele Krimis gelesen habe und wie sie ihm gefallen hätten. Dann kam er wieder auf Hammett: »Hammett brachte den Mord zu der Sorte Menschen zurück, die aus wirklichen Gründen morden, nicht nur, um dem Autor eine Leiche zu liefern. Er brachte diese Menschen aufs Papier, wie sie waren, und er ließ sie in der Sprache reden und denken, für die ihnen unter solchen Umständen der Schnabel gewachsen war.«
Chandler hatte sich regelrecht in Euphorie geredet. Seine Augen glänzten, wohl auch, weil er ein wenig betrunken war.
»Wissen Sie«, er sah Marlowe kurz in die Augen, dann betrachtete er wieder seine eigenen Hände, die unablässig mit dem leeren Cocktailglas spielten, »Sie werden das vielleicht belächeln. Aber Hammett hat der Kriminalgeschichte das wiedergegeben, was Chesterton einmal die Poesie des modernen Lebens, die Poesie der Großstadt genannt hat.«
Marlowe lächelte nicht. Er sagte auch nichts. Er blickte hinaus auf den Boulevard, den die Abendsonne in ein

warmes, goldgelbes Licht getaucht hatte, so, daß sogar der Schmutz noch glitzerte.
Ein Mann, Mitte Dreißig mit Glatze, kam in die Bar. Er sah sich suchend um und ging dann zielstrebig zu dem Tisch, an dem Chandler und Marlowe saßen.
»'n Abend zusammen«, sagte er und setzte sich.
»Ah, von Ballin. Das ist Mr. Chandler. Mr. Chandler – Mr. von Ballin.«
Die beiden nickten einander zu. Chandler war froh, ihm nicht die Hand geben zu müssen. Er haßte es, Leuten die Hände zu schütteln.
»Nun, Ballin, alter Junge, Ärger?« fragte Marlowe.
Chandler winkte Victor herbei und bestellte neue Drinks.
»Ach, es ist überall der gleiche Mist«, seufzte von Ballin. »Ein großer Filz von Verbrechen, Geld und Macht. Geschäftsleute, Gangster, Politiker, eine fröhliche Party, und alle halten dicht. Ein kleiner Lokalschreiber, der die Wahrheit sucht, wird verdammt schnell an seine Grenzen gestoßen, und zwar kräftig...«
»Sind Sie in Gefahr?« fragte Marlowe, »brauchen Sie Schutz?«
»Keine Angst, Meisterdetektiv. Ich bin vorsichtig und hinreichend zynisch, um mir nicht wirklich die Finger zu verbrennen.«
Victor brachte die Drinks.
»Auf das organisierte Verbrechen!« Marlowe prostete den anderen zu.
Chandler erkundigte sich nach den Einzelheiten der Geschichte. Von Ballin erzählte von seinen Recherchen über Spielcasinos in und um LA: wie das Geld in anonymen Investment-Firmen gewaschen wurde, wie Polizei und Justiz geschmiert wurden. Eine häßliche Geschichte über Erpressung und Mord. Die Drahtzieher waren ehrenwerte Männer oder waren es nach der ersten Million geworden.
Chandler hatte sich bisher nicht für naiv gehalten, aber

hier konnte er nur staunen. »Wie konnte es zu einer solchen Organisation des Verbrechens kommen? Warum tut niemand etwas?«

»Dafür ist es zu spät«, warf Marlowe ein, »das haben wir nun von dem edlen Versuch. Prost.«

»Einen edlen Versuch« hatte Hoover das Alkoholverbot genannt, das gerade erst wieder aufgehoben worden war. 1915, und warum, das wußte damals keiner so richtig, war die 1895 von ein paar Eiferern gegründete »Anti-Saloon-Liga« plötzlich eine ernst zu nehmende Lobby geworden. Auf ihren Druck verabschiedete der Kongreß einen Zusatz zur Verfassung, der schließlich 1919 in Kraft trat. Er stellte Verkauf und Verbreitung intoxikativer Getränke unter Strafe.

Daß dies nicht nur das Ende des Saloons auf der Main Street, sondern auch den Verzicht auf das Feierabendbier bedeutete, hatte man freilich nicht bedacht. Und da die Amerikaner schon immer das getan hatten, was sie wollten, wurde das neue Gesetz schlicht gebrochen.

»Alle tranken weiter, nur daß es jetzt illegal war.« Von Ballin schüttelte den Kopf. »Aus den Saloons wurden Speakeasies, und jeder hatte geschmuggelten Whiskey zu Hause. Die Prohibitionsbehörde hatte knapp 2000 Beamte, von denen die Hälfte korrupt war.« Von Ballin zündete sich eine Zigarette an, zog ein paarmal hastig daran.

Der »bootlegger«, der Schwarzbrenner – das war manchmal der Lebensmittelhändler oder der Drogist, meist jedoch ein Gangster –, gehörte, wie der Doktor oder der Pastor, fest zum Alltag einer amerikanischen Familie. Die Polizei hielt sich da lieber raus. Sie wurde dafür gut bezahlt. Richter sprachen harmlose Geldstrafen aus. Studenten verdienten sich ihr Taschengeld durch den Verkauf von Gin – in der Badewanne destilliert. Mitte der Zwanziger war Betrunkensein chic.

1928 riet dann eine Kommission dem Kongreß, man solle Verstöße gegen das Alkoholverbot nicht allzu streng verfolgen. Damit war das Gesetz praktisch tot.

»Die Gangster«, fuhr von Ballin fort, »die den Alkohol gebrannt, geschmuggelt und verkauft hatten, die waren nach der Lockerung der Bestimmungen nicht plötzlich weg. Sie hatten schlagkräftige Organisationen. Al Capone unterstanden in Chicago etwa tausend Menschen. Kein Wunder, daß dort 1925 mehr Menschen umgebracht wurden als in ganz Großbritannien.
Aber wenn man erst mal so reich ist wie Capone, ist man fast unberührbar. Als sie ihn 1931 doch noch gekriegt haben – nicht wegen Raub oder Mord, sondern wegen Steuerhinterziehung –, betrug der Jahresumsatz seiner ›Unternehmen‹ sechzig Millionen Dollar. Darüber hinaus hatte er zwanzig Millionen an privaten Rücklagen.« Von Ballin lachte bitter, trank aus, rief Victor eine neue Bestellung zu und fuhr fort: »Die Zeitungen, auch der *Telegram,* berichteten, um ihre Auflagen zu steigern, atemlos Details über das Privatleben der Bosse. Die Al Capones schienen immun, jenseits der Spielregeln. Sie führten ihre Frauen in teuren Seebädern vor – mit einer naiven Faszination für den Luxus.«
»Sie sind«, mischte Chandler sich ein, »die neuen amerikanischen Helden. Es ist, als ob die Anbetung des Erfolgs moralische Beschränkungen endgültig hinter sich gelassen hat.«
Marlowe nickte. Dann schwiegen sie. Drei intelligente Amerikaner, die nichts traumhaft fanden an dem Amerika, das sie sahen.
»Wir sind ein großes, rauhes, reiches, wildes Volk«, sagte Marlowe, »und das Verbrechen ist der Preis, den wir zahlen. Organisiertes Verbrechen ist der Preis für Organisation. Es wird noch lange bei uns bleiben. Organisiertes Verbrechen ist nur die dreckige Seite des schönen Dollars.«
»Was ist die saubere?« fragte Chandler.
»Ich habe nie eine gesehen.«

Joseph T. »Cap« Shaw saß hinter seinem Schreibtisch und grübelte. Vor ihm lagen ein Schreibblock und ein Stift. Hinter ihm standen zwei Glasvitrinen mit mehreren Pokalen, die er als junger Mann für Landesmeisterschaften im Säbelfechten bekommen hatte.
Shaw bestellte bei seiner Sekretärin eine Tasse Kaffe und drehte sich mit dem Stuhl zum Fenster. An diesem warmen Morgen in New York dachte er wehmütig an seinen Segelurlaub am Cape Cod und an den Winter, der in ein paar Wochen dasein würde. »Cap« Shaw hatte Sorgen. Sein Magazin *Black Mask* machte zwar trotz anhaltender Wirtschaftskrise Gewinn, aber sein Anlageberater hatte ihn am Wochenende beim Golfspiel beunruhigt.
»Du mußt dich versichern, Cap«, hatte er gesagt, »gegen Streiks, soziale Unruhen und dergleichen. Bei Lloyd's in London. Das machen jetzt alle.«
Shaw hatte nie vorher darüber nachgedacht, aber jetzt beschäftigte ihn die Sache. Seine Sekretärin kam mit dem Kaffee. Sie lächelte so freundlich wie immer.
Shaw nahm zwei Stücke Zucker und rührte gedankenverloren in seiner Tasse. Er betrachtete das gerahmte Porträt seines Vorgängers Phil Cody. Phil war jetzt Vizepräsident der Warner Publishing Company. Er hatte für *Black Mask* Dashiell Hammett und Erle Stanley Gardner eingekauft. »Cap« Shaw träumte davon, auch einmal einen Starautor zu entdecken. An einem Morgen wie diesem deprimierte ihn dieser Gedanke sogar ein wenig.
Dabei hatte er sich nichts vorzuwerfen. Neben zahlreichen Magazinen wie *Underworld, Love Story* oder *Wild West Weekly* hielt sich *Black Mask* gut am Markt. Groschenhefte, einst Pionierprodukte der Bewußtseinsindustrie, versorgten immer noch Millionen von Amerikanern mit Fortsetzungsträumen. 200 Millionen Wörter jährlich, produziert von knapp 1500 Autoren.
In der Krimi-Abteilung galt *Black Mask* als Spitze. Daran hatte »Cap« Shaw großen Anteil. Er schaffte es, seinen Autoren das Gefühl zu vermitteln, sie seien wichtige,

zukunftsweisende Schriftsteller. 1931 hatte er in einer grundsätzlichen Betrachtung – Joseph T. Shaw liebte grundsätzliche Betrachtungen – geschrieben:
»Wir glauben der Öffentlichkeit einen Dienst zu erweisen, wenn wir die realistischen, lebensnahen, aufklärenden Kriminalgeschichten publizieren, die von Autoren wie Hammett geschrieben werden.«
So konnten sich schlechtbezahlte Schreiber totaler Gebrauchsliteratur noch als Wohltäter einer Aufklärung verstehen. Schlecht bezahlt waren sie trotzdem: Sie fingen mit einem Cent pro Wort an und konnten sich mit Glück und Talent auf fünf Cent hocharbeiten. »Cap« Shaw hatte als junger Mann auch zu schreiben versucht, war aber ganz froh, auf der anderen Seite des Schreibtischs gelandet zu sein.
Seine Sekretärin fragte, ob sie einen jungen Autor durchstellen könne, der vorige Woche ein Manuskript eingesandt habe und jetzt auf Leitung zwei warte. Shaw nahm das Gespräch an. Er hatte das Manuskript gelesen und glaubte, daß der Junge Talent hatte. Deswegen war er besonders streng mit ihm.
»Um Spannung zu erzeugen, muß man nicht eine Dauerschießerei durch die ganze Geschichte ziehen. Du sollst dich nicht einfach hinsetzen, um für uns hartgesottenen Schund in die Maschine zu hauen. Du sollst bei der Arbeit überzeugt sein, daß du eine großartige Geschichte schreibst.«
Mit ein paar aufmunternden Worten bewegte Shaw den Jungen, seine Story noch einmal zu überarbeiten. Zufrieden legte er auf. Endlich kam die Post – darunter auch ein dicker, brauner Umschlag. Shaw riß ihn auf. Er enthielt ein Manuskript. »Erpresser schießen nicht« hieß die Geschichte. Ihr Autor hatte versucht, den Text am rechten Rand so zu justieren, daß er wie gedruckt aussah. Es war eine reichlich gewalttätige Geschichte um eine Schauspielerin mit kornblumenblauen Augen, die wegen einiger Liebesbriefe erpreßt wurde. Shaw studierte den Umschlag.

Absender: ein Raymond Chandler aus Los Angeles, California.

»Cap« Shaw schrieb eine kurze Notiz: »Dieser Chandler ist entweder genial oder verrückt.« Mit dieser Notiz schickte er das Manuskript an W. T. Ballard, einen seiner erfahrenen Autoren, zur Redaktion.

Im Dezember 1933 wurde »Erpresser schießen nicht« in *Black Mask* abgedruckt. Es war die erste Geschichte, die Chandler veröffentlichte. Er erhielt einen Cent pro Wort, insgesamt 180 Dollar.

Im ersten Absatz der Geschichte wurde der Held vorgestellt:

»Der Mann im kobaltblauen Anzug war hochgewachsen, hatte weit auseinanderstehende große Augen, eine dünne Nase und einen Unterkiefer aus Stein. Darüber einen ziemlich sensiblen Mund. Sein Haar war kraus und schwarz, ganz schwach mit Grau meliert, wie von einer fast schüchternen Hand. Seine Kleidung paßte ihm, als hätte sie ein eigenes Leben, nicht bloß eine zweifelhafte Vergangenheit. Er hieß, zufällig, Mallory.«

Dieser Mallory – und das war kein Zufall – sah aus wie Marlowe.

I Was Calling on Four Million Dollars
Die Reichen

Alle Helden sind ungefähr 33. Philip Marlowe war genau 33, als er an einem grauen Oktobermorgen des Jahres 1938 vor dem Portal einer hochherrschaftlichen Villa in West-Hollywood stand. Er musterte ein letztes Mal seinen blauen Anzug, rückte Krawatte und Taschentuch zurecht und fuhr sich mit der Hand durch die Locken. Er war ordentlich, sauber, rasiert und nüchtern – ein Prachtexemplar von einem Privatdetektiv.
Marlowe hatte eine Verabredung mit vier Millionen Dollar. Er klingelte. Ein Butler kam und führte ihn in eine große Halle mit Plüschsesseln, die aussahen, als ob nie jemand darin säße. Der Butler bedeutete Marlowe zu warten.
General Sternwood empfing ihn in einem hoffnungslos überheizten Wintergarten. Er bat Marlowe, sein Jackett abzulegen, und bot ihm Brandy und Zigaretten an. Marlowe nahm beides gerne. Auch der General, in Decken verpackt in einem Rollstuhl, schien als Zuschauer gierig daran teilzuhaben. »Ist schon ein trauriger Stand der Dinge, wenn man seinen Lastern per Stellvertreter frönen muß«, sagte er tonlos. »Ich scheine in der Hauptsache von Hitze zu leben – wie neugeborene Spinnen. Die Orchideen hier sind nur ein Vorwand für die Hitze. Mögen Sie Orchideen?«
»Nicht besonders.«
Der General schloß die Augen. »Es sind widerliche kleine Dinger. Ihr Fleisch ist zu sehr wie das der Menschen. Und ihr Geruch hat die verdorbene Süße einer Hure.«
Marlowe starrte ihn mit offenem Mund an.

»Erzählen Sie von sich, Mr. Marlowe.«
»Hm. Ich bin 33 und war mal auf dem College. Früher habe ich für den Distriktsstaatsanwalt Mr. Wilde gearbeitet. Sein Mitarbeiter Bernie Ohls sagte mir, daß Sie mich sprechen wollen.«
Der alte Mann lächelte. »Ihnen hat die Arbeit für Mr. Wilde nicht gefallen?«
»Ich wurde wegen Insubordination gefeuert.«
»Das höre ich gerne. Was wissen Sie von meiner Familie?«
»Sie sind Witwer, haben zwei Töchter, beide schön und beide wild. Eine ist zum drittenmal verheiratet, mit einem Exschwarzbrenner namens Rusty Regan.«
Wieder lächelte der alte Mann ein schwaches, sparsames Lächeln. »Ich mag Rusty sehr.«
Carmen, die jüngere der beiden Sternwood-Töchter, hatte Spielschulden gemacht, und der General wurde deswegen von einem gewissen Arthur G. Geiger erpreßt.
»Was sagt Carmen dazu?« wollte Marlowe wissen.
»Ich habe sie nicht gefragt, das habe ich auch nicht vor. Sie würde doch nur am Daumen lutschen und süß aussehen.«
»Genau das hat sie getan, als ich sie in der Halle traf. Dann hat sie versucht, sich auf meinen Schoß zu setzen.«
Der General verzog keine Mine. Marlowe zündete sich eine neue Zigarette an und goß etwas Brandy nach. Er spürte, wie sein Hemd naß vor Schweiß an seiner Haut klebte.
»Müssen wir höflich reden, oder kann ich einfach natürlich sein?«
»Ich habe noch nicht bemerkt, daß Sie unter starken Hemmungen leiden, Mr. Marlowe.«
»Gut. Ziehen die Mädchen zusammen durch die Gegend?«
»Ich glaube nicht. Sie gehen ihre getrennten und leicht unterschiedlichen Wege ins Verderben. Vivien ist verwöhnt, clever und rücksichtslos. Carmen ist ein Kind, das Fliegen gerne die Flügel ausreißt. Keine von beiden hat

mehr Sinn für Moral als eine Katze. Kein Sternwood hatte das jemals.« Der General wollte, daß Marlowe ihm Geiger diskret und gründlich vom Hals schaffte. Keine Polizei: Weitere Einzelheiten interessierten ihn nicht. Dafür wollte er Marlowe engagieren. »Was kosten Sie?«
»Ich bekomme 25 Dollar pro Tag plus Spesen – wenn ich Glück habe...«
Der General war einverstanden. »Mein Butler wird Ihnen einen Scheck ausstellen. Die Sache liegt jetzt in Ihren Händen. Und nun müssen Sie mich entschuldigen. Ich bin müde.«
Er drückte auf einen Klingelknopf und schloß die Augen, ohne Marlowe weiter zu beachten. Der nahm sein Jackett, bahnte sich einen Weg durch die Orchideen und war froh, als er durch eine Tür ins Freie trat.
Gierig sog er den Sauerstoff ein, mit dem die kühle Oktoberluft im Übermaße gesättigt zu sein schien. Er blickte auf die blumenbepflanzten Terrassen hinab, die weiter unten an einem verzierten Eisenzaun endeten. Jenseits des Zauns zog sich der Hügel noch mehrere Meilen weit, und am Horizont stand eine dicke dreckige Dunstglocke über den Ölfeldern, die die Sternwoods reich gemacht hatten.

Öl war von jeher eine vielversprechende Möglichkeit gewesen, reich zu werden, eine krisenfeste dazu. Die meisten Ölreichtümer hatten den großen Krach und die Depressionsjahre fast schadlos überstanden. Ihre Besitzer waren in den seltensten Fällen diejenigen, die als Freibeuter die Ölquellen erschlossen hatten. Die Petropioniere soffen sich meist in einen von Vergessenheit umnebelten Lebensabend, nachdem sie ihre ölsprudelnden Goldgruben für Spottpreise an smarte Geschäftsleute verkauft hatten. Die brachten in der Regel das nötige Kleingeld schon von zu Hause mit und hatten es sich nicht als Tellerwäscher verdient.
Ein Mann wie der Ölmilliardär Hunt aus Texas war da die

Ausnahme. Er kam wirklich aus den Slums und war überzeugt, fünf Jahre Schulbildung würden allemal reichen. Er war als Friseur, Cowboy, Holzfäller und Spieler durch den noch recht wilden Westen gezogen, bevor er mit fünfzig geliehenen Dollar das Gerät für seine erste Ölbohrung kaufte. Und er bohrte sich tatsächlich von seinen Lumpen zum Luxus. Später pflegte er sich mit den Worten vorzustellen: »Mein Name ist Hunt. Ich bin der reichste Mann der Welt.«

Andere Dollarmagnaten waren dezenter. An ihrer Bildung allerdings lag das nicht. Die schien zum Reichwerden oder Reichbleiben eher hinderlich, vermittelte sie doch ein gewisses Maß an moralischen Skrupeln. Die Männer, die mit ihren Millionen Amerikas Schicksal bestimmten, waren – bis auf wenige Ausnahmen – ungebildete, durch und durch kulturlose Menschen. Sie waren humorlos und langweilig in ihrem fortwährenden Geiz. Auch spielten sie in den seltensten Fällen Golf. In ihrer Militärzeit hatten die wenigsten auch nur untergeordnete Ränge erreicht. Sie waren nichts als reich. Das reichte.

Das Biltmore-Hotel war bei reisenden Geschäftsleuten sehr beliebt. Die Lobby war voller Männer mit Anzügen und Aktenkoffern, die auf andere Männer mit Anzügen und Aktenkoffern warteten. In kleinen Gruppen schlenderten sie dann angeregt und angestrengt höflich plaudernd an die Bar oder in den Speisesaal.

Der Portier hatte den Mann, der in einem der Ledersessel saß, bereits eine Weile im Auge. Der Mann saß schon etwa eine Stunde dort und tat nichts. Er hatte keinen Aktenkoffer, sein Anzug war ihm zu weit und dem Portier zu alt. Auch schien der Mann auf niemanden zu warten, und ein Gast des Hotels war er bestimmt nicht. Dem Portier jedenfalls kam er sehr verdächtig vor.

Raymond Chandler war ganz in Erinnerungen versunken und bemerkte deshalb die argwöhnischen Blicke des Portiers nicht. Er war gekommen, um Eindrücke zu sammeln, und hatte eingehend Mobiliar und Gäste betrachtet. Er ging oft los, um das Milieu zu studieren, in dem die Geschichten spielten, die er jetzt regelmäßig für *Black Mask* und andere Groschenhefte schrieb.

Im Grunde hatte Chandler vom Verbrechen keine Ahnung, und er beneidete seinen Kollegen Hammett um dessen praktische Erfahrung bei der Detektei Pinkerton. Polizisten fragen mochte er auch nicht, weil er sie ziemlich dumm fand. Auf dem Bücherregal über seinem Schreibtisch standen ein Handbuch für Feuerwaffen und eine Broschüre mit dem Titel »1000 Police Questions Answered for the California Peace Officer«. Daneben hatte Chandler ein paar Wälzer über Gerichtsmedizin, Toxikologie und dergleichen, er las die Zeitung, und er kannte Marlowe. Und manchmal setzte er sich eben auch für ein paar Stunden in eine Hotelhalle, um das wirkliche Leben zu studieren.

Aber jetzt war er tief in Gedanken, tief in einer anderen Zeit versunken. Er erinnerte sich an die alljährlichen opulenten Bankette der Öl- und Gasgesellschaften in diesem Hotel, an denen er in den zwanziger Jahren als Vizepräsident des Dabney-Ölsyndikats teilgenommen hatte. Das waren rauschende Feste gewesen mit über tausend Leuten, reichlich Schnaps und vielen hübschen Showgirls. Aber das war lange her.

Chandler stopfte gedankenverloren seine Pfeife und zündete sie an. Er steckte das Streichholzbriefchen, das auf dem Tisch gelegen hatte, in seine Jackentasche. Vor ein oder zwei Jahren war er noch einmal mit den »Fictioneers« hier gewesen. So nannte sich ein Club von ungefähr zwanzig Krimi- und Drehbuchautoren, die sich einmal im Monat in einem Café an der Ecke Ninth Street und Western Avenue trafen, wo sie ein Hinterzimmer als Speiseraum für sich hatten. Dieser Club war eigentlich zu nichts Besonderem da, außer, »sich gemütlich einen anzutrinken und dann en masse in eine der örtlichen Tingeltangelvorstellungen zu gehen«.

Chandler ging oft zu den Treffen, obwohl er mit keinem

der Kollegen näheren Kontakt hatte. Er sagte nicht viel, wenn die anderen über ihre Stories und Drehbücher redeten. Was hätte er auch sagen sollen. Er galt als Intellektueller, ein Pfeifenraucher, der kaum etwas trank, schüchtern und gehemmt, kurz, ein Typ, mit dem man nicht recht warm werden konnte.

1936, bei einem Treffen der Fictioneers zur Vorbereitung eines Besuchs von »Cap« Shaw, hatte Chandler ein einziges Mal Dashiell Hammett getroffen, der damals gerade in Hollywood arbeitete. Hammett hatte auch kaum etwas gesagt und den ganzen Abend nur unheimlich viel Scotch getrunken. Mit »Cap« Shaw waren die *Black Mask*-Autoren dann im Biltmore zum Essen gewesen.

Chandler blickte kurz zu der Tür zum Speisesaal hinüber und mußte lächeln. Er erinnerte sich gut an den Abend. »Cap« Shaw hatte ausführlich erklärt, wie man mit dem Erwerb gefälschter Kunstwerke Steuern sparen konnte, und er hatte lachend versucht, den Autoren zu erklären, warum sie alle ihren Beruf verfehlt hatten.

»Nehmen wir einmal an, zwei Männer verdienen 100 000 Dollar im Jahr« – Chandler verdiente nicht einmal 2000 –, »der eine hat mühsam einen Roman geschrieben, der ein Bestseller wird; der andere hat irgendeine dämliche Maschine, sagen wir einen Apparat zum Plätzchenausstechen, erfunden; dann zahlt der Romanschriftsteller dreimal soviel Steuern wie der Plätzchenmaschinenerfinder.«

Das hatte »Cap« Shaw von seinem Steuerberater beim Golfspiel erfahren, und es hatte ihn als Herausgeber einer von ihm selbst als literarisch eingestuften Zeitschrift nachhaltig beschäftigt.

»Cap« Shaw war ein Schwätzer, aber Chandler mochte ihn, warum, wußte er selbst nicht. Als man Shaw Anfang des Jahres als Herausgeber von *Black Mask* gefeuert hatte, ohne daß er bis dahin einen großen Autor entdeckt hätte, war Chandler zu *Dime Detective Magazine,* dem etwas besser zahlenden Konkurrenzblatt, gegangen.

Drei Geschichten hatte er im laufenden Jahr 1938 dort veröffentlicht, zu fünf Cent das Wort. Mehr konnte er nicht verdienen, schneller konnte er nicht schreiben. Die meisten seiner Möbel waren irgendwo eingelagert, weil er sich eine Wohnung, in die sie gepaßt hätten, nicht leisten konnte. Chandler ließ seinen Blick wieder durch die Hotelhalle streifen. Jetzt registrierte er die Blicke des Portiers. Er klopfte seine Pfeife an seinem Schuh aus, so daß die Asche auf den dicken, grünen Teppich rieselte. Dann stand er auf, schenkte dem Portier ein eisiges Lächeln und verließ erhobenen Hauptes das Hotel.
Der Portier sah ihm nicht nach. Sonst hätte er gesehen, daß die Schultern des Mannes draußen gleich wieder in sich zusammensackten. Chandler ging langsam den Boulevard hinunter.

Es hatte angefangen zu regnen. Die Lichter der Leuchtreklamen spiegelten sich in den Pfützen. Ein paar Polizisten in Stiefeln hatten eine Menge Spaß, kichernde Mädchen durch die größten zu tragen, und deswegen wenig Zeit, sich um den Wagen zu kümmern, der schon seit einiger Zeit am Straßenrand im Parkverbot stand.
Marlowe saß auf dem Beifahrersitz. Ihm war kalt. Der Regen trommelte auf das Wagendach. Er hatte sich in seinen Trenchcoat gewickelt und nahm in regelmäßigen Abständen einen Schluck aus der kleinen Whiskeyflasche, die er in der Innentasche des Mantels trug. Regelmäßig genug, um nicht die Laune zu verlieren. Sonst saß er nur da und hörte dem Regen zu.
Auf der gegenüberliegenden Straßenseite befand sich Arthur G. Geigers Laden für »Seltene Bücher und Luxusausgaben«. Die Fenster waren mit allerlei orientalischem Plunder zugestellt, und da der Laden nur schwach beleuchtet war, konnte man nicht viel erkennen.
Trotz des Regens herrschte reger Verkehr bei Geiger. Schicke Autos fuhren vor, distinguierte Männer und – seltener – elegante Frauen verschwanden in dem Laden,

um nach ein paar Minuten mit einem Paket wieder herauszukommen.
Marlowe hatte so seine Theorien über die Bücher, die man bei Geiger bekommen konnte. Und wenn die stimmten, dann mußte dieser Geiger ein paar einflußreiche Freunde haben, um es sich leisten zu können, an einer Hauptstraße am hellichten Tag einen florierenden Pornoshop zu betreiben.
Marlowe steckte sich eine Zigarette an. Der Regen wurde nicht weniger, der Whiskey schon. Marlowe hatte keine Lust mehr. Er beschloß, am nächsten Tag Geigers Laden als Sammler getarnt einmal etwas genauer unter die Lupe zu nehmen. Er würde Chandler anrufen, der kannte sich bestimmt mit Büchern aus und würde ihm ein paar Tips geben können. Marlowe dachte daran, unterwegs eine Pizza oder ein Chop-suey und etwas zu trinken mitzunehmen und dann einen ruhigen Abend zu Hause zu verbringen. Er könnte eine seiner Lieblingsschachpartien nachspielen, dazu eine Pfeife rauchen und ein Glas trinken.
Eine halbe Stunde später stand er im nassen Mantel fluchend hinter seinem Schreibtisch. Er war noch kurz im Büro vorbeigefahren, um einen Blick auf die Post zu werfen und Chandlers Telefonnummer mitzunehmen. Die Post bestand ausschließlich aus Rechnungen, und Marlowe hatte inzwischen den vierten Zettel mit Adresse und Telefonnummer von Chandler gefunden. Jedesmal eine andere.
Marlowe konnte sich beim besten Willen nicht daran erinnern, ob die in Pacific Palisades oder Palm Springs, die in La Jolla oder San Bernadino die zur Zeit gültige war. Als ob der Mann seine Spur verwischen wollte. In der unteren Schublade fand Marlowe noch eine weitere Telefonnummer von Chandler und eine halbvolle Flasche Whiskey. Er goß etwas in das Glas, das noch vom Tag vorher auf dem Schreibtisch stand, setzte sich und wählte die Nummer der Telefonauskunft.
Beim dritten Schluck meldete sich schließlich jemand.

»Guten Abend. Was kann ich für Sie tun?« fragte eine metallische Mädchenstimme, die vor Freundlichkeit überzuschlagen drohte.
»Abend. Ist bei Ihnen ein Chandler registriert? Raymond Chandler – Schriftsteller.«

Inzwischen war das Essen kalt. Chandler stocherte noch eine Weile lustlos darin herum, hauptsächlich, um dem bösen Blick seiner Frau Cissy auszuweichen.
»Das muß aber sehr wichtig gewesen sein«, höhnte sie mit harter Stimme, »daß du darüber ein ganzes Abendessen vertelefonierst.«
Es war Marlowe gewesen. Chandler sagte nichts.
»Wahrscheinlich Reader's Digest, die einen ganzen Auswahlband mit deinen besten Geschichten machen wollen. Sie müßten nicht einmal etwas kürzen.«
Chandler warf wütend seine Serviette auf den Tisch. »Ich habe dieses Jahr drei Geschichten veröffentlicht. Die letzte im Juni, wenn du dich bitte erinnern willst. Sie hieß ›Bay City Blues‹, und ich fand sie gut.«
Wenn Raymond Chandler wütend war, sprach er sehr schnell. »Es war die 16. Story von mir, die gedruckt wurde, und für weitere drei habe ich eine feste Abmachung mit *Dime Detective*, die in der gesamten Branche am besten zahlen.«
»Tatsächlich«, Cissy lachte bitter, »fünf Cent das Wort mal drei Geschichten, das sind bestenfalls 2500 Dollar. Das ist wirklich gut.«
Es waren genau betrachtet weniger als 2000 Dollar. Chandler wich ihrem Blick wieder aus. Er wußte, was kommen würde. Und es kam.
»Wenn du schon Schund schreibst, dann schreib wenigstens lukrativen Schund und nicht diese schlechtbezahlten Räuberpistolen.«
Raymond Chandler schüttelte still den Kopf.
»Sydney sagt, bei der *Saturday Evening Post* könntest du das Zwanzigfache verdienen. Du schreibst einfach über

Menschen, die sich lieben, statt über Menschen, die sich umbringen.«

Sydney Sanders war Chandlers Agent. Chandler war empört, daß sein Agent mit Cissy hinter seinem Rücken über geschäftliche Angelegenheiten gesprochen hatte. Aber er wußte auch, daß die beiden recht hatten, was das Geld anging. Die »slicks« verkauften Liebe, und alle verdienten viel Geld daran, die »pulps« verkauften Leichen, und wer immer daran verdiente, jedenfalls nicht die Autoren.

»Die ›slicks‹ zahlen gutes Geld, und es gibt da sicher sehr nette Leute«, sagte Chandler. »Aber der Haken ist, daß sie nicht sehr verläßlich sind. Man kann jahrelang 50 000 Dollar oder noch mehr für eine Fortsetzungsreihe kriegen, und dann, ganz plötzlich, steht man draußen in der Kälte. Und es kann sein, daß man seinen Stil inzwischen so weit hat verkommen lassen, daß man nicht mehr zu der Sache zurückfindet, die man einmal gut gemacht hat, auch ohne viel Lob und Anerkennung.«

Chandler fand sich ziemlich überzeugend in dieser Pose aufrechten Trotzes, und meistens ließ Cissy ihm auch den Trost seiner Melancholie. Diesmal nicht.

»Wie kommst du eigentlich dazu zu glauben, wir könnten uns deine literarische Ritterlichkeit leisten?« fuhr sie ihn an mit einer Wut in der Stimme, der man schon die Tränen anhören konnte. »Seit fünf Jahren treibst du uns durch ein rastloses, ärmliches Leben in möblierten Wohnungen. Wenn uns einmal einer deiner Kollegen, die ja auch bloß Dialoge für Gangster in Filmen schreiben, einlädt, beschäftigst du dich den ganzen Abend mit seiner Katze. Du bist dir zu fein und zu schade für alles. Sogar F. Scott Fitzgerald schreibt für die *Saturday Evening Post*!«

Jetzt weinte sie, und die Tränen gruben Täler in ihr viel zu dick aufgetragenes Make-up. Sie war jetzt ziemlich über sechzig, unterstützte ihren Mann, half ihm Manuskripte fertigzustellen, munterte ihn auf. Sie liebte ihn, aber ihre Kräfte waren nicht unerschöpflich. In Tränen sah sie zu ihrem Mann herüber.

Raymond Chandler hätte sie gern in den Arm genommen und getröstet, aber er mußte jetzt etwas zu seiner Verteidigung vorbringen.
»Katzen sind sehr interessante Tiere. Sie haben einen enormen Sinn für Humor und fühlen sich, ganz anders als Hunde, weder verwirrt noch gedemütigt, wenn man über sie lacht«, sagte er. Als ob das eine Antwort wäre. »Im übrigen kann ich im Gegensatz zu dir das zwitterhafte Gelaber der ›slicks‹ einfach nicht lesen, geschweige denn schreiben. Alles gekünstelt, unwahr und emotional verlogen. Über allem liegt ein billiger Glanz, bei dem mir so übel wird wie bei schlechtem Parfum.«
Cissy funkelte ihn an. »Was macht die Welt der schäbigen Bars und versteckten Spielhöllen voll mieser, kleiner Gauner und halbseidener Revuegirls so viel besser?«
»Nicht besser, Cissy, Liebes, ehrlicher. Schon Shakespeare wußte, daß es ohne eine gewisse Vulgarität keinen ganzen Menschen gibt. So ist das wirkliche Leben.«
Cissy lachte höhnisch. »Was weißt du schon vom wirklichen Leben. Das hat dir wohl dein Freund Philip Marlowe erzählt. Und der muß es ja wissen. Dieser heruntergekommene Robin Hood aus Hollywood, eine einzige stilisierte Pose der Unreife! Ein Versager, mit ein paar hartgesottenen Sprüchen drumherum, die dich beeindrucken!« Sie stand zitternd vor Zorn auf und rannte aus dem Zimmer. Zwei Türen fielen lautstark ins Schloß.
Chandler schrie ihr durch die geschlossenen Türen nach: »Wenn es Unreife bedeutet, sich gegen eine korrupte Gesellschaft aufzulehnen, dann ist Philip Marlowe äußerst unreif. Natürlich ist er ein Versager, und er weiß das auch. Er ist ein Versager, weil er kein Geld hat!«
Chandler hielt erschöpft inne. Er stand auf und ging zu Cissys Zimmer. Er öffnete die Tür ein wenig. Cissy lag auf dem Bett, ihr Gesicht in einem Kopfkissen vergraben.
»Aber eine Menge sehr guter Menschen sind auch Versager gewesen, weil ihre besonderen Gaben nicht zu ihrer Zeit und ihrer Umwelt paßten. Auf lange Sicht gesehen

sind wir wahrscheinlich alle Versager; wir hätten sonst nicht die Sorte Welt, die wir haben.«
Ohne eine Antwort abzuwarten, schloß Chandler die Tür, warf sich einen Mantel über und trat hinaus in die schwarze Oktobernacht. Ein eiskalter Nieselregen schlug ihm entgegen. Ziellos ging er die verlassene Straße hinunter.

Er war naß bis auf die Knochen und fühlte sich wie ein verlassener Hund. Hinter den tropfenden Bäumen erkannte er hin und wieder die Lichter der großen Häuser, weit weg und unerreichbar. An der Straßenecke lag erleuchtet eine Tankstelle. Hinter den Fenstern konnte man den Tankwart erkennen, der über eine Zeitung gebeugt saß.
Marlowe drückte sich auf der gegenüberliegenden Straßenseite vorbei. Er durfte hier nicht gesehen werden. Er hatte Carmen Sternwood nach Hause gebracht, die er vor etwa einer Stunde splitternackt und sturzbetrunken in Geigers Haus aufgegriffen hatte. Das wäre vielleicht nicht ganz so schlimm gewesen, hätte nicht der erschossene Arthur Geiger zu ihren Füßen gelegen. Marlowe hatte das Haus beobachtet. Er hatte einen Schuß und die Schritte eines Fliehenden gehört. Als er ins Haus eingedrungen war, hatte er nur die nackte Carmen und den toten Geiger vorgefunden. Und eine versteckte Kamera, mit der irgend jemand das Ganze fotografiert hatte. Das bedeutete Ärger, ganz großen Ärger. Den zu verhindern war Marlowe eigentlich engagiert worden.
Der Regen hatte inzwischen Marlowes Trench durchgeweicht. Marlowe nahm einen tiefen Schluck aus der kleinen Flasche in der Innentasche. Er kramte nach Zigaretten und zündete sich eine an. Er vergewisserte sich noch einmal, daß Gcigers Notizbuch in seiner Jackentasche war, in dem er irgend etwas zu finden hoffte, das ihm weiterhalf.
Zu Hause versuchte er die Enttäuschungen des Tages heiß

abzuduschen. Er briet sich zwei Spiegeleier und trank zuviel Whiskey bei dem erfolglosen Versuch, den Code in Geigers Notizbuch zu knacken.

Der Regen wurde immer heftiger. Aber der Mann, der in einem altmodischen Regenmantel die Straße entlangging, schien weder das noch die tückischen Windböen zu bemerken. Anscheinend hatte er es bei diesem Wetter nicht einmal besonders eilig.
Raymond Chandler nahm die Straße, den Wind und den Regen gar nicht wahr. Nur eben war auf der anderen Straßenseite ein Mann vorbeigehastet, von dem Chandler für einen Moment geglaubt hatte, es sei Marlowe. Er hätte ihn gern getroffen.
Marlowe war anders.
Chandler wußte wohl, daß »der Privatdetektiv im wirklichen Leben ein mieser kleiner Lohnsklave war, ein gewalttätiger Kerl mit nicht mehr Persönlichkeit als ein Totschläger und der moralischen Statur einer Verkehrsampel. Oder er war ein schäbiger kleiner Mietling, der herumrannte und ausfindig zu machen suchte, wo irgendwelche Leute hingezogen waren.«
Aber Marlowe war anders. Wie konnte er das Cissy erklären? Wie konnte er das irgend jemandem erklären?
Marlowe war die »Personifikation einer Haltung, die Übertreibung einer Möglichkeit. Seine moralische Stärke lag darin, daß er nichts bekam als sein Honorar, für das er, wenn er konnte, die Unschuldigen schützte, den Hilflosen zur Seite stand und die Bösen vernichtete. Die Tatsache, daß er das für ein mageres Auskommen in einer korrupten Welt tun mußte, hob ihn von der Masse ab.«
Wie sollte das irgend jemand verstehen in diesem Land, das seine Bewohner immer gelehrt hatte, einen schnellen Dollar zu machen und bloß nicht den Anschluß zu verlieren. Andernfalls galt man schnell als Niete, sogar in der eigenen Familie. Und über 100 000 Ehemänner hielten diesen Druck Jahr für Jahr nicht aus. Sie warfen sich

einen Mantel über, gingen Zigaretten holen und verschwanden für immer.
Der Wind hatte abgenommen, und Chandlers Schritte klangen wie alle Geräusche in der regennassen Stadt klarer als sonst. Er fühlte sich unverstanden. Aber schlimmer noch: Er wußte, daß Cissy recht hatte. Sie waren beide zu alt für das Leben, das er sie zu führen zwang.
»Ich könnte einen Bestseller schreiben«, dachte er, »hab's aber nie getan. Immer gab es etwas, was ich nicht weglassen konnte.«
Allerdings war Chandler auch jetzt gezwungen, immer etwas wegzulassen. Wenn er einen Satz schrieb wie,
»Er stieg aus dem Wagen und ging über den sonnengetränkten Bürgersteig, bis der Schatten der Eingangsmarkise über sein Gesicht fiel wie die Berührung kalten Wassers«,
strichen sie den. Die Leser von Groschenheften schätzten so etwas nicht, meinten sie. Das halte bloß die Handlung auf. Chandler war entschlossen, sie zu widerlegen.
Er würde einen Roman schreiben, der nicht durch seine Handlung, sondern durch seinen Stil bestach. Viele Menschen würden ihn lesen. Er würde Erfolg und Geld haben wie der junge F. Scott Fitzgerald, der jetzt für die *Saturday Evening Post* schreiben mußte.
Mit der kurzlebigen, aber intensiven Euphorie des unverbesserlichen Träumers schmiedete Raymond Chandler Pläne, während er einsam durch die verlassenen Straßen nach Hause wanderte. Es war weit nach Mitternacht, als er die ärmliche Wohnung wieder betrat. Er nahm noch einen Schluck aus der Flasche, die er in seinem Arbeitszimmer versteckt hatte, und noch einmal kam ihm Marlowe in den Sinn.
»Ich sehe ihn eigentlich immer auf einer einsamen Straße, in einsamen Räumen«, dachte er, »ratlos, doch nie ganz geschlagen.«

Am nächsten Morgen wachte Philip Marlowe mit fürchterlichen Kopfschmerzen auf. Rockefeller I. hatte bis zu seinem Tod 350 Bedienstete gehabt, Marlowe hätte einer genügt, der ihm das Frühstück machte. Alle anderen Mahlzeiten nahm er sowieso nie zu Hause ein.
So mußte er sich die Kanne starken Kaffee alleine kochen. Nach der dritten Tasse ging es ihm schon etwas besser. Er durchblätterte die Morgenzeitungen, fand aber keinen Hinweis auf Geiger oder sein plötzliches Ableben. Der Tag war schon nicht mehr der jüngste, als er sich auf den Weg in sein Büro machte.
Es lag im siebten Stock eines Bürohauses und hatte sogar ein kleines Vorzimmer mit schäbigen Sesseln und einem Tisch, auf dem ein paar uralte Zeitschriften lagen. Marlowe ließ dieses Vorzimmer stets unverschlossen, für den Fall, daß er einen Klienten hatte. Heute hatte er einen.
Vivien Sternwood trug ein braunes Tweedkostüm und eine dazu passende modische Baskenmütze.
»Sie stehen also tatsächlich auf, Mr. Marlowe«, sagte sie kühl. »Ich begann zu glauben, Sie arbeiten im Bett wie Marcel Proust.«
Marlowe öffnete sein Büro und bedeutete ihr einzutreten.
Sie ließ ihren Blick durch das Zimmer streifen.
»Ihre Fassade macht nicht viel her...«
»In meinem Beruf kann man nicht viel verdienen, wenn man ehrlich ist. Wer viel Fassade hat, hat viel Geld.«
»Oh, Sie sind ehrlich?«
Vivien Sternwood war gekommen, um Marlowe einen Erpresserbrief zu zeigen. Er enthielt ein Foto ihrer nackten Schwester über der Leiche Geigers.
»Wieviel verlangen sie?« fragte Marlowe.
»5000 Dollar für alle Abzüge und das Negativ.«
»Haben Sie Ihre Schwester gestern abend gesehen?«
»Nein.« Sie zündete sich mit einem kleinen goldenen Feuerzeug eine Zigarette an. »Ich war Roulette spielen.«
»Oh, Sie mögen Roulette?«

»Ja, ich mag Roulette. Alle Sternwoods lieben Verliererspiele. Die Sternwoods haben Geld. Alles, was sie davon haben, ist eine Menge Ärger.«
Marlowes Mitleid hielt sich in Grenzen.
»Können Sie die 5000 Dollar aufbringen?« fragte er sachlich.
»Ich könnte sie mir von Eddie Mars leihen. Ihm gehört das Casino. Er würde es tun. Ich bin eine gute Verliererin. Sonst würde mein Vater etwas erfahren. Er ist sehr krank.«
Marlowe blätterte durch die Post, Reklame und Rechnungen.
»Es ist besser, Sie halten das Geld auf alle Fälle bereit. Kann ich das Foto noch einmal sehen?«
Sie gab es Marlowe, nachdem sie selbst eine Weile darauf gestarrt hatte. »Sie hat einen schönen Körper, nicht wahr?«
»Hm.«
»Sie sollten einmal meinen sehen.« Sie beugte sich ein wenig zu Marlowe herüber.
»Läßt sich das einrichten?«
Sie lachte schrill, stand auf und ging zur Tür. Bevor sie hinaustrat, drehte sie sich noch einmal zu Marlowe um. »Sie sind ein kaltblütiges Biest, Marlowe. Oder kann ich dich Phil nennen?«
»Sicher.«
»Du darfst mich Vivien nennen.«
»Vielen Dank, Mrs. Regan.«
Sie knallte die Tür hinter sich zu, daß die Riffelglasscheibe zitterte. Ein schönes, kluges, verwöhntes Mädchen mit, wie hatte ihr Vater gesagt?, nicht mehr Sinn für Moral als eine Katze.
»Zum Teufel mit den Reichen«, sagte Marlowe laut. »Sie sind zum Kotzen.«

Ganz gleich, wie betrunken er am Abend zuvor gewesen war, Raymond Chandler stand immer sehr früh auf und lief mit nackten Füßen im Haus herum, bis der Kaffee kochte. Er schloß behutsam die Schlafzimmertür, damit sie kein Geräusch machte. Nicht, daß Raymond Chandler sich um Cissys Morgenschlaf sonderliche Sorgen gemacht hätte. Er hatte nur gern den frühen Morgen für sich, still, ohne Stimmen – speziell ohne Cissys Stimme.
Er nahm einen Becher dampfenden Kaffee mit an seinen Schreibtisch, stopfte sich seine Pfeife und zündete sie genußvoll an. Er dachte an den gestrigen Abend, an seine Pläne und Pleiten, dabei blätterte er gedankenverloren in dem Ordner, in dem er seine Veröffentlichungen sammelte, und ließ die harten Helden seiner Geschichten vorbeidefilieren: Mallory, Dalmas, Delaguerra, Carmady.
Er klappte den Ordner zu und blätterte seine Kladde auf, nahm seinen Füller zur Hand, legte ihn weg, holte neuen Kaffee, nahm den Füller wieder, legte ihn erneut weg, um sich noch eine Pfeife zu stopfen.
»Ich hätte leicht alles werden können, wofür die Welt keine Verwendung hat«, dachte er. »Jetzt schreibe ich für *Black Mask*. Was für ein trauriger Witz.«
Er überflog die Notizen zu einer Geschichte, an der er arbeitete, wenn er nicht arbeiten wollte oder konnte. Cissy klapperte in der Küche mit dem Geschirr. Gleich würde sie ihn fragen, ob er mit ihr frühstücken wolle. Er würde ja sagen. Beim Frühstück würde er sich für seine Heftigkeit von gestern entschuldigen, und sie würde erwidern, daß sie ihn ja verstehe. Sie verstand ihn ja auch. Sie würden behutsam miteinander durch den Tag leben und durch den nächsten und den übernächsten.
Chandler hatte der Geschichte, an der er arbeitete, wenn er nicht arbeitete, den Titel »Ein Schriftsteller-Ehepaar« gegeben. Cissy rief ihn zum Frühstück, er sagte »Sofort!« und notierte hastig ein paar Sätze:
»Jesus, wir sind die nutzlosesten Leute auf der Welt. Es muß eine ganz schauderhafte Menge von uns geben, alle

einsam, alle leer, alle arm, alle zermürbt von kleinen, gemeinen Sorgen, die keine Würde haben. Alle krampfhaft bemüht, festen Boden unter die Füße zu bekommen, wie Leute, die in einen Sumpf geraten sind, und dabei wissen wir die ganze Zeit, daß es im Grunde drecksegal ist, ob wir es schaffen oder nicht. Wir sollten uns irgendwo zu einer Versammlung treffen, sämtliche Möchtegernschriftsteller der Welt. Sie wissen alles, was man darüber wissen kann, wie man's schafft, nur daß sie's eben nicht schaffen können.«

Ein Schriftsteller wie ich«, sagte er, »muß unbedingtes Vertrauen, einen unbedingten Glauben an seinen Stern haben. Ich hatte das auch einmal, aber irgend etwas ist passiert.« Er goß sich ein neues Glas Gin ein.
»Wie ist das mit Ihrer Generation?« fragte der Reporter.
»Manche wurden Börsenmakler und stürzten sich aus dem Fenster. Andere wurden Bankiers und erschossen sich. Ein paar wurden erfolgreiche Schriftsteller.« F. Scott Fitzgeralds Gesicht zuckte. »Erfolgreiche Schrifsteller!« rief er. »O mein Gott, erfolgreiche Schriftsteller...«
1938 kam ein junger Erfolgsautor frisch von der Universität nach Hollywood. Der Studioboß eröffnete ihm, daß er an seinem ersten Skript einen Koautor haben sollte: F. Scott Fitzgerald. Der Junge meinte: »Ich dachte, der wäre tot.«
Irgendwie hatte er recht.
F. Scott Fitzgerald war der schreibende Star der zwanziger Jahre gewesen, die literarische Verkörperung des Jazz Age. Er hatte den ungebrochenen Glauben an die veredelnde Kraft des Geldes zelebriert, hatte sich zum Hofsänger der Reichen stilisiert. Er hatte von »Diamanten so groß wie das Ritz« geträumt, hatte den Amerikanern eine Dollararistokratie erfinden wollen mit Sinn für Stil im Leben wie in der Kunst. Der Glanz des »großen Gatsby« würde die proletarischen Helden der Romane der dreißiger Jahre immer blaß erscheinen lassen. Aber so strahlend der

Traum auch war, mit Schecks das Schicksal zu bestechen, so unvermeidlich war der Absturz, der »Crack-up«, den Fitzgerald auf seine Weise schon immer mitgeträumt hatte.
»Laß mich dir von den Reichen erzählen«, hatte Fitzgerald in Paris einmal zu Hemingway gesagt. »Sie besitzen und genießen früh, und das verändert sie, macht sie weich, wo wir hart sind, und zynisch, wo wir vertrauen, auf eine Weise, die du, wenn du nicht reich geboren bist, nur schwer verstehen kannst. Selbst wenn sie tief in unsere Welt eintauchen oder sogar unter uns herabsinken, denken sie immer, daß sie besser sind als wir. Sie sind anders.«
»Ja«, brummte Hemingway, »sie haben mehr Geld.«
Seit *Der große Gatsby* 1925 erschienen war, hatten amerikanische Gerichte die siebzig größten Firmen des Landes 980mal rechtskräftig verurteilt, in über der Hälfte der Fälle wegen strafrechtlicher Delikte. In einem guten Jahrzehnt hatten sie sich Summen ergaunert, angesichts derer das Bruttosozialprodukt des organisierten Verbrechens einem Taschengeld entsprach. Legte man die in vielen amerikanischen Bundesstaaten übliche Regelung zugrunde, wonach man nach vier Straftaten als notorischer Wiederholungstäter galt, so waren mehr als die Hälfte der größten amerikanischen Wirtschaftsunternehmer »gewohnheitsmäßig kriminell«.

Taggart Wilde, der Distriktsstaatsanwalt von Los Angeles, war alleine mit Philip Marlowe in seinem Arbeitszimmer zurückgeblieben. Er sah ihn eine Weile starr an und sagte dann mit kalter und wütender Stimme: »Das ist das letzte Mal, Marlowe. Das nächste Mal, das Sie in ein Ding verwickelt sind, werfe ich Sie den Löwen zum Fraß vor, egal, wessen Herz es bricht. Und nun verschwinden Sie.«
Vor Wildes Haus am Lafayette Park zündete sich Marlowe eine Zigarette an und ging langsam die Straße herunter.

Geiger war tot. Der Chauffeur der Sternwoods war tot. Joe Brody, der die Sternwoods erpressen wollte, war tot. Rusty Regan, Vivien Sternwoods dritter Mann, war wahrscheinlich auch tot. Harry Jones, ein ehrlicher kleiner Gauner, war bestimmt tot. Marlowe hatte ihn sterben sehen. Man hatte ihm ein Glas Säure zu trinken gegeben. Canino, der Privatkiller des Casinobesitzers Eddie Mars und Mörder von Harry Jones, war auch tot. Marlowe hatte ihn erschossen. Aus Notwehr, wie die Untersuchung ergab.

Marlowe setzte sich in eine dunkle, laute Downtown-Bar und trank drei Whiskeys. Er bestellte sich eine vierten und kramte nach Streichhölzern, fand nur einen Zettel mit Chandlers Telefonnummer. Der Whiskey erinnerte Marlowe an Vivien Sternwood. Er wußte auch nicht, warum. Er fragte den Barkeeper nach einem Telefon.

Raymond Chandler saß an seinem Schreibtisch. Er sah seine alten Manuskripte durch. Ihm war die Idee gekommen, seine alten Geschichten auszuschlachten, um das, was er für brauchbar hielt, zu einem Roman zusammenzubauen. Er fand, daß »Killer in the Rain« aus dem Jahr 1935 und »The Curtain« von 1936 ineinanderpaßten, aber wie er auch ansetzte, es klappte nicht. Irgend etwas fehlte. Ein Held vor allem.

Das Telefon klingelte. Es war Marlowe. Chandler konnte ihn nur schwer verstehen, weil es im Hintergrund ziemlich laut war. Marlowe schien deprimiert zu sein.

»Diese Geschichte mit der Erpressung, den Büchern und dem Pornoshop ... wollen Sie wissen, wie Sie weiterging?«

Chandler wollte. Marlowe wollte sie einmal erzählen, um sie dann für immer zu vergessen.

Als Chandler eine halbe Stunde später vor der Bar hielt, stand Marlowe im strömenden Regen auf der verlassenen Straße. In der Hand hielt er eine braune Papiertüte, in der offensichtlich eine Flasche steckte. Er stieg zu Chandler in den Wagen. »Fahren wir«, sagte Marlowe, »fahren wir einfach so rum.«

Er dirigierte Chandler nach West-Hollywood, zeigte ihm das Haus 3765 Alta Brea Crescent, wo die Sternwoods lebten. Sie fuhren zum Laurel Canyon, wo Geiger mit seinem jungen Liebhaber gelebt hatte. Sie kamen auch an dem Buchladen am Santa Monica Boulevard vorbei.
Marlowe erzählte von den Sternwoods und von Geiger, von Korruption, Erpressung und Mord. Zwischendurch nahm er tiefe Schlucke aus der Whiskeyflasche, die er dafür nicht einmal aus der aufgeweichten Tüte nahm.
Sie verließen die Stadt in Richtung Las Olindas, wo Eddie Mars sein Casino hatte, ein Plüschpalast für die, die gern teuer verloren.
»Um seinen Laden so offen zu betreiben, muß er eine Pipeline direkt ins Polizeipräsidium unterhalten.« Marlowes Stimme klang schwer und belegt. »Er hat es mir selbst gesagt. Ich habe einen ehrlichen Bullen gefragt. Klar, sagt der, würde ich gerne sehen, wie Eddie Mars sich in den Steinbrüchen seine schönen, manikürten Fingernägel versaut, direkt neben dem kleinen, harten Jungen aus den Slums, den sie beim ersten Bruch erwischt haben und der danach nie wieder eine Chance hatte. Aber wir leben beide zu lange hier, um zu glauben, daß das passiert. Nicht in dieser Stadt. Nicht in einer anderen, egal, wo in diesen weiten, grünen, schönen USA.«
Der Regen trommelte unbeirrt auf das Wagendach, die Scheibenwischer konnten die Scheibe kaum klarhalten. Es war eine sternlose schwarze Nacht, aber selbst in dieser Dunkelheit sah man jetzt die endlosen, gerade gezogenen Linien der Orangenhaine, die die Straße säumten.
»Ein wenig weiter nördlich liegt La Cuesta Encantada«, setzte Marlowe nach längerem Schweigen an. »Randolph William Hearst lebt dort. Er verdient ein Vermögen damit, den Leuten in seinen Zeitungen zu erzählen, wie das wirkliche Leben ist oder das, was seine Redakteure dafür halten. Aber er versteckt sich in einem Märchenschloß, um nichts davon zu sehen.«

»Alle Reichen tun das«, warf Chandler ein. »Denken Sie an Santa Catalina, eine Insel für das große Geld. Unerreichbar, jeder Wirklichkeit enthoben, als könnten die Reichen nicht mit ansehen, was sie aus dieser Welt machen. Denn sie sind es, die das Land beherrschen. Als vor ein paar Jahren eine New Yorker Zeitung eine Liste der 64 mächtigsten Männer dieses Landes veröffentlichte, stand Präsident Hoover konsequenterweise nicht darauf. Wohl aber Rockefeller I., Morgan II., Ford, Warner und all die anderen.« Chandler kicherte kurz. »Sie setzen römische Zahlen hinter ihren Namen wie europäische Erbmonarchen.«
»Das sind sie auf ihre Weise auch«, bemerkte Marlowe. »Die wirklich großen Vermögen wurden schon im letzten Jahrhundert gemacht. Wie, daran will sich heute keiner mehr so genau erinnern.«
»Wie wurden sie denn gemacht?« wollte Chandler wissen.
Marlowe lachte bitter. »Ich kenne die Geschichte eines Mannes hier aus dem Westen, der wurde im letzten Jahrhundert in kürzester Zeit zum Großgrundbesitzer. Damals gab es ein Gesetz, das jedem das Recht auf ein Stück Land zubilligte, sofern er ein Jahr darauf lebte und bauliche Verbesserungen vornahm. Dafür genügte es, einen Zaun oder eine Hütte zu errichten. Dieser Mann ging also in die Slums der großen Städte, sammelte einen Haufen Alkoholiker ein, siedelte sie in ärmlichen Hütten auf dem freien Land an und versorgte sie mit billigem Fusel und dem, was sie sonst noch zum Überleben brauchten. Nach einem Jahr machte er für sie den Anspruch auf das Land geltend, kaufte es ihnen pro forma ab und verfrachtete sie samt Hütte auf die nächste Parzelle. Zählebige Zecher brachten ihm fünf bis sechs Stücke Land ein, bevor sie an Alkoholvergiftung zugrunde gingen.«
Marlowe nahm einen weiteren Schluck aus der Flasche, dann schwiegen die beiden Männer wieder.
»Fahren wir zurück in die Stadt«, sagte Marlowe, als

an einer Kreuzung ein Wegweiser nach Pasadena auftauchte.

»Ein paar Meilen westlich von hier habe ich heute abend einen Mann erschossen. Er hieß Canino und erledigte die Drecksarbeit für Eddie Mars. Sie haben alle einen, der die Drecksarbeit für sie erledigt, damit sie sich ihre Hände nicht schmutzig machen.«

Chandler stockte für einen Moment der Atem, aber er war bemüht, sich nichts anmerken zu lassen. Er hätte Marlowe gern mehr gefragt, aber der machte nicht den Eindruck, irgend etwas gefragt werden zu wollen.

Er nahm ab und zu einen Schluck aus der Flasche, rauchte Zigaretten und starrte düster in die Nacht. Vor ihnen im Tal lag jetzt Los Angeles, ein endloses Meer von Lichtern. Am Horizont konnte man einen ersten blaßblauen Schimmer des neuen Tages erkennen. Es hatte aufgehört zu regnen, und die Straßen glänzten wie frisch gescheuert.

Marlowe dachte an die, die tot waren, die im großen Spiel um zuviel Geld mitgespielt und verloren hatten; und an die, die noch lebten, die Sternwoods und Eddie Mars. Ihre Namen würden morgen nicht einmal in der Zeitung stehen.

»Was macht es schon, wo man liegt, wenn man tot ist?« Marlowe sprach leise und ohne Betonung, den Blick starr nach vorn auf die Straße gerichtet, wo sich die Lichter in den Pfützen spiegelten.

»Man ist tot, schläft den großen Schlaf, man braucht sich um solche Dinge nicht mehr zu kümmern. Man schläft einfach den großen Schlaf, egal, wie ekelhaft man gestorben ist.«

L A – »The Plastic Asshole
of the World« William Faulkner
Kalifornische Alpträume

Am 6. Februar 1939 erschien Raymond Chandlers erster Roman.
Drei Monate hatte er wie in einem Rausch daran geschrieben. Syndney Sanders, sein Agent, hatte ihn beim New Yorker Verlagshaus Alfred A. Knopf untergebracht, das auch die Bücher von Dashiell Hammett herausbrachte.
Ein Londoner Kollege von Sanders verkaufte eine Lizenz für die englische Ausgabe an den Verleger Hamish Hamilton. Über 10000 Exemplare der Knopf-Ausgabe wurden verkauft, weitere 4000 eines billigen Nachdrucks. Alfred A. Knopf bot Chandler sofort einen Vertrag über ein neues Buch an, den Chandler sofort annahm.
Ein paar Kritiker fanden Chandlers ersten Roman schmutzig und pervers, andere – vor allem die *Los Angeles Times* – waren begeistert.
Der Roman hieß *Der große Schlaf*. Sein Held war der Privatdetektiv Philip Marlowe, der die Geschichte in der Ichform erzählte.
»Da ackert man zehn Jahre, ohne weiterzukommen, und dann, in zehn Minuten, ist man angekommen«, meinte der Autor zu dem unerwarteten Erfolg.
»Da alle Pläne albern sind und die zu Papier gebrachten ohnehin nie verwirklicht werden, lasset uns denn, an diesem 16. Tage des Monats März 1939 und zu Riverside, Kalifornien, einen Plan machen. Für den Rest von 1939, für ganz 1940, für das Frühjahr 1941 und dann so weiter, falls kein Krieg ist und noch etwas Geld vorhanden, um zu Materialstudien nach England zu gehen.«
Der große Schlaf war gut fünf Wochen auf dem Markt, da

machte der Schriftsteller Raymond Chandler schon wieder große Pläne. Zwar zunächst mit den pflichtschuldigen Einschränkungen eines Mannes, den sein Leben und Denken Zweifel gelehrt hatte, aber schon bald wieder mit der begeisterten Maßlosigkeit des notorischen Träumers.

Raymond Chandler modellierte seine mögliche Karriere. Und am Ende will er sein, was er schon immer sein wollte: ein ernsthafter englischer Dichter. Aber zunächst hatte er einen Vertrag über einen neuen Krimi in der Tasche. Eine Idee hatte er auch schon: »Law is where you buy it«.

»Thema: die korrupte Allianz zwischen Polizei und Schiebern in einer kalifornischen Kleinstadt, die nach außen hin so unschuldig wirkt wie die Morgenröte«.

Wenn es sein müßte, und Chandler ging davon aus, daß es sein müßte, würde er noch ein bis zwei weitere Krimis schreiben. Sein Interesse aber galt einem »dramatischen Roman«, den er »English Summer« nennen wollte:

»Eine kurze, blendend geschriebene, ans Melodramatische grenzende Geschichte voll Tempo und Spannung. Äußeres Thema ist der Amerikaner in England, dramatisches Thema der Verfall des kultivierten Charakters.«

Die drei Krimis wollte Chandler bis Ende 1940 fertig haben, und er hoffte, damit so viel Geld zu verdienen, daß er »nach England ziehen, die Kriminalschriftstellerei vergessen und es mit ›English Summer‹ versuchen« konnte.

»Wenn ›English Summer‹ groß ankommt, was er eigentlich müßte, wenn mir der richtige Stil gelingt, Stil bis in die kleinste Einzelheit, aber keine Überstilisierung, dann bin ich fürs Leben ein gemachter Mann.«

Cissy hatte diese handschriftlichen Notizen ihres Mannes abgetippt. Das tat sie mit allem, was er schrieb. Zu diesen Plänen ihres Mannes erlaubte sie sich ein PS:

»Lieber Raymio«, schrieb sie, »wirst Du aber zu lachen haben, wenn Dir dies hier wieder unter die Augen kommt und Du siehst, was für nutzlose Träume Du hattest! Oder – vielleicht wirst Du auch nicht darüber lachen.«

Alle amerikanischen Träume weisen nach Westen. Und das schon viel länger, als es Amerika gibt.
Dabei fehlt der Westen im frühchristlichen, von antiker Mythologie geprägten Weltbild der Europäer als geographische Möglichkeit. Der Westen schien etwas ganz und gar Unerhörtes.
Aber schon lange bevor Christoph Kolumbus Amerika zufällig für die Europäer entdeckte, hatten Narren und Dichter in der Alten Welt jene sagenhafte Neue Welt erträumt. Amerika, ein von der Sehnsucht erschaffener Kontinent, lange bevor ihn die Landkarte der Wirklichkeit verzeichnete.
1620 landeten die ersten unentwegten Siedler aus England an der amerikanischen Ostküste. Virginia, jungfräulich, nannten sie das Land, das ihren Träumen eine neue Heimat sein sollte. Und viele folgten ihnen durch die Jahrhunderte. Sie ließen Knechtschaft, Krieg, Verfolgung und Armut hinter sich, um als neue Menschen, Amerikaner, noch einmal neu anzufangen.
Die Ostküste Amerikas hatte bald nichts Jungfräuliches mehr, und die Sehnsucht trieb die Menschen nach Westen, wo ein scheinbar unendlicher Kontinent als Gelobtes Land bereitlag. Go West, nur ein paar Meilen, und man war jenseits der zivilisatorischen Zwänge in der fruchtbaren Wildnis unbegrenzter Ich-Entwürfe. Diese geographische Möglichkeit gab den amerikanischen Träumern eine einzigartige Unbedingtheit, mit der sie die Grenze zwischen Realität und Vision immer weiter nach Westen verschoben. Nichts konnte sie aufhalten, keine Steppe, kein Gebirge, keine Wüste, auch nicht die Indianer. Sie waren die ersten, die den amerikanischen Traum als blutigen Alptraum erfuhren. Sie blieben nicht die einzigen.
Vor einer Grenze mußten die Pioniere allerdings doch kapitulieren. Vor dem Pazifischen Ozean. Dort, wo ihre

uferlose Sehnsucht an seine Strände stieß, war der Weg zu
Ende. Dort entstand Kalifornien.
Dorthin zog es diejenigen, die trotz der Skepsis der Wahrscheinlichkeitskrämer von der mythischen Gewißheit erfüllt waren, daß das Gelobte Land doch im Westen lag.
Und als habe die Natur den Träumern recht geben wollen,
fand man in Kalifornien Gold. 1848 erfaßte ein Goldrausch
die gesamten USA; Glücksritter jeder Art überschwemmten das Land, wo ein Schweiz-stämmiger Farmer namens
Sutter statt bäuerlichen Frieden ein paar Brocken Gold
gefunden hatte.
Später stieß man in Kalifornien auf Öl, man bewässerte
das Land zu schier phantastischer Fruchtbarkeit. Gigantische Zentren wirtschaftlicher Macht entstanden. Nur hier
im Westen konnten Illusionen zur Industrie werden. An
der westlichen Grenze des amerikanischen Traums schienen die Möglichkeiten tatsächlich unbegrenzt. In Kalifornien lebte man den Mythos direkt, ohne den Umweg über
das Leben zu nehmen: tausend tägliche Inszenierungen
des machbaren Glücks.

Ein schimmernder schwarzer Käfer mit einem rosa
Kopf und rosa Punkten kroch langsam über die polierte
Platte. Er war ein bißchen unsicher auf den Beinen, wie
eine alte Frau, die zu viele Pakete trägt. Der Käfer erreichte die Kante der Tischplatte und marschierte geradeaus ins Nichts. Er fiel auf den Boden, lag auf dem Rücken,
strampelte mit ein paar dünnen Beinen in der Luft und
stellte sich dann tot. Niemand kümmerte sich darum, so
fing er erneut an zu strampeln, bis er es schließlich schaffte, wieder auf den Bauch zu kommen. Langsam schob er ab
in eine Ecke und weiter in Richtung Nirgendwo.
Das Büro war ein kahler Raum mit zwei kleinen Schreibtischen. Der Boden war mit dreckigem braunen Linoleum
belegt, und ein Geruch von alten Zigarrenstummeln hing
in der Luft.
Detective-Lieutenant Nulty war ein hagerer Sauertopf mit

langen, gelben Händen. Sein Hemd war am Kragen abgewetzt, und seine Manschetten waren gewendet. Er sah arm genug aus, um ehrlich zu sein, aber er sah nicht aus wie ein Mann, der diesem Fall gewachsen war.
Als der Riese vor etwa zwei Stunden auf der Suche nach seiner kleinen Velma eine Negerbar auseinandergenommen hatte, war Marlowe nur zufällig vorbeigekommen. Jetzt war der Besitzer der Bar tot und der Riese verschwunden. Marlowe saß in einem Dienstzimmer der Mordkommission im fünften Stock des Rathauses, und dieser Detective-Lieutenant Nulty tat so, als habe er, Marlowe, etwas mit der Sache zu tun.
»Hören Sie, Marlowe«, bohrte Nulty. »Sie sind doch zur Zeit nicht schrecklich beschäftigt, oder? Ich dachte nur, Sie könnten sich vielleicht ein wenig umhören. Vielleicht stoßen Sie auf etwas...«
Marlowe schien wenig begeistert. »Was habe ich davon?«
»Sie haben schon öfter Ärger mit uns gehabt, Marlowe. Kommen Sie, erzählen Sie mir nichts. Ich weiß Bescheid.«
Marlowe brummte etwas Unverständliches.
»Wird Ihnen sicherlich nicht schaden, wenn Sie beim nächstenmal einen Kumpel bei unserer Firma haben.«
Marlowe drehte seinen Kopf nach dem rosa gepunkteten Käfer. Der hatte inzwischen zwei Zimmerecken ausprobiert und krabbelte mutlos auf die dritte zu. Marlowe ging hin und hob ihn mit seinem Taschentuch auf. Er nickte Nulty zu und ging.
Draußen dachte Marlowe, daß er mit der ganzen Geschichte nichts zu tun hatte. Er hatte seit einem Monat nichts zu tun. Selbst ein unbezahlter Job wäre eine Abwechslung. Marlowe verließ das Rathaus durch den Haupteingang und kam über ein paar Treppen zu den Blumenbeeten. Vor nicht einmal zweihundert Jahren hatten hier noch die Zelte der Yang-Na-Indianer gestanden. Marlowe dachte, daß allen eine Menge Ärger erspart geblieben wäre, wenn man es dabei belassen hätte.

Vorsichtig setzte er den rosa gepunkteten Käfer hinter einen Busch. Auf dem Weg nach Hause fragte er sich, wie lange der Käfer wohl brauchen würde, um wieder zur Mordkommission zurückzufinden.

Diese Geschichte wird nichts«, stöhnte Chandler. »Sie stinkt zum Himmel.«
Er hatte seit Anfang April '39 233 Seiten eines Krimis geschrieben, dessen Titel er in dieser Zeit viermal geändert hatte. Er beschloß, daß Ganze erst einmal liegen zu lassen und mit einer kleinen Geschichte herumzuspielen. Sie interessierte ihn nicht wirklich, und er überlegte, ob er sie nicht, um seinem Agenten und Cissy seinen guten Willen zu beweisen, an die *Saturday Evening Post* schikken sollte.
Danach las er den angefangenen Roman noch einmal bis Seite 87, bevor er endgültig beschloß, daß er die Geschichte nicht mochte. Den ganzen Juni über schrieb er 337 Seiten eines neuen Romans, der es in dieser Zeit sogar bis zu fünf verschiedenen Arbeitstiteln brachte. Am 29. Juni stellte er dann fest: »Tragische Erkenntnis, daß wieder einmal eine Niete gezogen. Mehr als dreiviertel geschafft und alles nichts wert.«
Von Juli bis September widmete sich Chandler dann wieder dem schon zweimal weggelegten Roman, den er dann auch unter dem vorläufigen Titel »The Second Murderer« abschloß, ohne wirklich von ihm überzeugt zu sein.
Raymond Chandler machte sich Sorgen. Um sein Leben. Um seine Karriere. Um seinen zweiten Roman. Um seine kranke Frau. Und um sein geliebtes Europa.
»Die Anstrengung, mir den Krieg aus den Gedanken zu halten, hat mich geistig zu einem Siebenjährigen schrumpfen lassen«, schrieb er seinem Verleger. »Ich weiß, was ich schreiben will, aber momentan ist mir der ganze Antrieb abhanden gekommen.«

In diesem Monat zeigte das Kalenderblatt Rembrandt, ein ziemlich suppiges Selbstporträt, was vielleicht an dem schlechten Farbdruck lag. In der einen Hand hatte er eine verschmierte Palette. Mit der anderen hielt er einen Pinsel in die Höhe, als ob er vielleicht demnächst ein wenig arbeiten würde, wenn jemand einen Vorschuß zahlte. Sein Gesicht war alt, aufgeschwemmt und voller Lebensekel. Aber es strahlte auch eine harte Fröhlichkeit aus. Marlowe mochte dieses Gesicht. Er starrte es lange über seinen Schreibtisch hinweg an. Das Telefon klingelte, und eine kühle Stimme mit einem leicht schwulen Harvard-Akzent fragte: »Sie sind Philip Marlowe, der Privatdetektiv?«
»Gibt's sonst noch einen?«
Die Stimme gehörte einem Lindsay Marriott, und der bat Marlowe, ihn am Abend in seiner Villa in Montemar Vista aufzusuchen.
»Ich werde Ihnen selbstredend Ihre Unkosten erstatten, wenn wir uns nicht einigen.« Er zögerte. »Sind Sie wählerisch, was die Natur Ihrer Beschäftigung betrifft?«
»Nicht, solange sie legal ist.«
»Ich hätte Sie nicht angerufen, wenn dies nicht der Fall wäre.«
Marlowes Fuß zuckte merklich, aber der Gedanke an seinen Kontostand legte Honig in seine Stimme: »Vielen Dank für Ihren Anruf, Mr. Marriott. Ich werde pünktlich dort sein.«
Er legte auf, und das war das. Es kam ihm so vor, als habe sich ein leichtes Grinsen auf Rembrandts Gesicht gelegt. Er kramte die Büroflasche aus der unteren Schublade und nahm einen Schluck. Rembrandts Grinsen verschwand im Handumdrehen.
Die Nachmittagssonne fiel auf den abgewetzten Teppich. Draußen donnerten Laster vorbei, und eine Schreibmaschine im Büro des Rechtsanwalts nebenan klapperte monoton. Marlowe hatte sich gerade eine Pfeife gestopft, als das Telefon wieder klingelte. Diesmal war es Nulty. »Was

macht die Arbeit an dem... äh... Fall, Marlowe?«
»Nichts. Welcher Fall? Sollte ich an einem Fall arbeiten?«
»Kommen Sie, Marlowe. Wir hatten doch drüber geredet. Sie haben doch eh nichts zu tun.«
»Ich habe einen Auftrag. Er ist inzwischen eingegangen. Einen Auftrag, für den ich bezahlt werde, tut mir leid.«
»Sie lassen mich sitzen?«
»So würde ich das nicht ausdrücken. Ich muß nur leider arbeiten, um mein Geld zu verdienen.«
»Schon gut, Marlowe, wenn Sie die Sache so sehen...«
»Ich sehe überhaupt nichts irgendwie!« Marlowe schrie beinahe. »Ich habe bloß keine Zeit, für Sie oder irgendeinen anderen Bullen den Handlanger zu spielen! Eintausendsiebenhundertundfünfzig Bullen gibt es in dieser Stadt, und ausgerechnet ich soll die Laufarbeit für sie erledigen.«
Das andere Ende der Leitung war tot. Marlowe knallte den Hörer in die Gabel und nahm noch einen Schluck aus der Büroflasche. Er beschloß, kurz nach Hause zu fahren, um sich für die Abendverabredung seinen Sonntagsschlips umzubinden.

Ich bin gar kein guter Gesellschafter, weil ich mich sehr leicht langweile, und der Durchschnitt ist mir nie gut genug, weder bei Menschen noch sonstwo.«
Raymond Chandler nestelte nervös an seiner Krawatte. »Die Gesellschaft, in der ich mich äußerst unwohl fühle, ist die halbgebildete Aufgeblasenheit.«
Chandler fragte sich, wie er je dieses Treffen hatte vorschlagen können.
»Laß doch, Ramio!« rief Cissy aus dem Bad. »Das sind bestimmt sehr nette Leute, und ich finde es schön, daß wir wieder einmal unter Menschen kommen.«
Chandler wanderte ungeduldig in der Wohnung auf und ab. Endlich kam Cissy aus dem Bad. Sie trug ein buntes Sommerkleid, das an Scarlett O'Hara wahrscheinlich ganz gut ausgesehen hätte.

Die Chandlers trafen sich zum Lunch mit den Knopfs. Seit Anfang des Monats lebten sie in einem kleinen Häuschen in den Bergen unweit des Big Bear Lake. Chandler war froh gewesen, der Stadt zu entfliehen, ihrem Smog, ihrer Hektik und Härte. Als sein Verleger Alfred A. Knopf ihm geschrieben hatte, daß er mit seiner Frau den Westen bereisen wolle, hatte Chandler die beiden gedrängt, einen Abstecher in die Berge zu machen.
Er hatte ihnen die Northshore Tavern am Lake Arrowhead empfohlen. Dort wollten sie sich treffen. Die Northshore Tavern war ein zweistöckiges Haus mit Ziegeldach und einer Terrasse mit Blick auf die Wiese, die zum See hinunterführte. Auf dieser Terrasse saßen die beiden Ehepaare und speisten. Entgegen Chandlers Befürchtungen wurde es sehr nett. Die Knopfs waren liebenswürdige und gebildete Leute, und Chandler liebte es, mit gebildeten Leuten über die Literatur und das Leben zu plaudern.
Blanche Knopf, der der schüchterne Charme Chandlers sehr gefiel, dachte, daß er mehr wie ein Engländer als wie ein Amerikaner wirkte, wenn er so nachdenklich an seiner Pfeife herumkaute und immer leicht vornehm verdrehte Sätze von sich gab. Cissy Chandler war ganz verzückt, wieder einmal ihren geliebten New Yorker Akzent zu hören. Sie sprachen über die Ostküste und Europa, die Alte Welt, und Chandler erinnerte sich an seine Zeit dort.
»Ich bin in England aufgewachsen, meine sämtlichen Verwandten saßen entweder in England oder in den Kolonien«, erzählte er den Knopfs. »Und doch war ich kein Engländer. Ich hatte aber auch kein Zugehörigkeitsgefühl zu den Vereinigten Staaten. Während meiner Zeit in Paris sind mir eine ganze Menge Amerikaner über den Weg gelaufen. Aber ich gehörte nicht zu ihnen. Ich sprach nicht einmal ihre Sprache. Ich bin in letzter Konsequenz ein Mensch ohne Heimat.«
»Aber Sie leben seit Jahren hier in Kalifornien«, warf Blanche Knopf ein.

»Und Marlowe ist ein sehr amerikanischer Held«, ergänzte ihr Mann.
»Für mich ist Marlowe der amerikanische Geist«, erklärte Chandler, »robuster Realismus, handfeste Vulgarität, viel reine Sentimentalität, ein Meer von Slang und ein völlig unerwartetes Ausmaß an Sensibilität.«
Ein angedeutetes Lächeln legte sich auf Cissys Lippen.
»Aber was dieses Land angeht«, fuhr Chandler fort, »betrachte ich mich noch immer als verbannt...«
Sein Blick streifte über den See und folgte eine Weile einem kleinen Segelboot, das am gegenüberliegenden Ufer abgelegt hatte. Ein Kellner brachte das Dessert.
»Amerika ist ein Land der Massenproduktion. Die Amerikaner sind ein oberflächliches Volk mit unangenehm instabilen Emotionen.« Chandler sinnierte. »Ihnen fehlt jedes tiefe Stilgefühl. Es gibt aber keine Kunst ohne Sinn für Stil und Qualität. Sinn für Stil jedoch kann es nicht geben im Zeitalter des Coca-Cola-Automaten und der Hearst-Presse.«
Chandlers Ausführungen stießen auf ein unangenehm langes Schweigen. Cissy starrte auf ihren Pudding. Alfred Knopf räusperte sich geräuschvoll. Seine Frau sagte schließlich gedehnt: »Tja, ich weiß, was Sie meinen...«
Aber das konnte sie nicht wissen. Für sie war ein Mann wie Raymond Chandler wie die Figur aus einem Film. Ein englischer Gentleman aus einer anderen Zeit, den eine schadenfrohe Laune des Schicksals ausgerechnet nach Südkalifornien verschlagen hatte.
»Gibt es an der Ostküste einen Ort, wo ein armer Mann leben kann?« fragte Chandler die Knopfs ehrlich interessiert.
»Ich habe genug von Kalifornien und dem Menschenschlag, den es hervorbringt.«
»Aber die Menschen sind doch sehr nett hier«, protestierte Blanche Knopf, »die Landschaft ist überwältigend, und es ist immer schönes Wetter.«
»Ich mag Menschen mit Manieren, Anmut, etwas gesell-

schaftlicher Intuition und einer Bildung, die ein bißchen über die des Reader's-Digest-Fans hinausgeht«, erwiderte Chandler. »Menschen, deren höchstes Glück sich nicht in Kücheneinrichtungen und Autos ausdrückt.«
»Gibt es jemanden, den Sie wirklich mögen?« fragte Alfred Knopf lachend. Die anderen stimmten in sein Lachen ein, und bald kam der Kellner, um die Dessertschalen abzuräumen, so daß Raymond Chandler die Frage nicht beantworten mußte.
Beim Kaffee besprachen sie Geschäftliches: ob man *Der große Schlaf* verfilmen solle und daß »The Second Murderer« kein guter Titel für Chandlers zweiten Roman sei. Chandler schlug *Lebwohl, mein Liebling* vor. Das gefiel Blanche Knopf sehr, aber die Runde diskutierte heftig, ob das für einen Krimi nicht zu sanft sei.
Chandler entschuldigte sich langatmig und umständlich dafür, daß er mit dem Schreiben nicht so recht vorwärtskam, auch der abgeschlossene Entwurf seines zweiten Romans müßte noch einmal überarbeitet werden.
Die Knopfs waren sehr verständnisvoll, was Chandler deutlich beruhigte. Es war ein wunderschöner Nachmittag. Die Sonne ließ den See zu ihren Füßen wie aus tausend kleinen Spiegeln glitzern, und die beiden Ehepaare vergaßen die Zeit über ihrem angeregten Gespräch. Immer wieder hörte man ihr Lachen von der Terrasse. In solch vertrauter Umgebung konnte Chandler hinreißend komisch und ungeheuer charmant sein. Ein in der Nähe sitzender Gast hätte ihn für einen fröhlichen Menschen halten können.
Als sich die Chandlers nach dem Versprechen regelmäßigen Briefeschreibens schließlich verabschiedeten, dämmerte es fast. Auf dem Heimweg kamen sie nach ein paar Meilen durch die Main Street eines verlassenen Dorfes. Vor der heruntergekommenen Polizeistation sah Chandler einen staubigen Pickup-Truck stehen. Im Fenster hing ein großes, handgemaltes Pappschild: Wähler, Achtung! Laßt Sheriff Jim Patton im Amt. Zum Arbeiten ist er zu alt.

Captain Gregorius war die Art Bulle, die Verbrechen mit hellen Scheinwerfern und Gummischläuchen, mit kurzen Schlägen, einem Tritt in die Nieren, einem Knie in den Unterleib oder einer Faust auf den Solarplexus löste. Sie nannten es den dritten Grad, und es kürzte Verhöre, an deren Ende ein Geständnis stehen sollte, erheblich ab.
Die Polizei von Los Angeles kannte sich damit aus, ihre Gesetzlosigkeit war sprichwörtlich: »Law is where you buy it.«
Um die Jahrhundertwende hatten der Bürgermeister und der Polizeipräsident der Stadt versucht, die Prostitution zu monopolisieren. Die Sache flog auf, und es gab ein paar halbherzige demokratische Reformen, wahrscheinlich wurden die Profite gerechter verteilt.
Die Befehle kamen noch immer aus den oberen Etagen im Rathaus, und die bekamen ihre Befehle von sonstwo.
Captain Gregorius saß hinter seinem Schreibtisch. Er hatte die Jacke abgelegt und das Hemd bis fast zu den Schultern hochgekrempelt. Er hatte riesige, fleischige Arme. Abwesend blätterte er durch Marlowes Brieftasche. Dabei machte er mit dem Daumennagel kleine Schrammen in das Leder, als ob es ihm Freude bereitete, Dinge zu zerstören. Kleinigkeiten, wenn es sonst nichts gab. Gesichter würden ihm wahrscheinlich mehr Spaß machen.
Gregorius sah Marlowe an, wie man einen Zigarettenstummel oder einen leeren Stuhl ansieht; bloß etwas in seinem Blickfeld, ohne jedes Interesse für ihn.
»Wer hat ihm die Handschellen abgenommen?« fragte er den Beamten, der Marlowe vorgeführt hatte.
»Wieder anlegen! Hinter dem Rücken! Eng! Sie sollen beißen!«
Der junge Sergeant tat, wie ihm befohlen.
Schließlich starrte Gregorius Marlowe in die Augen.
»Wir sind Bullen, und keiner kann uns ausstehen. Alle hacken auf uns rum. Und als ob wir noch nicht genug Ärger hätten, müssen wir auch noch dich haben, Marlowe.

Als ob wir noch nicht genug drangsaliert würden von den Typen im Rathaus und in der Handelskammer...«
Die Handelskammer war 1888 gegründet worden, um den Zusammenbruch von Los Angeles zu verhindern. Rasante Bodenspekulationen mit dem Land, das die Stadt der Southern Pacific Eisenbahngesellschaft geschenkt hatte, damit diese ihre Schienen bis LA verlegte, hatten die Kommune an den Rand des Ruins gebracht. Zehntausende waren durch Sonderangebote und Billigtarife nach Westen gelockt worden, hatten ihre Existenz hinter sich gelassen für ein Stück teure Wüste in LA. Billige Arbeitskräfte waren also vorhanden, und die Handelskammer lockte Unternehmen mit fantastischen Konditionen. Seither wurde die Stadt beherrscht von einer Mafia von Wirtschaftsunternehmern und ihren Lakaien in politischen Ämtern und öffentlicher Verwaltung. Die funktionierte skrupellos und wie geschmiert.
»...wir wühlen in dreckiger Wäsche und schnuppern an faulenden Zähnen. Wenn wir mal nach Hause kommen, sind wir zu müde, um zu essen oder zu schlafen oder die Lügen über uns in der Zeitung zu lesen.«
Gregorius' Gesicht glänzte von Schweiß. Er musterte Marlowe mit müder Verachtung, atmete tief ein und fuhr fort. »Und zu alledem auch noch Typen wie du, Marlowe. Schlaumeier mit Privatlizenzen, die Informationen verbergen und an jeder Ecke Staub aufwirbeln, den wir einatmen dürfen. Du hast doch nichts dagegen, daß ich dich einen verdammten, billigen, verlogenen Schlüssellochgukker nenne, oder, Baby?«
Gregorius wartete auf eine Reaktion.
Marlowes Hände schmerzten, der Stuhl war hart, und es war heiß. »Was hätten Sie in meiner Lage getan?« fragte er Gregorius.
»Ich kann mir nicht vorstellen, jemals so tief zu sinken.«
Gregorius lehnte sich zurück und grinste. Seine Hand tastete langsam nach seiner Kaffeetasse. Er umfaßte sie mit einer raschen Bewegung und schleuderte sie Richtung

Marlowe. Der wich mit dem Kopf aus, so daß sie an seiner Schulter landete. Der heiße Kaffee sickerte langsam in Marlowes Hemd.

»Er mag keinen Kaffee«, sagte Gregorius und sah sich nach der Zustimmung seines Sergeants um. Der starrte ausdruckslos vor sich hin. Gregorius wandte sich wieder Marlowe zu. »Hier drinnen, Mister, ist deine Privatlizenz einen Scheißdreck wert. Und jetzt mach deine Aussage. Wenn du glaubst, daß irgendein gottverdammter Detektiv mir hier Gesetze zitieren kann, hast du eine wirklich ungemütliche Zeit vor dir. Es gibt keine einzige Polizeistreife in diesem Land, die ihren Job mit dem Gesetzbuch unter dem Arm machen könnte. Du hast Informationen, und ich will sie.«

Marlowe überlegte. Seine Arme schmerzten bis zu den Schultern, sein Hemd klebte naß vor Schweiß und Kaffee an seinem Körper. »Ich weiß nicht«, sagte er zögernd, »ich brauche einen Rechtsbeistand.«

Gregorius stieß ein kurzes, rauhes Lachen aus. Es war sehr schnell vorbei. Dann stand er langsam auf und ging um den Tisch. Er stützte sich mit einer Hand ab, beugte sich nahe zu Marlowe herunter und lächelte. Ohne seinen Gesichtsausdruck zu verändern, schlug er mit einer eisenharten Faust auf Marlowes Hals. Ein dumpfer, brutaler Schmerz ließ Marlowe kurz aufstöhnen. Gregorius stand noch immer lächelnd über ihn gebeugt. »Ich war einmal hart, aber ich werde alt.«

Marlowe roch seinen Schweiß und den Gasgeruch von Korruption.

Gregorius richtete sich wieder auf, ging zurück um seinen Schreibtisch und ließ sich in seinen Stuhl fallen, der achzend nachgab. »Sergeant!«

Der junge Beamte, der unbeteiligt an der Tür gestanden hatte, rührte sich.

»Ich will eine detaillierte Aussage dieses Mannes, was die letzten 24 Stunden angeht. Ich will wissen, was er jede einzelne Minute getan hat. Ich will es unterschrieben und

geprüft. Ich will es schnell. Morgen will ich ihn hier wiedersehen, sauber, ordentlich, rasiert und ohne Spuren äußerer Gewaltanwendung!«
»Ja, Sir!«
Gregorius wandte sich noch einmal Marlowe zu. »Laß uns deinen Abgang hören, Schnüffler.«
»Ja, Sir«, sagte Marlowe höflich. »Niemand verrät gerne einen Freund, keiner verrät in meinem Gewerbe einen Klienten, und in Ihre Hände würde ich nicht einmal einen Feind liefern. Sie sind nicht nur ein Gorilla. Sie sind auch inkompetent. Sie haben keine Ahnung, wie man ein simples Verhör führt. Ich war kurz davor zu reden, aber Sie mußten mir Kaffee ins Gesicht werfen und mich schlagen. Und ich konnte nichts machen, als es hinnehmen. Von jetzt an werde ich Ihnen nicht mal die Uhrzeit sagen!«
Erstaunlicherweise saß Gregorius ganz still und grinste. Wahrscheinlich konnte er sich Großzügigkeit leisten.
»Du bist bloß ein kleiner, alter Bullenhasser, Schnüffler«, sagte er, »nichts als ein kleiner, alter Bullenhasser.«
Sofort, als der Sergeant mit Marlowe draußen war, nahm er ihm die Handschellen ab.
»Danke«, sagte Marlowe.
Dann gingen sie schweigend durch endlose Korridore. Ihre Schritte hallten hart zwischen den kahlen Wänden. Marlowe kam die »Red Squad« in den Sinn, die Anfang des Jahrhunderts wahre Hetzjagden auf Gewerkschaftler und Sympathisanten veranstaltet hatte.
Im erbitterten Kampf um das Streikrecht hatten radikale Gewerkschaftsleute mehrere Bomben bei der *Los Angeles Times* gelegt, die unter der Federführung von Harrison Gray Otis das Kampfblatt der kompromißlosen Kapitalisten war.
Ein Geschäftsmann hatte es einmal so ausgedrückt: »Wir hatten genug ›Meins ist meins, und deins ist meins‹. Wir sollten zurückkehren zu ›Meins ist meins, und deins ist deins‹, und wenn du diese Grenze überschreitest, blase ich dir dein Gehirn raus. So geht das im Westen.«

Mehr Mitgefühl war Sozialismus.
»Sie hören sicher eine Menge über korrupte Bullen, oder?« fragte der Sergeant zögernd.
»Hin und wieder.«
»Okay, wie viele Bullen kennen Sie, die in einem schönen Haus mit großem Vorgarten leben? Ich kenne vier oder fünf, alle vom Drogendezernat. Aber Bullen werden nicht korrupt wegen des Geldes. Nicht immer jedenfalls, nicht einmal oft. Das System kriegt sie. Die kriegen dich dahin, daß du tust, was sie wollen. Oder...«
Sie hatten ein karges Büro erreicht. Zwei Schreibtische standen an der Wand, zwei weitere in der Mitte des Raumes. Es gab noch genug Platz, sich zu bewegen, solange es nicht zwei Leute auf einmal versuchten. Der Sergeant bedeutete Marlowe, sich zu setzen, und trat selbst an das kleine vergitterte Fenster, das zu einem verdreckten Abzugsschacht führte.
»Und der Typ, der oben in dem großen Büro sitzt, mit dem teuren Anzug und einer Fahne von teurem Alkohol, denkt, sein Rasierwasser läßt ihn nach Veilchen duften. Nur das tut es nicht. Er gibt auch nicht die Befehle, verstehen Sie?«
»Was für ein Typ ist der Bürgermeister denn so?« fragte Marlowe.
»Was für ein Typ ist der Bürgermeister irgendwo. Ein Politiker. Glauben Sie, der gibt die Befehle? Scheiße!«
Mulholland hatte das genauso gesehen. Er hatte Los Angeles das Wasser gebracht. Knapp 400 Meilen weiter nördlich hatte man 1913 nach seinem Plan den Owens River angestaut und das Wasser in Röhren quer durch die Wüste in die Stadt gelegt. LA lag dem Ingenieur wie einem »Regenmacher« zu Füßen. Ohne Umschweife diente man Mulholland den Posten des Bürgermeisters an. Er ließ wissen, daß er lieber ein Stachelschwein gebären als Bürgermeister von Los Angeles werden wolle. Bei dem Geld, das er mit seinem Projekt verdient hatte, wäre es ein beruflicher Abstieg gewesen.

Mulholland hatte mit seinem Projekt einer kleinen Gruppe von Farmern, die bescheiden in einem kleinen Tal des Owens River lebten, buchstäblich das Wasser abgegraben. Ihre Existenzgrundlage war ruiniert. Entschädigungen zahlte die Stadt Los Angeles nicht. Auch sonst niemand.
»Ein Mann kann nicht ehrlich bleiben«, sagte der junge Sergeant, »das ist das Problem in diesem Land. Entweder Sie spielen das Drecksspiel mit, oder Sie haben nichts zu fressen.« Er stierte noch eine Weile wortlos in den dreckigen Abzugsschacht, wendete sich Marlowe zu und lachte kurz. Es klang nicht sehr fröhlich. Er setzte sich an eine Schreibmaschine, die auf einem der Tische stand, spannte einen Bogen ein und blickte Marlowe an.
»Marlowe mit e, nicht wahr? Geburtsort?«
»Santa Rosa, Kalifornien.«
Der Sergeant nahm Marlowes Angaben zu Protokoll. Der sagte nichts, was zu wissen sich gelohnt hätte.
Der Sergeant schüttelte den Kopf. »Sie sind ein Idiot, Marlowe. Jetzt gehen Sie erst mal nach Hause, duschen, schlafen und kommen morgen früh um zehn frisch rasiert wieder hierher. Und kommen Sie pünktlich, wir müßten Sie sonst holen...«
Marlowe stand auf und ging grußlos. Auf den Gängen drückte er sich an den ungezählten Männern in grauen Anzügen vorbei. Sein Kopf dröhnte, und er konnte die Schwellung an seinem Hals spüren. Er dachte an Gregorius, an den Sergeant, an Nulty.
Bullen, irgendwann hatten sie alle einmal als Menschen angefangen. Aber jetzt war die Zivilisation ohne Bedeutung für sie. Alles, was sie von ihr sahen, war Scheitern, Schmutz, Abschaum, Perversion und Ekel.

Komische Sache, die Zivilisation. Sie verspricht so viel, und was sie dann liefert, ist eine Massenproduktion schäbiger Waren und schäbiger Leute.«
Raymond und Cissy Chandler saßen beim Vieruhrtee zusammen. Selbst hier drinnen im Schatten war es noch

stickig und heiß. Cissy ging es nicht gut. Seit Monaten kränkelte sie, war reizbar und anstrengend.
Raymond Chandler ging es auch nicht gut. Er nörgelte und war unzufrieden mit sich und der Welt. Vor allem mit der Welt. Sie waren im letzten Jahr dauernd umgezogen, weil ihn immer irgend etwas beim Arbeiten störte. Das Wetter, die Nachbarn oder die Aussicht.
Zur Zeit lebten sie in einem kleinen ungestrichenen Bungalow in Cathedral City. Es gab viele dieser Bungalows in Cathedral City. Es gab A-, B- und C-Straßen, die sich mit 1., 2. und 3. Straßen kreuzten. Es gab keine Bäume.
Chandler kaute lustlos an seiner Pfeife und betrachtete das Spiel der Sonne auf der heruntergelassenen Jalousie.
»Alles in Kalifornien hat etwas von einer Wüste«, sagte er zu Cissy, »sogar die Gemüter der Menschen, die hier leben.«
So hatten die Mexikaner das auch gesehen. Die verzweifelten Versuche ihrer Regierung, nach der Vertreibung der spanischen Kolonialherren den eigenen Landsleuten Kalifornien als Siedlungsland schmackhaft zu machen, waren so gründlich erfolglos, daß um 1800 schließlich die Insassen der mexikanischen Gefängnisse in Kalifornien zwangsangesiedelt wurden. In Kalifornien zu leben, so kam es Chandler vor, hatte noch immer etwas von einer Zwangsansiedlung.
»Bist du heute morgen mit der Arbeit vorangekommen?« fragte Cissy ihren Mann mit erkälteter Stimme.
»Kaum«, mußte der gestehen.
Seit Wochen lag das Manuskript seines dritten Romans auf dem Schreibtisch. Der Verlag hatte es ihm im September 1941 mit einer vernichtenden Kritik zur Überarbeitung zurückgesandt. Chandlers zweiter Roman *Lebwohl, mein Liebling* war inzwischen eineinhalb Jahre auf dem Markt. Ein Kritiker der *Hollywood Citizen News* war zwar bereit gewesen, seinen Ruf als Kritiker »für die literarische Zukunft dieses Autors zu riskieren«, aber *Lebwohl,*

mein Liebling verkaufte sich mit etwa 4000 Exemplaren nicht einmal halb so gut wie Chandlers erster Roman. Chandler hatte sogar eine Geschichte in der *Saturday Evening Post* veröffentlicht. Es ging ihm wirklich nicht gut.
Cissy fiel es zunehmend schwerer, ihn aufzumuntern. Ihr fehlte jetzt selbst oft die Kraft. Sie war eine alte pflegebedürftige Frau. Doch nach wie vor versuchte sie, ihren Mann aus seinen schwarzen Gedanken herauszureißen. Aber Chandler litt weiterhin am Leben. Dafür gab es, so fand er, auch immer neue gute Gründe. Der Krieg in Europa, der Kulturverfall in Kalifornien, der Verlust der Heimat und das Scheitern der Träume.
»Vielleicht solltest du versuchen, jeden Tag ein paar Seiten zu schreiben, immer ein bestimmtes Pensum«, schlug Cissy vor.
»Blödsinn«, knurrte Chandler. »Ich lese derartigen Quatsch auch dauernd. Von Schriftstellern, die nie auf Inspiration warten; sie setzen sich einfach jeden Morgen um acht an ihren Schreibtisch, ob's regnet oder ob die Sonne scheint, ob sie einen Kater haben oder einen gebrochenen Arm, und knallen ihr Pensum hin. Wie leer ihr Kopf auch sein mag und wie öde alles. Ich entbiete ihnen meine Bewunderung und gehe ihren Büchern sorgfältig aus dem Wege.«
»War ja auch nur eine Idee«, erwiderte Cissy sichtlich gereizt. Sie knallte das Teegeschirr auf ein Tablett, brachte es in die Küche und zog sich in ihr Schlafzimmer zurück.
Chandler begab sich an seinen Schreibtisch, zündete seine Pfeife an und widmete sich wieder der Liste mit möglichen Romantiteln, die er am Morgen begonnen hatte:
Alle Kanonen sind geladen
Rückkehr vom Ruin
Gute Nacht und ade
Auf Eis gelegt
Fiction ist für die Dummen

Hör auf zu schreien – ich bin's
Jeder sagt zu früh good bye
Bleib bei mir, während ich träume
»Der letzte Titel würde sich gut für eine Autobiographie eignen«, dachte Chandler, »die Autobiographie einer gespaltenen Persönlichkeit.«
Chandler nahm sich das abgelehnte Manuskript vor, las ein paar Seiten und legte es wieder weg. Er fand es albern. Er begann in seinen Aufzeichnungen zu blättern und fand eine getippte Abschrift der Pläne, die er kurz nach Erscheinen seines ersten Romans skizziert hatte. Er las sie qualvoll gründlich, auch das PS seiner Frau, und kritzelte dann mit einem Bleistift an den Rand: »Gott helfe uns...«

Es war schon fast dunkel, aber immer noch sehr schwül. Die grellen Neonlichter, die die Straße säumten, ließen die schmierigen Hamburger-Buden wie unwirkliche Paläste erstrahlen.
Auf dem Weg zurück in die Stadt rauchte Marlowe eine Zigarette nach der anderen. Sein Hals brannte. Er fühlte sich müde und leer. Dabei hatte alles wie eine angenehme Routine-Untersuchung angefangen, eine Spazierfahrt in die Berge zu ein paar Wochenendhäuschen an einem malerischen See.
Marlowe hatte den Verwalter befragt, der seine Frau seit einigen Wochen vermißte, die beiden waren in der Nachmittagssonne am See entlangspaziert. Die Leiche, die sie im Wasser treibend fanden, hatte schon mindestens einen Monat dort gelegen und sah entsprechend aus. Es war die Frau des Verwalters.
Marlowe hatte Sheriff Jim Patton von Puma Point benachrichtigt und seine Aussage zu Protokoll gegeben. Es war die schlimmste Leiche, die er je gesehen hatte. Sogar der Gerichtsmediziner hatte gekotzt.
Marlowe gönnte sich einen Schluck aus der Flasche, die er im Handschuhfach seines Wagens neben seiner Pistole

deponiert hatte. Nach LA hin wurde der Verkehr immer dichter. Abend für Abend drängelten sich Hunderttausende auf den endlosen Freeways, die die 77 ursprünglichen Dörfer, aus denen die Stadt bestand, wie unentwirrbar verknotete Plastikschläuche zusammenhielten. Vor hundert Jahren noch ein archetypisches Westernstädtchen, berühmt bestenfalls für seine Schießereien und Bordelle, war Los Angeles inzwischen eine Millionenstadt. Eine wabernde Wucherung oder ein träger Polyp von zielstrebiger Raffgier.
Der Krieg tat Los Angeles gut. Die Regierung in Washington pumpte Unsummen in die Rüstungsindustrie. Die saß in Südkalifornien. Für sie war die katastrophale japanische Bombardierung des US-Marinestützpunktes in Pearl Harbor, bei der fast die gesamte Pazifikflotte der Amerikaner vernichtet wurde, ein Glücksfall. Männer wie Howard Hughes, der eigentlich zum Filmemachen nach LA gekommen war, machten ihre Vermögen im Flugzeug- oder Schiffsbau.
Immer neue Menschen strömten in dieses neue Babylon an der Westküste. Wie Heuschrecken säumten sie die Ränder der Stadt, lebten in identischen Bungalows in durchnumerierten Straßen, angelockt von der Aussicht auf Reichtum und Glück.
Früher hatte Marlowe diese Stadt gemocht, als noch Bäume den Wilshire Boulevard säumten, der jetzt nur dadurch berühmt bleiben würde, daß hier 1925 der erste Supermarkt der Welt eröffnet hatte. Damals war Los Angeles nur ein großer, trockener, sonniger Ort mit häßlichen Häusern und ohne Stil, aber freundich und friedlich. Kleine Grüppchen, die sich für Intellektuelle hielten, nannten es damals das Athen Amerikas. Das war es nie, aber es war auch kein neonbeleuchteter Slum. LA heute, das war nur eine große, harte Stadt mit nicht mehr Persönlichkeit als ein Pappbecher. Ohne Hollywood wäre es wie aus dem Versandhauskatalog gewesen, alles konnte man anderswo besser bekommen.

Marlowe beschloß, die Straße am Meer entlang über Santa Monica zu nehmen. Santa Monica, vor den Toren von LA am Pazifik gelegen, war ein bemerkenswertes kleines Städtchen. Marlowe erinnerte sich an einen Fall, da hatten zwei Fahnder der Staatsanwaltschaft eine Spielhölle im Ocean Park hochgehen lassen. Die örtliche Polizei schien nicht begeistert, machte aber wohl oder übel mit. Ein paar Casinogrößen und eine Wagenladung Gerätschaft wurden zum Polizeihauptquartier von Santa Monica gebracht. Als die Jungs von der Staatsanwaltschaft am nächsten Morgen ihre Ermittlungen fortsetzen wollten, war alles bis auf ein paar Pokerchips verschwunden. Alle Schlösser waren unversehrt, und niemand wußte von nichts. Polizei-Captain Brown schon gar nicht. Die Sache wurde einem Geschworenengericht übergeben.
Marlowe hatte nie wieder etwas davon gehört.
Durch das offene Fenster konnte er jetzt den Pazifik riechen. Nicht viel vom wilden, salzigen Geruch des Ozeans, doch genug, um einen daran zu erinnern, daß dies einmal ein sauberer, offener Strand war, an dem sich Wellen brachen und der Wind blies und man etwas anderes riechen konnte als heißes Fett und kalten Schweiß.
Marlowe nahm den Santa Monica Boulevard in östlicher Richtung. Die Straße wand sich über die Hügel, die Los Angeles säumten. Hier in den teuren Vororten von Los Angeles standen die Häuser nicht so gedrängt, und es herrschte längst nicht so hektischer Verkehr wie auf den Freeways.
Marlowe wollte noch kurz ins Büro, obwohl er wußte, daß ihn dort nichts erwartete als das Schweigen seines Wartezimmers, die ewigselbe tote und staubige Luft seines Arbeitszimmers, das gebrochene Versprechen eines angenehmen Lebens. Was wollte man erwarten von einer kalten, halbbeleuchteten Welt, in der immer das Falsche passierte und nie das Richtige.
Die Straße wand sich in einer scharfen Kurve und gab dann den Blick frei auf die im Tal liegende Stadt. Die

Lichter kriegten einen immer wieder. Sie waren wundervoll. Es sollte ein Denkmal geben für den Mann, der das Neonlicht erfunden hatte, dachte Marlowe. Fünf Stockwerke hoch und aus solidem Marmor. Das war ein Junge, der wirklich aus nichts etwas gemacht hatte.

Alles, was ein Schriftsteller über Kunst oder Handwerk des Schreibens dazulernt, nimmt ihm jeweils ein Stückchen von dem Drang, überhaupt zu schreiben. Am Ende kennt er alle Tricks und hat nichts mehr zu sagen.«

Chandlers dritter Roman *Das hohe Fenster* war im Sommer des Jahres 1942 erschienen. Chandler hatte sich erfolgreich dagegen gewehrt, daß ein Foto von ihm auf dem Umschlag erschien. Er sei zwar einer der bestaussehenden Männer seiner Generation, hatte er Hamish Hamilton, seinen englischen Verleger, wissen lassen, aber er finde, daß diese Generation heute ein bißchen heruntergekommen aussehe, und er mit ihr. Schon beim Erscheinen seines zweiten Romans hatte Chandler Alfred Knopf gebeten, sein Alter nicht im Klappentext anzugeben. Es war ihm peinlich, in seinem Alter noch Anfänger zu sein.

Im April 1943 erschien eine Taschenbuchausgabe von *Der große Schlaf,* die sich 300 000mal verkaufte, nicht mitgerechnet die Auflage für die Armee, für die es im Zuge des allgemein verordneten Patriotismus keine Tantiemen gab. Trotzdem begannen sich die Nebeneinnahmen aus seinen Büchern für Chandler zu lohnen. Hollywood kaufte die Filmrechte für seinen zweiten und dritten Roman. Raymond Chandler wurde nicht mehr nur im Schatten seines großen Kollegen Dashiell Hammett wahrgenommen, sondern als eigenständiger Weiterentwickler eines jungen Genres. Der hartgesottene Krimi war auf dem Weg vom Groschenheft zum Feuilleton.

Der vierte Roman, an dem Chandler arbeitete, sollte *Die Tote im See* heißen. Schon seit über drei Jahren schleppte Chandler verschiedene Entwürfe der Geschichte mit sich herum. Aber die Charaktere waren ihm unsympathisch geblieben: eine Gesellschaft von Opfern, lauter durchschnittliche Menschen, die unter dem Druck ihrer Umwelt zu Lügnern, Erpressern und Mördern wurden. Nichts war lustig an der Geschichte, jede elegante, leichte Ironie ging ihr ab. Es gab nichts zu lachen.

Aber Chandler war gierig auf ein Leben, dessen Sehnsüchte nicht in endlose Reihenbungalows an staubigen Straßen am Rande der großen Traumstadt LA zersiedelt wurden. Er wollte weg, doch er wußte nicht, wohin. Er starrte aus dem Fenster auf die Vorstadteinöde. Das tat er stundenlang, wenn ihm nichts einfiel. Auf seinem Schreibtisch lag ein Buch mit dem Titel *Der Tag der Heuschrecke*.

Sein Autor Nathaniel Wallenstein Weinstein war als begabter Schriftsteller und Herausgeber einer literarischen Zeitschrift an die Westküste gekommen und hatte in Hollywood seinen Lebensunterhalt als Schreiber verdient. Er hatte es gehaßt. Vor ein paar Jahren war er 37jährig bei einem Autounfall ums Leben gekommen. Chandler hatte ihn nie kennengelernt, aber die Todesanzeige seiner Filmgesellschaft in der *Los Angeles Times* gelesen.

Nathaniel West, wie er sich hier in Kalifornien genannt hatte, hinterließ insgesamt vier Romane. Nur ein paar Eingeweihte kannten sie. Die geringen Auflagen waren weitgehend vergriffen. Eine Stelle gegen Ende des Romans *Der Tag der Heuschrecke* hatte Chandler mit Bleistift unterstrichen:

»Wo sonst sollten sie hingehen als nach Kalifornien, dem Land von Sonne und Orangen? Einmal angekommen, entdeckten sie, daß der Sonnenschein nicht reicht. Sie haben die Schnauze voll von Orangen. Nichts passiert. Sie wissen nicht, was sie mit ihrer Zeit anfangen sollen. Sie betrachten die Wellen am Strand von Venice. Wo die meisten von ihnen herkamen, gab es keinen Ozean, aber wenn man eine Welle gesehen hat, kennt man sie alle.

Ihre Langeweile wird immer schrecklicher. Sie begreifen, daß man sie verarscht hat, und sie brennen vor Haß. Ihr

ganzes Leben haben sie Zeitung gelesen und Filme gesehen, sie sind vollgestopft mit Lynchjustiz, Morden, Sex, Verbrechen, Explosionen, Wracks, Liebesnestern, Bränden, Wundern, Revolutionen und Krieg. Darin sind sie Experten.
Die Sonne ist ein Witz. Orangen können ihre müden Gaumen nicht kitzeln. Nichts kann je gewalttätig genug sein, um ihre schlaffen Köpfe und Körper aus ihrer Lethargie zu reißen.«

Die Westmore Street verlief von Norden nach Süden und lag im falschen Teil der Stadt. Schrottplätze säumten die Straße, und im fahlen Mondlicht bildeten die aufgetürmten Wracks bizarre Statuen.
Die Scheinwerfer in Marlowes Rückspiegel wurden immer größer. Marlowe trat auf das Gaspedal seines Chryslers, aber der Abstand zu dem verfolgenden Wagen wurde kleiner. Jetzt ließen seine Verfolger zum erstenmal das kreischende Geräusch einer Polizeisirene aufheulen.
Marlowe hatte gewußt, daß die Bullen noch nicht mit ihm fertig waren. Er wollte auch gar nicht fliehen, sondern nur einen bewohnteren Abschnitt der Straße erreichen, mit Häusern und Leuten, die heraussahen und sich erinnern konnten. Er schaffte es nicht.
Der Polizeiwagen hatte ihn jetzt eingeholt, und eine harte Stimme schrie:
»Halt an, oder wir blasen dir ein Loch in den Schädel!«
Marlowe hielt am Straßenrand und zog die Handbremse. Er stieg aus. Die Bullen waren zu zweit. Der fette hielt eine Pistole. Sie ließen sich seine Papiere zeigen.
»Name Marlowe«, sagte der eine, »ein Privatschnüffler, stell dir vor.«
Der fette Polizist steckte seine Pistole wieder in den Halfter. »Dafür reichen auch meine Hände.«
Der andere sagte: »Mindestens neunzig in einer geschlossenen Ortschaft. Wahrscheinlich betrunken. Hauch uns mal an, Schnüffler.«

Marlowe hauchte sie an.
»Nun, schwanken tut er noch nicht. Aber es ist eine kalte Nacht, Officer. Wir sollten ihm einen Drink spendieren.«
»Das ist wirklich eine reizende Idee«, sagte der Dicke.
Der andere Polizist war zum Wagen gegangen und hatte eine Flasche Whiskey geholt, die er Marlowe entgegenhielt.
»Mal angenommen, ich möchte nichts trinken...«
»Sag so was nicht. Wir könnten sonst die Idee kriegen, daß du ein paar Fußabdrücke auf deinem Bauch willst.«
Marlowe nahm die Flasche, öffnete den Schraubverschluß und roch. Der Schnaps roch wie Whiskey, bloß Whiskey.
»Ich soll das wirklich trinken?«
Marlowe nahm einen Mund voll Whiskey, ohne ihn herunterzuschlucken. Der fette Bulle machte einen Schritt auf ihn zu und hieb eine Faust in Marlowes Magen. Marlowe spuckte den Whiskey aus und beugte sich röchelnd nach vorne. Er ließ die Flasche fallen. Er bückte sich danach und sah den Fuß des fetten Bullen auf sein Gesicht zukommen. Marlowe rollte ein wenig zur Seite. Der Tritt traf ihn mit voller Kraft an der Schulter. Das war immer noch schlimm genug. Marlowe blieb benommen am Boden liegen.
»Steh auf, Freundchen.«
Marlowe kämpfte sich hoch in einen taumelnden Stand. Er begann gerade, sich an diese neue Perspektive zu gewöhnen, als ihn eine eiserne Faust am Kinn traf.
»Laß gut sein, Jimmy. Das ist nicht unser Revier hier. Wir rufen die Kollegen über Funk. Die sollen ihn einsammeln. Klarer Fall. Alkohol am Steuer...«
Die Stimmen wurden schwächer. Marlowe hörte entfernt in einer anderen Welt eine Autotür zuschlagen und das Geräusch eines sich entfernenden Wagens. Er mußte hier weg.
An der Straßenecke, Kontinente entfernt, sah er eine Telefonzelle. Er schleppte sich auf ihr Licht zu, als sei es

die Verheißung eines besseren Lebens. Irgendwo in der großen Stadt heulte eine Polizeisirene.

Marlowe hatte die Zelle erreicht. Mühsam warf er eine Münze ein und wählte zitternd eine Nummer, irgendeine, er wußte nicht, welche, wußte nur, daß seine Finger diese Nummer schon oft gewählt hatten. Das Heulen der Polizeisirene war lauter geworden. Die Pausen zwischen dem Ton des Freizeichens dehnten sich zu Ewigkeiten. Krampfhaft umkrallte Marlowe den Hörer, mit dem Rücken an die gläserne Wand gepreßt. Endlich knackte es in der Leitung.

»Hallo?« Es war eine fröhliche, aufgeweckte Frauenstimme.

»Hallo, Marlowe hier.« Seine Stimme war ein heiseres Krächzen.

»Was kann ich für Sie tun, Mr. Marlowe?« Die Stimme am anderen Ende klang freundlich.

»Wer... wer... verzeihen Sie... wer sind Sie?« Marlowes Knie drohten nachzugeben. Ihm war schwarz vor Augen. Sein Speichel schmeckte nach Blut.

»Deborah Fielding. Was wollen Sie, Mr. Marlowe?« Die Stimme klang irritiert.

»Kennen Sie mich, ich meine...« Die Worte kamen stoßweise hervor. Schließlich verlor sich das Ende des Satzes ganz. Am Ende der Straße blitzte ein Blaulicht.

»Nein, Mr. Marlowe. Ich kenne Sie nicht. Ich kenne überhaupt niemanden in LA. Ich bin erst vor einer Woche hierhergezogen und hatte großes Glück, diesen Bungalow zu finden. Das sagt mein Vormieter auch.«

»Ihr Vormieter?« Marlowe fragte das einfach nur so, ohne Sinn, aus dem Instinkt seines Berufes. Ein Polizeiwagen hatte ein paar hundert Meter weiter gehalten, und zwei Beamte gingen mit Taschenlampen um Marlowes Wagen herum.

»Ja, ein Mr. Chandler. Er ist jetzt in Hollywood, glaube ich.«

Hurrah for Hollywood
Die Filme

Es war John Hustons erster Film.
Es war Bogarts 42. In den ersten 41 war er zwölfmal auf dem elektrischen Stuhl gestorben und hatte mehr als 800 Jahre Knast kassiert. Ein paarmal wurde er auch einfach von James Cagney, Edward. G. Robinson oder sonstwem erschossen.
Es war der dritte Versuch, diesen Roman zu verfilmen. John Huston hatte das Drehbuch selbst geschrieben. Der erste, der die fertige Version zu sehen bekam, war ein guter Freund des Regisseurs, Billy Wilder. Mit dem Film *The Maltese Falcon* nach dem Roman von Dashiell Hammett war 1942 ein neuer Held in Hollywood angekommen. Ein Held für harte Zeiten von Korruption und Krieg, in denen das Gute nicht mehr gut und das Böse nicht mehr böse war. Ein Ritter für das Dickicht der Großstadt, in dem sich keiner mehr an die Spielregeln hielt. Er war Privatdetektiv wie Sam Spade und sah aus wie Bogart.
Er spielte das schmutzige Spiel bis zum Ende mit. Aber er warnte die anderen: »Seid nicht zu sicher, daß ich so skrupellos bin, wie man mir nachsagt.« Er verliebte sich gegen alle Regeln seines Gewerbes in seine Klientin, aber am Ende lieferte er sie, weil sie seinen Partner erschossen hatte, an die Bullen aus.
»Wenn du Glück hast, Engelchen, kommst du mit dem Leben davon. Das heißt, wenn du ein braves Mädchen bist, lassen sie dich in zwanzig Jahren raus. Ich werde auf dich warten.« Er strich ihr mit der rechten Hand zärtlich über den Hals. »Wenn sie dich aufhängen, werde ich immer an dich denken.«
Sie küßten sich leidenschaftlich. Dann klopften die Bullen

an seine Tür. Auf dem Tisch stand der schwarze Falke, um den sich alles gedreht hatte. Ein Polizist half der Frau in den Mantel, der andere nahm den Falken und betrachtete ihn nachdenklich. »Reichlich schwer. Was ist das?«
Bogart setzte sich seinen Borsalino auf, nahm dem Inspektor die Figur aus der Hand. Lange sah er der Frau nach, die von dem anderen Polizisten abgeführt wurde. Das Aufzuggitter schloß sich hinter den beiden und warf einen schwarzen Schatten auf ihr Gesicht. Ein letztes Mal schaute Bogart ihr in die Augen. Dann blickte er nachdenklich auf den schwarzen Falken in seinen Händen und wandte sich dem Inspektor zu, der schon lange keine Antworten mehr auf seine Fragen erwartete. »Der Stoff, aus dem man Träume macht.«

Selbst an heißen Tagen war es in den Büros der Paramount immer ein wenig kühl. Im Gebäude der Drehbuchautoren waren alle Zimmer gleich karg eingerichtet. Weiße Wände, ein paar einfache Büromöbel und ein Wandtelefon. Einige nannten das Gebäude wegen seines Innenhofs »The Campus«. Andere sprachen nur vom Turm zu Babel, wegen der Emigranten aus aller Herren Länder, die seit Kriegsausbruch in Europa in immer größeren Scharen nach Hollywood strömten.
Billy Wilder saß in seinem Büro im zweiten Stock, und wie stets fröstelte ihn leicht. Abwesend blätterte er in ein paar Notizen, die er sich übers Wochenende gemacht hatte. Es waren die Anfangsszenen für seinen neuen Film, der ihm, obwohl die Arbeit kaum richtig begonnen hatte, nichts als Probleme bereitete.
Es war seine dritte selbständige Regie, und er war mindestens so nervös wie zwei Jahre zuvor, als er bei dem Film *The Major and the Minor* zum erstenmal Regie führen durfte. Er hatte damals ganz richtig vermutet, daß die Studiobosse ihm diesen Job zugeschustert hatten, um ihm mit einem einkalkulierten Flop sein vorlautes Maul zu stopfen. Am ersten Tag auf dem Set hatte dann Ernst

Lubitsch eine Überraschungsparty für ihn arrangiert, zu der alle verfügbaren europäischen Regisseure in Hollywood gekommen waren, um ihm Glück zu wünschen. Der Film wurde ein Überraschungserfolg.
Billy Wilder schaltete aus alter Gewohnheit sein kleines Radio ein, das auf dem Fensterbrett stand. Die Nachrichten, die er hörte, drehten sich um den Krieg. Billy Wilder war einer der ersten politischen Flüchtlinge gewesen; Anfang 1934 traf er via Paris in Hollywood ein. Er hatte das Unglück mit diesem Hitler kommen sehen, tausend Dollar und eine Adressenliste mit billigen Unterkünften in Paris bereitliegen gehabt und war am Tag nach dem Reichstagsbrand abgereist.
Alte Kollegen aus seligen Ufa-Zeiten waren schon vor Jahren nach Hollywood gegangen. 1927 hatten amerikanische Filmmoguln praktisch die gesamte Ufa aufgekauft. Es galt unter Hollywoodproduzenten als ungeschriebenes Gesetz, von Urlaubsreisen in die Alte Welt mindestens einen Star mitzubringen.
Aber Billy Wilder war kein Star, als ihn sein alter Bekannter Erich Pommer 1934 zur Mitarbeit an dem Film *Music in the Air* nach Hollywood holte. Der Job dauerte sechs Monate. Danach war nichts. Einmal war Billy Wilder auf einer dieser Glamourparties für achtzig Dollar mit Schuhen und Anzug in einen Swimmingpool gesprungen. Es hatte die Gäste königlich amüsiert und Wilder wieder für eine Woche das Essen bezahlt. Er hatte damals mit Peter Lorre eine Absteige geteilt, und sie hatten Tage und Wochen vor einem alten Radiogerät gehockt, Baseballkommentare und rührselige Hörspiele gehört, um richtig Englisch zu lernen.
Mit den Jahren waren immer mehr Europäer gekommen. Vertrieben, verschreckt lebten sie in der Hollywood eigenen Unwirklichkeit, arbeiteten an albernen Komödien und platten Heldenepen, während das Europa, das sie liebten, in Schutt und Asche fiel. Hin und wieder streifte die Konversation einer Cocktailparty das beklagenswerte

Schicksal dieser armen Menschen, um sich bald mit ähnlicher Anteilnahme der Qualität von Romanoffs Küche zu widmen.
Für Billy Wilder war der Durchbruch 1938 gekommen, als Ernst Lubitsch ihn zur Mitarbeit an seinem Film *Bluebeard's Eighth Wife* einlud. Ernst Lubitsch, amerikanischer Staatsbürger aus Berlin, seit 1922 in Hollywood, hatte schnell begriffen, daß die Amerikaner von den Europäern Stil und Kunst erwarteten, oder was sie dafür hielten. Er inszenierte sich selbst als amerikanisches Klischee und galt als Spezialist für Sexkomödien, in denen man nichts sah, sich aber alles denken konnte. In dieser Eigenschaft erinnerte er sich an Billy Wilders ätzenden Humor, den er im Berlin der frühen zwanziger Jahre schätzengelernt hatte. Von da an ging es mit Billy Wilder bergauf. Inzwischen hatte er sich mit dem Broadwayautor Charles Brackett zusammengetan, und die beiden lieferten eine Reihe recht erfolgreicher Drehbücher ab.
Einige Monate zuvor hatte Billy Wilder in einer Zeitschrift eine Kriminalgeschichte gelesen, die ihn sofort fasziniert hatte. Als er sie Brackett zu lesen gegeben hatte, hatte dieser rundweg abgelehnt, mit einer so abscheulichen Geschichte auch nur das geringste zu tun zu haben. Sie hieß *Double Indemnity,* ging auf einen tatsächlichen Kriminalfall in New York zurück und stammte von dem erfolgreichen Krimiautor James M. Cain.
Es ging um einen Versicherungsvertreter, der sich von einer Ehefrau überreden läßt, ihren Mann umzubringen, nachdem er ihm eine Lebensversicherung verkauft hat. Wilder wollte die Geschichte in Kalifornien spielen lassen. Dort paßte sie seiner Meinung nach besser hin. Wilders Studio protestierte. Die Story sei schmutzig und zynisch. Alle in Frage kommenden Schauspieler, denen die Geschichte vorgelegt wurde, lehnten es ab, die Rolle des netten, gewöhnlichen Versicherungsvertreters zu spielen, der durch seine zwanghafte Bindung an eine kühl-berechnende Frau in einen Mord verstrickt wird. Man meinte,

eine derartige Rolle würde das Image eines Stars auf Dauer gründlich ruinieren.
Schließlich hatte Billy Wilder Joseph Sistrom als Produzent gewonnen. Für die Mitarbeit am Drehbuch hätte er gerne James M. Cain selbst gehabt, aber der war gerade bei der 20th Century Fox für einen Western unter Vertrag. Sistrom hatte gemeint, es gebe da einen Mann, der habe ganz gute Sachen über Kalifornien und LA geschrieben – ein gewisser Raymond Chandler.
Die Paramount lud diesen Chandler dann zu einer Konferenz ein, auf der dieser anbot, für ein paar hundert Dollar sein Treatment zu schreiben.
Gleich nach der Sitzung rief Sistrom H. N. Swanson, einen der Topagenten in Hollywood, an und bat ihn, diesen Chandler zu betreuen und ihm beizubringen, wie man mit Studios verhandelt. Jetzt hatte die Paramount ihn für 13 Wochen à 750 Dollar unter Vertrag.
Am Donnerstag der vergangenen Woche hatten Billy Wilder und Raymond Chandler zum erstenmal zusammengesessen, um ihre weitere Zusammenarbeit zu besprechen. Billy Wilder hatte Chandler einen Drink angeboten, doch Chandler hatte dankend abgelehnt. Er trinke nicht mehr.
Chandler war ein hagerer Mann mit blassem Gesicht. Er trug ein fürchterlich altmodisches und, wie Wilder vermutete, viel zu warmes Tweedjackett und eine schwarze Hornbrille. Er sah aus, wie Hollywood sich einen Dichter vorstellte.
Er war schrecklich nervös und zappelte rum. Er hatte seit Jahren mit keinem Menschen zusammengearbeitet. Die Vorstellung, täglich von 9 bis 17 Uhr in einem Büro sitzen und schreiben zu müssen, versetzte ihn in gelinde Panik. Billy Wilder hatte ein paar mild-bissige Scherze gemacht, aber Raymond Chandler war nicht amüsiert.
Wilder hatte vorgeschlagen, daß beide übers Wochenende die Romanvorlage mit nach Hause nahmen, um ein paar erste Ideen aufs Papier zu bringen. Er hatte Chandler dazu

einige Drehbücher mitgegeben, damit dieser eine Vorstellung davon bekam, was er eigentlich schreiben sollte.
Wilder seufzte. Er konnte Montage nicht ausstehen, und dieser Montag würde keine Ausnahme machen. Er rief Simone unten in der Telefonzentrale an und bestellte einen Kaffee und ein Sandwich. Simone nahm nicht nur alle Telefongespräche, sondern auch die Essens- und Getränkewünsche der Drehbuchautoren entgegen. In ihrem kleinen Büro stand ein großer Eisschrank, und wer wollte, konnte den Tag mit gekühltem Champagner beginnen. Billy Wilder wollte nicht.
Endlich kam Chandler. Er wirkte übernächtigt, aber nicht weniger nervös als bei ihrem ersten Treffen. Eilfertig kramte er einen Packen Notizpapier aus seiner Aktentasche, während Wilder seine losen Zettel noch einmal ordnete.
»Dann wollen wir mal sehen, wie wir anfangen«, sagte Billy Wilder jovial.
Chandler legte ihm ordentlich abgeheftete achtzig Seiten Manuskript auf den Schreibtisch, Dialog und detaillierte Anweisungen für Kamerapositionen und Beleuchtung. Dann nahm er mit dem Gesichtsausdruck eines strebsamen Schuljungen, der ein Fleißkärtchen erwartet, wieder auf dem Stuhl vor Wilders Schreibtisch Platz.
Billy Wilder unterdrückte ein Stöhnen. »Na ja, da habe ich ja erst mal was zu lesen«, sagte er mit einem gezwungenen Lächeln. »Vielleicht wollen Sie derweil Ihr Büro in Besitz nehmen. Sie können sich bei Simone in der Telefonzentrale ein zweites Frühstück bestellen. Von Spiegeleiern bis zu Spirituosen, alles, was Herz und Leber begehren.«
»Vielen Dank«, erwiderte Chandler, »ich trinke nicht.«
Er nahm seine Tasche und verließ mit einem kurzen Nicken das Büro des Regisseurs.
»Noch nicht«, meinte Billy Wilder, als die Tür ins Schloß gefallen war.

Joseph Sistrom hatte einen mittelschweren Kater. Mühsam blinzelte er durch die dicken Gläser seiner Brille in sein sonnenüberflutetes Büro. Er verspürte das obligatorische schmerzhafte Ziehen im Hinterkopf und überlegte, ob er heute wirklich wichtige Termine hatte.
Dieser Zustand war ihm durchaus vertraut, und wie stets orderte er bei Simone ein Glas Champagner für seinen Kreislauf. Was sagte Bogart immer: »Es passiert etwas mit Menschen, die trinken, sie leben länger.«
Nach dem Champagner ging es Sistrom gleich besser, ja, er war regelrecht gut gelaunt. Das jüngste Filmprojekt, für das er als Produzent verantwortlich zeichnete, kam gut voran. Mit Barbara Stanwyck und Edward G. Robinson hatte er zwei hervorragende Schauspieler gewinnen können. Vor allem aber Fred MacMurray in der Rolle des verführten Versicherungsvertreters paßte genau. Auch Raymond Chandler als Drehbuchautor war bei allen Schwierigkeiten, die er als Kollege bereitete, genau der Richtige. Er gab, was selbst Billy Wilder zugab, den Dialogen eine einzigartige, trockene Härte. Er war geradezu genial, wenn es darum ging, Charaktere mit einigen lapidaren Bemerkungen und ein paar prägnanten Gesten zu skizzieren.
Sistrom selbst hatte mit Chandler auch persönlich keinerlei Schwierigkeiten. Er schätzte dessen geschliffene, etwas altmodische Umgangsformen und seine belesene Kultiviertheit. Das einzige, was in Sistroms Augen gegen Chandler sprach, war, daß er kaum etwas vortrug.
Am vergangenen Abend waren sie zu dritt, Chandler, Sistrom und seine Frau, bei Lucey's gewesen. Lucey's lag an der Melrose Avenue direkt gegenüber dem Paramount-Gelände und war schon deswegen ein berühmt-berüchtigter Laden. Chandler hatte erst gar nicht mitkommen wollen, mittwochs habe er immer sein AA-Treffen, das wolle er auf keinen Fall verpassen; aber schließlich hatte er sich doch überreden lassen.
Schon nach dem zweiten Martini, noch vor dem Essen, war

Chandler ziemlich beschwipst gewesen. Das tat dem Abend allerdings keinen Abbruch. Sistrom und Chandler hatten sich viel zu erzählen. Über den Film, an dem sie arbeiteten, und über andere Filme. Über Menschen, die sie kannten, und über Bücher, die sie lesen oder schreiben wollten. Natürlich auch über die Kunst. Das war, so schien es Sistrom, eins von Chandlers Spezialthemen.

»Der Film ist die einzige Kunst, die auf diesem Planeten nach Hunderten von Jahren gänzlich neu entwickelt worden ist«, erklärte Chandler begeistert. »Er ist die einzige Kunst, in der wir in dieser Generation hoffen können, etwas wirklich Hervorragendes zu schaffen.«

Sistrom hatte während seines Studiums in Stanford genug Sinn für das Schöne vermittelt bekommen, um Chandlers Enthusiasmus zu verstehen. Als Produzent allerdings galt sein Interesse am Film dem Geld, das man damit verdienen konnte. Immerhin stand die Branche an 11. Stelle der umsatzstärksten amerikanischen Industrien. Aber das konnte einen Autor, der angeboten hatte, für ein paar hundert Dollar ein Treatment zu schreiben, nicht interessieren.

Nach dem Essen fragte Sistrom Chandler, wie er mit Billy Wilder zurechtkomme. Busenfreunde, das wurde deutlich, würden die beiden nicht werden.

»Die Arbeit mit Billy Wilder ist eine mörderische Erfahrung und hat mir wahrscheinlich das Leben verkürzt, aber ich habe daraus auch so viel gelernt übers Drehbuchschreiben, wie ich zu lernen imstande bin, was allerdings nicht sehr viel ist.«

»Ach, Ray«, hatte Sistrom lachend gesagt und zu ihrem Kaffee noch zwei doppelte Brandys bestellt. »Sie werden sich schon noch bis zum Ende des Films zusammenraufen. Billy ist ein wirklich begnadeter Regisseur, und Sie sind ein wirklich begnadeter Schreiber. Das muß einfach ein guter Film werden.«

Ziemlich spät hatten sie Chandler nach Hause gebracht. Er lebte in einem kleinen Haus an der Drexel Avenue, im

Süden Hollywoods. Keine besondere Reicheleutegegend, aber das erste Haus seit Jahren, in dem, wie Chandler erzählte, alle Möbel, die er und seine Frau besaßen, Platz fanden. Joseph Sistrom hatte den schwankenden Raymond Chandler bis an die Haustür geleitet. »Bis morgen im Studio«, hatten sie sich verabschiedet...
Sistrom klingelte noch einmal bei Simone durch. Wie sagte Bogart immer: »Die Welt ist drei Drinks zurück, und es wird Zeit, daß sie aufholt.«
»Simone?«
»Ja, Mr. Sistrom?«
»Ist Mr. Chandler schon da?«
»Ja, Mr. Sistrom. Er ist in Mr. Wilders Büro.«
»Danke, Simone. Ach, und Simone...«
»Ja, Mr. Sistrom?«
»Könnte ich wohl noch einen Champagner bekommen?«
»Ich schicke gleich jemanden hoch, Mr. Sistrom.«
»Danke, Simone.«
Sistrom vertelefonierte über zwei weiteren Champagner einen recht dynamischen Vormittag. Er traf Verabredungen mit den Verantwortlichen für Studio-Set, Kamera und Beleuchtung. Sechzig bis achtzig Filme produzierte die Paramount im Jahr und war damit nicht einmal das größte der amerikanischen Filmunternehmen. Einen Film in die Kinos zu bringen war eine Sache des unternehmerischen Timings, von Telefonen und Terminen. Und der Produzent mußte allen Beteiligten an einem Film trotzdem das Gefühl von Einzigartigkeit vermitteln. Er mußte einen Schreiber wie Chandler mit nahezu unendlicher Geduld in der rosigen Illusion wiegen, er arbeite für ein künstlerisches Medium, und auch Szenen, die bedauerlicherweise weggeworfen werden mußten, seien ihm, dem Produzenten, ins Herz eingebrannt, und in den einsamen Stunden der Nacht spreche er sie sich vor und weine.
Joseph Sistrom begann sich auf einen ausgedehnten Lunch zu freuen. Er blätterte in seinem Telefonverzeichnis, um nach einem geeigneten Partner Ausschau zu hal-

ten, als es an der Tür klopfte und ein Bote einen Brief brachte. Er war von Chandler.
Auf einem langen Blatt eng betippten gelben Papiers führte dieser zahlreiche Entwürdigungen auf, die er von seiten seines Regisseurs zu erleiden habe, und forderte deren sofortige Unterlassung. Unter anderem habe Mr. Wilder unter keinen Umständen mit seinem dünnen am Handgriff mit Leder überzogenen Rohrstock unter Mr. Chandlers Nase herumzufuchteln oder damit auf ihn zu zeigen, wie er es während ihrer gemeinsamen Arbeit zu tun pflege. Weiterhin habe Mr. Wilder es zu unterlassen, Mr. Chandler willkürliche oder das Persönliche betreffende Befehle zu erteilen, wie etwa »Ray, machst du das Fenster da mal auf!« oder »Ray, machst du die Tür da bitte zu!«.
»Bei Nichterfüllung meiner Forderung«, schloß Chandler, »sehe ich mich gezwungen, meine Mitarbeit an diesem Film unverzüglich einzustellen.«

Es war eine von diesen Glas-und-Chrom-Nummern. Alle lächelten zuviel und redeten zuviel und wußten es. Die Frauen gingen lange, geschwungene Treppen hinauf, um sich umzuziehen. Die Männer nahmen Zigaretten aus silbernen Etuis. Der Star war eine schlechtgelaunte Brünette mit Augen voller Verachtung. Ein paar Nahaufnahmen ließen sie ziemlich alt aussehen. Mavis Weld spielte die Nebenrolle, und sie spielte mit einem Dämpfer. Sie war gut, doch sie hätte zehnmal besser sein können, aber dann hätte man ihre Szenen herausgeschnitten, um den Star zu schützen.
Stars waren zu Beginn des Jahrhunderts, als Filme noch lukrative Jahrmarktsattraktionen darstellten, nicht vorgesehen. Für die Zuschauer blieben die Schauspieler namenlose Gesichter. Namen hatten nur die Firmen, die die Filme machten, und so sollte es nach dem Willen der Bosse auch bleiben.
Aber bald machte sich das Publikum Namen und Ge-

schichten zu den Gesichtern selber. »Biograph Girl« nannte man das Mädchen aus den Produktionen der gleichnamigen Firma und freute sich auf jedes Wiedersehen. Carl Laemmle, ein jüdischer Schwabe in Hollywood, erkannte dieses Bedürfnis. Er kaufte der Konkurrenz der Biograph Film Company das gleichnamige Girl ab und gab ihm einen Namen: Florence Lawrence. Der Name war so echt wie irgend etwas in der Traumfabrik. Aber Laemmle inszenierte einen Riesenpressewirbel, und die Vereinigten Staaten hatten ihren ersten Filmstar.

Gegen Ende des Ersten Weltkriegs war die Pressemaschinerie der großen Filmstudios unverzichtbarer Bestandteil des Illusionskreislaufs geworden. Man machte sich Stars, wie man sie brauchte: Sexbomben, Lolitas, viktorianische Unschuld, Femme fatale, Verführer, Eroberer. Marktgerecht gestylte Gesamtkunstwerke aus Fleisch und Blut, gefangen in einem nie endenden Film, verfügbare Sehnsuchtsschablonen für die verführbare Masse. Harte Arbeit, die diese Menschen zerstörte. Aber sie wurden überdurchschnittlich gut bezahlt. Louis B. Mayer, einer der großen Bosse der Industrie, hatte seinen Untergebenen bei der Metro-Goldwyn-Mayer die Sache so erklärt: »Der Star ist der einzige Besitz, der über Nacht das Studio verläßt.«

Mavis Weld hatte lange blonde Haare. Sie war schlank, jung und schön. Ein, zwei Jahre noch, und sie würde ein Star sein, wenn nichts dazwischenkam. Wie zum Beispiel ein Foto, das sie mit einem berühmten Gangster beim Lunch im Romanoff zeigte. Das Foto lag in Marlowes oberer Schreibtischschublade. Wenn es für ein Erpresserfoto einen rechtmäßigen Besitzer gab, Marlowe war es nicht.

Er stopfte seine Pfeife, zündete sie an und betrachtete das Foto. Mavis Weld und der Gangster lächelten freundlich in die Kamera, als würden sie den Fotografen kennen. Dieses Bild könnte eine Karriere zerstören, die bald in Millionen Dollar buchstabiert werden würde. Die, die es gemacht

hatten, kannten seinen Preis. Sie würden es wiederhaben wollen, und sie würden nicht zimperlich sein in der Wahl ihrer Mittel.
Marlowe wählte die Telefonnummer von Peroia Smith.
»Mavis Weld«, sagte er mit harter Stimme. »Telefonnummer. Marlowe hier.«
»S-s-sicher«, stotterte Smith. »M-M-Mavis Weld, hä? Sie wollen i-i-ihre Telefonnummer.«
»Wie teuer?«
»D-d-das m-m-macht zehn Dollar«, sagte Smith.
»Vergessen Sie's.«
»M-Moment. Ich darf die N-Nummern der B-Babies nicht rausgeben. Ein armer Kulissenschieber riskiert eine Menge. Die Adresse bekommen Sie dazu.«
Er hatte inzwischen ganz vergessen zu stottern.
»Fünf«, sagte Marlowe, »die Adresse habe ich schon. Und feilsch nicht rum. Du bist schließlich nicht der einzige Studiogauner, der Geheimnummern verkauft.«
»Okay«, sagte Smith schlecht gelaunt und kramte nach seinem kleinen Telefonbüchlein.
»Ein linkshändiger Stotterer«, dachte Marlowe. Er stotterte nur, wenn er nicht aufgeregt war.
»Mavis Weld – 8 37 42 21.«
Eine Nummer aus der teuren Gegend weiter nördlich. Aber dieses Jahr waren alle Gegenden teuer.
»Mavis Weld – 8 37 42 21.«
Ein junges Mädchen im Aufzug zum Penthouse der Traumfabrik. Fast ganz oben und, so vermutete Marlowe, fast ganz allein. Sie würde Freunde brauchen jetzt. Marlowe wollte ihr ein Freund sein. Niemand bezahlte ihn dafür, ein paar Menschen würden ihn, wenn nötig, dafür erschießen.
Marlowe schüttelte den Kopf. Er mußte verrückt sein oder verliebt. Er hatte den Unterschied nie gewußt.

Cissy wollte nicht mit zur Premiere. Sie fühlte sich nicht wohl und wollte gerade an diesem Tag auf keinen Fall ins Kino gehen. Sprach's und zog sich in ihren rosa Morgenmantel gehüllt in ihr Schlafzimmer zurück.
Chandler würde diese Premiere auf keinen Fall verpassen. Er rief seine Sekretärin an und lud sie ein, ins Chinese Theater mitzukommen. Auf dem Weg ins Studio fiel ihm dann auch ein, was Cissy mit »diesem Tag« gemeint hatte. Sie waren heute zwanzig Jahre verheiratet. Es tat Chandler leid, das vergessen zu haben. Er würde es gutmachen.
Nach der Premiere, nach seiner Premiere. Vor Grauman's Chinese Theater drängte wie vor jeder Hollywoodpremiere eine bedrohlich-neugierige Menschenmasse. Damen in Roben und Herren im Frack strebten durch einen engen Gang, der frei geblieben war, zum Eingang: Die Hollywoodprominenz kam. Die Paramount hatte gerufen. Sie präsentierte Billy Wilders *Double Indemnity*!
Es wurde ein rauschender Erfolg. Der Film war spannend, hart und irgendwie anders, als man das kannte. Kunst wahrscheinlich – dafür bezahlte man die Europäer ja schließlich.
Die Kritik jubelte, die Wirtschaftsabteilung der Paramount auch. *Double Indemnity* gehörte zu jener neuen Mode schwarzer Filme, voller Schatten und Zwielicht, bevölkert von armseligen Menschen, die an schäbigen Orten schäbige Dinge taten. Ohne Sinn oder Moral, aber mit der eigenen Würde der konsequenten Verlierer.
Chandler war sehr stolz, obwohl sein Beitrag, wie er fand, zuwenig gewürdigt wurde. Immerhin wurde er zusammen mit Billy Wilder für einen Oscar für das beste Drehbuch nominiert. Doch ein Oscar drückte für Chandler nichts weiter aus als »das rasende Verlangen der Filmindustrie, sich selbst den Nacken zu küssen«. Nicht hervorragende Leistungen würden prämiert, sondern hervorragende Leistungen im Kassefüllen, erklärte er Billy Wilder, dem das keiner mehr erklären mußte. Den Wahlmodus fand

Chandler etwa so gerecht wie eine Präsidentenwahl. »Wenn wir zulassen, daß Lärm, Marktgeschrei und schlechtes Theater uns bei der Auswahl derjenigen beeinflussen, die das Land regieren, warum dann etwas dagegen haben, daß dieselben Methoden bei der Auswahl verdienstvoller Leistungen im Filmgeschäft angewandt werden?«

Billy Wilder nickte abwesend und betrachtete nachdenklich sein Gegenüber. Dieser Chandler war ja einer der kreativsten Menschen, die er je kennengelernt hatte, aber zur Zusammenarbeit hatte er wirklich kein Talent. Bei allem, selbst wenn er Witze machte, kam er ihm immer unendlich traurig vor. Chandler hatte ihn auf die Idee für seinen nächsten Film gebracht. Billy Wilder wollte die Geschichte eines trinkenden Schriftstellers erzählen. *The Lost Weekend* hatte er als Arbeitstitel im Sinn.

»Wenn wir einem Präsidenten das Weiße Haus zuschustern können«, Chandler redete noch immer über den Oscar, »warum können wir dann dem sich abstrampelnden Fräulein Joan Crawford oder dem kalten und schönen Fräulein De Havilland nicht eine von diesen goldenen Statuen zuschustern?«

Chandler bekam den Oscar nicht, aber er bekam einen neuen Vertrag von der Paramount. Swanson, der jetzt als sein Agent in Hollywood ständig für ihn tätig war, handelte tausend Dollar die Woche aus. Nach seinem erfolgreichen Debüt war Raymond Chandler als Drehbuchautor etabliert. Zu Recht, wie er fand. Schließlich hatte er, wie er sich selbst attestierte, »einige der glänzendsten Zeilen zu einem der glänzendsten Drehbücher beigesteuert, die je geschrieben wurden«.

Man darf in Hollywood nie den Anschein erwekken, man suche dringend Arbeit – das ist die einzig sichere Methode, keine zu bekommen«, hatte ihm jemand erklärt. Marlowe fragte sich, ob das auch für Privatdetektive galt. Wahrscheinlich.

Die Menschen, die Swansons Wartezimmer bevölkerten, schienen jedenfalls von dieser Regel nie etwas gehört zu haben. Einige waren fröhlich und voller Hoffnung. Andere sahen aus, als säßen sie seit Tagen hier. Mavis Weld würde nicht mehr warten müssen, um Mr. Swanson zu sehen.
Eine gefährlich aussehende Rothaarige saß lässig hinter einem Schreibtisch und sprach in ein schneeweißes Telefon. Dann legte sie auf, hakte etwas auf einer Liste ab und sah Marlowe mit stählernem Blick an.
»Guten Morgen. Ich hätte gerne Mr. Swanson gesprochen.« Marlowe legte seine Karte, die ohne Pistole, auf den Schreibtisch.
Die Rothaarige nahm sie an einer Ecke hoch und lächelte amüsiert. »Heute?« fragte sie freundlich. »Diese Woche?«
»Wie lange dauert es in der Regel?«
»Es hat schon ein halbes Jahr gedauert«, sagte die Rothaarige fröhlich.
»Ich muß ihn sehen.«
Sie las Marlowes Karte noch einmal durch und lächelte wunderschön. »Jeder muß ihn sehen«, sagte sie. »Sehen Sie, Mr. – ähm – Marlowe, all diese wunderbaren Menschen. Jeder einzelne sitzt hier, seit dieses Büro vor zwei Stunden aufgemacht hat.«
»Diese Sache ist wichtig.«
»Zweifelsohne. Um was handelt es sich, wenn ich fragen darf?«
»Ich möchte ein wenig Dreck verkaufen.«
Sie nahm eine Zigarette aus einem schwarzen Kästchen, das auf dem Tisch stand, und zündete sie mit einem kleinen silbernen Feuerzeug an. »Verkaufen? Sie meinen für Geld – hier in Hollywood?«
»Schon möglich.«
»Was für Dreck? Haben Sie keine Angst, mich zu schokkieren.«
»Es ist ein bißchen obszön, Miss – ähm – Miss...«

»Helen Grady«, sagte sie. »Nun, ein wenig wohlerzogene Obszönität hat noch nie geschadet, oder?«
»Ich sagte nicht, daß sie wohlerzogen ist.«
Sie lehnte sich vorsichtig in ihren Stuhl zurück und blies Marlowe eine Rauchwolke ins Gesicht. »Erpressung also«, sie seufzte. »Warum zum Teufel verschwindest du nicht einfach, bevor ich dir eine Handvoll Bullen auf den Hals hetze«, sagte sie mit einer Stimme, die man als Nagellackentferner hätte benutzen können.
»Miss Vane!«
Ein elegantes schlankes, dunkles Mädchen kam durch eine Rauchglastür. Miss Grady gab ihr Marlowes Karte.
»Swanson!«
Das Mädchen verschwand wieder durch die Tür.
»Setzen Sie sich hin und ruhen Sie sich aus, Mr. Großmaul. Vielleicht verbringen Sie den Rest der Woche bei uns«, informierte Miss Grady Marlowe.
Marlowe setzte sich in einen der Sessel und sah sich um. Ein großer, vornehm aussehender Mann schwang seinen Arm anmutig durch die Luft, um einen Blick auf seine goldene Armbanduhr zu werfen, und stand dann ruhig auf. Er streifte sich seine gelben Handschuhe über, nahm seinen silberbeknauften Stock und schlenderte lässig zu Miss Gradys Schreibtisch hinüber. »Ich warte jetzt seit zwei Stunden darauf, Mr. Swanson zu sprechen«, sagte er kalt und wichtigtuerisch. »Ich bin es nicht gewohnt, zwei Stunden zu warten, um irgend jemanden zu sehen.«
»Tut mir schrecklich leid, Mr. Fortescue. Mr. Swanson ist zu beschäftigt, um sich mit Ihnen zu unterhalten.«
»Es tut mir leid, ihm keinen Scheck hinterlegen zu können«, sagte der elegante Mr. Fortescue mit müder Verachtung. »Wahrscheinlich das einzige, was ihn interessieren würde. Aber in Ermangelung...«
»Einen Moment, Baby«. Die Rothaarige nahm das Telefon ab. »Ja?... Wer sagt das außer Goldwyn?... Kannst du nicht jemanden erreichen, der nicht verrückt ist?... Versuch's noch mal!« Sie knallte den Hörer auf.

Fortescue hatte sich nicht bewegt. »In Ermangelung dessen«, fuhr er fort, als habe er nie aufgehört zu sprechen, »würde ich ihm gern eine persönliche Nachricht hinterlassen.«
»Tun Sie das«, ermutigte ihn Miss Grady, »ich werde sie ihm irgendwie unterjubeln.«
»Richten Sie ihm meinen herzlichen Gruß aus, er sei ein dreckiger Opportunist.«
»Nehmen Sie ›Schleimer‹, Darling«, sagte sie, »er versteht keine Fremdwörter.«
»Gut, ändern Sie das zu ›Schleimer‹ mit einem Hauch einer sehr billigen Marke Hurenparfüms.« Er rückte seinen Hut zurecht und warf einen kurzen Blick auf sein Profil im Spiegel an der Wand. »Und nun wünsche ich Ihnen einen guten Morgen, und zur Hölle mit H. N. Swanson.« Der Mann stolzierte elegant heraus. Er benutzte seinen Stock, um die Tür zu öffnen.
»Was ist mit ihm los?« fragte Marlowe.
Miss Grady schaute mitleidig. »Billy Fortescue? Nichts ist los mit ihm. Er kriegt keine Rollen mehr, und deshalb kommt er jeden Tag hier vorbei und zieht diese Nummer ab. Er hofft, daß ihn jemand sieht, dem sie gefällt.«
Marlowe schloß seinen Mund langsam wieder. Man konnte lange in Hollywood leben, ohne je den Teil zu sehen, den sie in den Filmen zeigten.
Von Filmen war gar keine Rede, als ein gottverlassenes Nest voller frommer Menschen unter dem Namen Hollywood auf der Landkarte Südkaliforniens auftauchte. Einem Mr. Wilcox, Oberhaupt einer puritanisch-okkultistischen Sekte, war ein Fleckchen Wüste vor den Toren des Sündenbabels Los Angeles perfekt geeignet erschienen, Keimzelle seiner getreuen Gemeinde zu werden. Das war 1887, und das oberste Gesetz im frisch gegründeten Hollywood lautete: strikte Abstinenz.
Dort dursteten also bis 1910 noch keine 200 Gottesfürchtige vor sich hin, als sie vom Rathaus in LA ganz trocken eingemeindet wurden. Zwei Jahre vorher war weitgehend

unbemerkt ein Ereignis über die Bühne gegangen, das die Geschichte dieses Dorfes weit nachhaltiger prägen sollte als Mr. Wilcox' Theologie:

1908 drehte ein Colonel William Selig den ersten kommerziellen Spielfilm in Hollywood, *The Count of Monte Christo*.

Marlowe zündete sich eine Zigarette an und betrachtete das Mädchen in Schwarz, das eine Weile still vor sich hin geweint hatte. Nun kramte sie einen kleinen Spiegel aus ihrer Handtasche und begann in ruhiger Selbstvergessenheit, ihr verwischtes Make-up neu aufzutragen. Es war merkwürdig still hier drinnen. Nichts vom Lärm des Sunset Boulevard drang in die Friedhofsruhe von Mr. Swansons Wartezimmer.

Ein paar Blocks weiter westlich war 1911 das erste Filmstudio entstanden, in einer leerstehenden Scheune, die billig vermietet wurde. Ein paar Zelluloid-Desperados waren vor den Eintreibern der Motion Pictures Patent Company aus New York geflüchtet. Diese Patent Company war ein Kartell der Erfinder und Gerätehersteller, das bei jedem produzierten Film kräftig mitkassierte oder andernfalls die Lizenz verweigerte.

Für die Independents, ein paar junge, unabhängige Filmemacher, lag Los Angeles beruhigend nahe der mexikanischen Grenze, hinter die sich halblegale Überlebenskünstler schon immer gern geflüchtet hatten. Das ewig schöne Wetter erlaubte kostensparende Außenaufnahmen, und in Hollywood waren die Mieten niedrig.

Die neue Industrie warf nahezu aus dem Stand ungeheure Gewinne ab. Aus der Low-Budget-Scheune wurden riesige Studios, die Heerscharen von Menschen beschäftigten. Allmächtige Filmmoguln beherrschten die Produktionsstätten der Illusion.

Pompöse Kinos entstanden im ganzen Land, in denen sich immer mehr Menschen an immer glitzernderen Träumen berauschten und immer mehr Geld dafür ausgaben.

1911 waren es 5000, die in Hollywood auf die eine oder

andere Art davon lebten. 1930 zählte Los Angeles' Stadtteil Hollywood 236000 Einwohner. Als dann auch noch die Europäer kamen, hörte man auf zu zählen. Wie in einer italienischen Renaissancerepublik lebten die Geistesgrößen der Zeit auf ein paar Quadratmeilen geballt zusammen. Auf sonnenüberfluteten Terrassen trafen sich Albert Einstein und Thomas Mann zum Tee. Im Tennisclub spielten Arnold Schönberg und George Gershwin hin und wieder ein Match. Mindestens die Hälfte der jüdischen kritischen, künstlerischen Intelligenz war bei irgendeinem Studio für irgendein Seifenblasenprojekt unter Vertrag. Max Reinhardt und Bert Brecht inszenierten Open-air-Theater für die Hollywood Bowl. Aber Marlowe ging nie ins Theater.
In Villen organisierten Reiche verschwenderische Orgien, in den Mietskasernen und Absteigen harrten tausend Talente des Tages, an dem der große Durchbruch kommen würde. Säufer, Huren, Spieler und Verlierer drängten sich auf den neonerleuchteten Boulevards. Gleich nebenan hatten die Großen der Branche ihre Agenturen, in deren Wartezimmern ungezählte Träume vertrockneten.
Die Rauchglastür zu Swansons innerem Heiligtum öffnete sich lautlos, und die dunkelhaarige Miss Vane kam ins Vorzimmer geschwebt. »Mr. Marlowe, wenn Sie mir jetzt folgen wollen.«

Simone, noch mal das gleiche, bitte!«
Die Herren waren wieder einmal ausgelassenster Stimmung heute morgen. Dieses Arbeitsfrühstück würden sie mühelos in einen ausgedehnten Lunch übergehen lassen. Es war der Klub der Drehbuchautoren bei der Paramount, der in der Kantine im Erdgeschoß so fröhlich beieinandersaß. Es war kein richtiger Klub, aber sie waren doch ein fester Kreis und hatten sogar eine Art Vorsitzenden. Der Präsident, wie sie ihn nannten, war Raymond Chandler.
»Ah, Simone, der Champagner. Sehr gut!« Der Präsident

war in seinem Element. Man spottete gerade über Hollywood.

»Es ist eine nicht enden wollende Balgerei zwischen geschmacklosen Egoisten, von denen manche mächtig, fast alle Schreihälse und ebenso fast alle unfähig sind.«

Die Runde lachte herzlich. Für dergleichen war Chandler bekannt. Er präsidierte der Runde nicht nur, weil er der Älteste war und schon ein ziemlich großer Name, sondern auch, weil er mit seinem trockenen Humor einfach die meisten Lacher kriegte. Er wußte auch mehr als die anderen, eben nicht bloß ein Skriptschreiber, sondern fast ein richtiger Dichter. So führte er sich zumindest auf. Zur Zeit war er für die Härtung der Dialoge in dem Alan-Ladd-Film *And Now Tomorrow* angestellt. Es war keine Seltenheit in Hollywood, daß mehrere Autoren an einem Stoff arbeiteten. Einer für Dialoge, einer für Action, einer für Liebesszenen und einer, der alles noch einmal so überarbeitete, daß es wie eine zusammenhängende Story wirkte. Die Arbeit schien Chandler nicht zu überfordern.

»Die beste Szene, die ich geschrieben habe, war eine, in der das Mädchen dreimal in drei verschiedenen Betonungen ›ah-hm‹ sagte, und damit hatte sich's«, erzählte er den andern.

Chandler verbrachte viel Zeit in den Studios und Kantinen, empfing gerne und häufig Besuch in seinem Büro. Vor allem junge Kollegen schätzten seinen Rat: »Schreiben Sie, was Sie wollen. In der Chefetage kann ohnehin niemand lesen. Und selbst wenn, können sie immer noch kein gutes von einem schlechten Skript unterscheiden.«

Der Klub der Drehbuchautoren diskutierte inzwischen bei einer weiteren Flasche Champagner, warum in Hollywood so viel Mist produziert wurde.

»Ein Haufen schlechter Filme wird deswegen gemacht, weil die Männer und Frauen, die sie geschrieben haben, Angst haben, sich gegen das Diktat aufgeblasener Quatschköpfe zu behaupten«, gab Chandler der Runde selbstkritisch zu bedenken.

Vom Schriftsteller in Hollywood wurde paradoxerweise ein Rest oder eine Pose künstlerischer Integrität erwartet, obwohl die sich auf jede Karriere schädlich auswirkte.
»Was Hollywood anscheinend haben will, ist ein Schriftsteller, der bei jeder Storykonferenz zum Selbstmord bereit ist«, vermutete Chandler. »Was Hollywood tatsächlich kriegt, ist ein Bulle, der wie ein brünftiger Hengst schreit und sich dann mit einer Banane den Hals durchschneidet. Der Schrei demonstriert die künstlerische Reinheit der Seele, und die Banane kann er essen, während irgendwer mit irgendwem wegen irgendeines anderen Films telefoniert.«
Die Drehbuchautoren kreischten vor Vergnügen und konnten sich gar nicht wieder einkriegen. Einige Herren aus der Wirtschaftsabteilung in grauen Anzügen, die vor weißen Zetteln und schwarzem Kaffee an einem entfernten Tisch saßen, drehten irritiert die Köpfe. Sechs bis acht Monate arbeiteten die Schreiber an einem Drehbuch, und wenn die Betriebswirte die feuchtfröhliche Versammlung am anderen Tisch so sahen, fragten sie sich, ob das nicht auch schneller ginge.
Chandler hatte die mißbilligenden Blicke der grauen Anzüge bemerkt. Er machte seine Kollegen mit einem Kopfnicken darauf aufmerksam. »Die großen Männer in Hollywood sind zumeist kleine Männer mit tollen Büros und einer Menge Geld. Nicht wenige von ihnen sind zudem dumme kleine Männer mit Konfektionsgehirnen, Kleinstadtarroganz und einem animalischen Riecher für den Geschmack des dümmsten Teils des Publikums.«
Die grauen Anzüge standen auf, um vor dem Lunch noch ein paar Bilanzen zu prüfen. Der Präsident stand auf, um bei Simone noch eine Flasche Champagner zu bestellen.

Ihre alberne Spiegelsonnenbrille können Sie abnehmen, sie läßt Sie auch nicht wie Cary Grant aussehen.«
Der Studiobulle kritzelte etwas auf einen Block, riß das Blatt ab und schob es durch einen schmalen Schlitz an der

unteren Fensterkante seiner verglasten Lobby. Seine Stimme kam aus einem kleinen Lautsprecher und hatte einen metallischen Klang. »Geradeaus bis zum Ende der Straße. An dem kleinen Brunnen wird Sie jemand abholen und zum Set führen.«
»Ist das kugelsicheres Glas?« fragte Marlowe.
»Sicher. Warum?«
»Nur eine Frage«, sagte Marlowe. »Ich habe noch nie von jemandem gehört, der sich zum Film geschossen hätte.«
Hinter ihm kicherte jemand. Marlowe sah sich um und sah ein junges Mädchen mit einer roten Nelke hinterm Ohr. Sie grinste.
»O Mann, wenn eine Pistole alles wäre, was man brauchte...«
Ein Summer ertönte, Marlowe drückte gegen die klinkenlose Pforte und betrat das Gelände der Paramount.
Drinnen herrschte dichter Verkehr. Eine Armee kam Marlowe entgegen. Französische Grenadiere und ein paar Schotten in Röcken. Ein kleiner Mann mit Polohemd und Tropenhelm schoß hinter ihnen um die Ecke. »Studio neun, ihr Idioten, Studio neun!« schrie er durch ein Megaphon. Sie bogen ab und verschwanden hinter einem Gerüst, auf dem ein Mississippi-Raddampfer gebaut wurde.
Ein schlanker, blonder Mann wartete an der nächsten Ecke. »Mr. Marlowe?«
Marlowe nickte. Der Mann stellte sich vor und führte Marlowe in einen der Seitengänge. Vor einer Tür mit der Aufschrift »Studio 12« blieb er stehen. Über der Tür brannte ein rotes Licht, und eine Klingel lärmte ununterbrochen. Endlich ging das Licht aus, die Klingel verstummte.
Marlowe und sein Begleiter gingen hinein. Sie standen in einer riesigen dunklen Halle. Am anderen Ende war eine Menge Licht in einer Ecke. Sie gingen auf das Licht zu. Über dem Fußboden zogen sich dicke schwarze Kabel. Klappstühle waren vor einigen tragbaren Umkleidekabi-

nen mit Namensschildern aufgestellt. Auf einer der Türen stand: Mavis Weld.
Eine Stimme klirrte durch die Halle. »Auf die Positionen! Achtung! Action!«
Von irgendwoher drangen die Stimmen der Schauspieler an Marlowes Ohr, Gemurmel ohne Bedeutung.
Zwei große Projektoren warfen ein blaues Meer auf eine riesige Leinwand hinter der Dekoration. In einem riß plötzlich ratternd der Film, und die eine Hälfte der Leinwand wurde schwarz.
»Schnitt!« schrie die klirrende Stimme. »Schnitt!«
Auf dem Set war das Deck einer Luxusjacht aufgebaut. Drei Frauen und zwei Männer waren in der Szene. Einer von ihnen ganz in Weiß, er sah aus wie der Kapitän. Mavis Weld trug einen nassen weißen Badeanzug und war offensichtlich gerade erst an Bord gekommen. Ein Make-up-Mann sprühte ihr Wasser auf Gesicht und Arme und die Spitzen ihrer blonden Haare.
»Alles zurück auf die Ausgangsposition«, beorderte die Stimme.
Eine Dreiviertelstunde später hatten sie die Szene im Kasten.
»Mittagspause«, verkündete die Stimme.
Mavis Weld kam auf Marlowe und seinen Begleiter zu.
»Hallo, George, was machst du hier?«
»Mr. Marlowe hier hätte Sie gern gesprochen. Er kommt von Mr. Swansons Büro.«
Mavis Weld musterte Marlowe wortlos. George verabschiedete sich. Mavis Weld führte Marlowe in ihre Umkleidekabine und warf sich einen kurz Bademantel über. Sie ließ sich in den Stuhl vor dem Wandspiegel fallen.
»Wie sind Sie hier hereingekommen?«
Ihre Blicke trafen sich im Spiegel.
»Ich arbeite für Sie, Miss Weld. Mr. Swanson hat mich engagiert.«
»Wie aufmerksam. Angenommen, ich möchte nicht, daß Sie für mich arbeiten, was immer Ihre Arbeit ist.«

113

Marlowe legte das Foto auf den Tisch. Mavis Weld betrachtete es eine Weile schweigend. Langsam hob sie ihren Blick wieder. »Geben Sie mir eine Zigarette!«
Ihre Augen waren ganz nah an Marlowe Gesicht, als er ihr Feuer gab. Mit einer Fingerspitze strich sie ihm über die Backe. Marlowe dachte, daß er unrasiert war.
»Wieviel Geld verdienen Sie, Marlowe?«
»Vierzig Dollar am Tag plus Spesen. Ich habe auch schon 25 oder weniger genommen.«
Sie sah ihn mit großen Augen an. Wieder machte sie das mit ihrer Fingerspitze. »25 Dollar?« fragte sie ungläubig.
»Kleine, einsame Dollars.«
»Sind sie sehr einsam?«
»Einsam wie Leuchttürme.«
Marlowe nahm ihre Zigarette. Ihre Hand lag jetzt offen auf einem ihrer nackten Beine. Marlowe berührte sie mit einer Fingerspitze. Sie zog ihre Hand weg und ballte sie zu einer Faust. »Tun Sie das nicht.«
»Ich habe das oft bei Mädchen gemacht, als ich ein Junge war.«
»Ich weiß. Ich fühle mich gleich ganz jung und unschuldig. Und ich bin weit davon entfernt, noch jung oder unschuldig zu sein.«
»Was wissen Sie von dem Typ auf dem Foto?«
»Vielleicht entscheiden Sie sich, ob Sie mich verhören oder verführen wollen.«
»Was ich will, hat damit nichts zu tun.«
Sie schwieg. »Ich muß wirklich etwas essen«, sagte sie schließlich. »Ich arbeite heute nachmittag. Sie wollen doch nicht, daß ich auf dem Set zusammenbreche.«
»Nur Stars tun das«, sagte Marlowe und stand auf. »Okay, ich gehe. Aber vergessen Sie nicht, daß ich für Sie arbeite.«
»Bestimmt nicht.«
Dann saß sie bloß da und sah ihn an. Alles, was er zu tun hatte, war, die Türklinke zu drücken und zu gehen. Marlowe fragte sich, warum das so verdammt schwer war.

Die Sonne blendete, als Marlowe aus der dunklen Halle wieder nach draußen trat. Er drückte seinen Hut tiefer in die Stirn, kramte in seiner Jacke nach einer Zigarette und steckte sie in den Mundwinkel. Er strich ein Streichholz über die Studiotür und zündete die Zigarette an. Langsam schlenderte er die Straße zwischen den Ateliers hinunter. Mit den Füßen kickte er achtlos eine leere Bierdose vor sich her, die einer der französichen Grenadiere weggeworfen hatte.

»Marlowe!«

Zuerst erkannte er ihn nicht.

»Mensch, Marlowe!«

Er wirkte noch gebrechlicher als beim letztenmal, blaß, ausgebrannt.

»Was machen Sie denn hier?« Raymond Chandler schien ehrlich erfreut, Marlowe zu sehen.

»Ich...«

»Wir haben uns lange nicht gesehen. Wie schön, Sie hier zu treffen.«

»Stimmt, ist ziemlich lange her.«

Die beiden waren auf der Mitte der Straße stehengeblieben. Ein Transporter hupte sie aus dem Weg.

»Was machen Sie denn hier in Hollywood?« fragte Chandler.

»Ich lebe und arbeite hier.«

»Nein, ich meine, beim Film.« Alle meinten das, wenn sie Hollywood sagten.

»Ich arbeite an einem Fall.«

Marlowe kickte die Bierdose endgültig weg. Sie landete einer Truppe Cowboys vor den Füßen, die gerade aus der Tür von Studio 7 schlenderte.

»Eine Riesenscheiße habe ich mir da eingehandelt. Ich muß verrückt sein, oder...«

»Wie sehen Sie überhaupt aus?« Chandler schüttelte den Kopf.

»Alt. Ziemlich alt.«

Chandler nickte einem Bekannten zu. »Da hilft nur Whis-

key«, sagte er dann zu Marlowe. Der hatte nichts dagegen.
Obwohl es noch früh am Nachmittag war, herrschte bei Lucey's schon ziemlicher Betrieb. Chandler begrüßte ein paar Kollegen und steuerte auf einen ruhigen Tisch im hinteren Teil des Restaurants zu. Ein Mann im weißen Dinnerjacket kam. Er nickte Marlowe kurz zu und wandte sich dann an Chandler. »Ray, was kann ich heute für dich tun?«
»Zwei Bourbon, und vernünftige Dosis, Rick«, sagte Chandler.
Rick kam mit den Drinks, zwei Tumbler dreiviertel gefüllt mit Whiskey.
»Zum Wohl, die Herren.«
Chandler und Marlowe blickten sich einen Moment lang fest in die Augen, prosteten sich zu und nahmen beide einen kräftigen Schluck. Marlowe zündete sich eine Zigarette an.
»Was ist das denn für eine ›Riesenscheiße‹, und wie sind Sie da hineingeraten?« fragte Chandler.
»Als sie anrief...«
»Ah, eine Frau...«
»Natürlich eine Frau«, sagte Marlowe, »aber die, mit der alles anfing, war die kleine Schwester.«
»Ach so, die kleine Schwester.« Chandler nickte verständnislos.
»Also, die rief an und wollte, daß ich für sie arbeite. Dann erklärte sie mir noch, daß sie keinen Privatdetektiv engagieren wolle, der rauche und trinke. Ich fragte sie noch, ob es okay wäre, wenn ich mir eine Apfelsine schälte, und hängte wieder ein. Das war ein Schritt in die richtige Richtung, aber er ging nicht weit genug. Ich hätte die Tür verriegeln und mich unter dem Schreibtisch verstecken sollen.«
Chandler grinste. Und Marlowe erzählte ihm die Geschichte: wie die kleine Schwester ihn engagiert hatte, ihren Bruder zu finden. Und wie er, seit er ihn suchte,

ständig Leichen fand, weswegen die Bullen langsam unruhig wurden. Alle Leichen hatten etwas mit diesem Foto zu tun, auf dem man den Jungstar Mavis Weld mit einem Exgangsterboß aus Cleveland sah.
»Ich habe dann H. N. Swanson, ihren Agenten, mit... nun, sagen wir mit etwas... Überredungskunst davon überzeugt, mich in dieser Sache einzustellen.«
»Swanson ist auch mein Agent! Und Mavis Weld...«
Chandler pfiff leise.
»Sie müssen mir versprechen, daß Sie die ganze Sache für sich behalten«, sagte Marlowe hastig, »bis ich Miss Welds Unschuld bewiesen habe.«
»Verliebt, mein Freund?«
Marlowe brummte etwas Unverständliches und orderte zwei neue Bourbon.
»Von mir erfährt keiner etwas. Ich gebe Ihnen mein Ehrenwort«, sagte Chandler feierlich, als sie sich mit den neuen Whiskeys zuprosteten. »Was werden Sie jetzt tun?«
»Ach, ich weiß nicht«, Marlowe nahm noch einen Schluck. »Die Bullen wissen, daß ich nicht ganz sauber bin in dieser Sache. Die geben mir nur eine Gnadenfrist, damit ich die Sache für sie ins reine bringe. Und Mavis Weld...« Marlowe seufzte. Langsam drehte er sein leeres Glas in der rechten Hand. Chandler orderte zwei neue.
»Wissen Sie«, sagte Marlowe nach einer langen Pause zu Chandler, »gestern abend saß ich alleine in meinem Büro. Ich habe meinen Schreibtisch aufgeräumt, das Telefon abgestaubt. Es sah dunkel und glänzend aus im schwächer werdenden Licht. Ich wußte, es würde nicht klingeln. Niemand wurde mich anrufen. Ich habe nur dagesessen, nicht geraucht, nicht einmal etwas gedacht. Ich war leer. Ich hatte kein Gesicht, keine Bedeutung, kaum einen Namen. Ich hatte keinen Hunger, ich wollte nicht einmal einen Drink. Ich fühlte mich wie das Kalenderblatt vom vergangenen Tag, zusammengeknüllt ganz unten im Papierkorb.«

Marlowe zog tief an seiner Zigarette und starrte in sein Glas. »Also rief ich Mavis Weld an. Das Telefon klingelte und klingelte. Keiner zu Hause für mich. Ich hängte ein und saß da und dachte, wen kannst du jetzt anrufen. Hast du irgendwo einen Freund, der jetzt gerne deine Stimme hören würde? Nein, keinen...« Marlowe zerdrückte seine Zigarette im Aschenbecher.
»Sagen Sie so etwas nicht«, sagte Chandler leise und eindringlich, »denken Sie so etwas nie wieder!«
Marlowe sah Chandler an. Chandler sah Marlowe an.
Für einen Moment hielten ihre Blicke einander stand, dann ließ Chandler seine Augen wieder durch das Lokal streifen. Marlowe starrte auf den Tisch.
»Haben Sie schon was gegessen heute?« fragte Chandler.
Marlowe hatte nicht. Chandler bestellte für beide etwas und zwei neue Whiskeys. Sie tranken schweigend. Immer mehr Gäste strömten in den Laden. Vorne saßen ein paar Kollegen vom Klub, aber Chandler hatte keine Lust, sie zu begrüßen. Das Essen kam und war nicht besonders gut.
»Was treiben *Sie* denn so?« wollte Marlowe anschließend wissen.
Chandler erzählte von Billy Wilder und dem Film, den sie zusammen geschrieben hatten.
»Den habe ich, glaube ich, gesehen«, sagte Marlowe. »Aber ich kann mich nicht erinnern, Ihren Namen gelesen zu haben.«
»Das kann keiner«, sagte Chandler bitter. »Immerhin hat es mir einen neuen lukrativen Vertrag eingebracht.«
»Es ist doch sicher schön für Sie, mit so vielen Kollegen zusammenzukommen«, vermutete Marlowe.
»Ach, die Kollegen«, Chandler winkte mit theatralischer Geste ab. »Ein trostloser Haufen Mietlinge und Lohnschreiber, um es sackgrob zu sagen. Sie widmen ihre gesamte Zeit saublöden Musicals mit jaulenden Nachtklubsängerinnen. Oder ›psychologischen‹ Dramen mit hölzerner Handlung, stereotypen Figuren und dem penetranten Ton verschwommener Ernsthaftigkeit, der einen an

Schulmädchengespräche während der Pubertät denken läßt.«
Marlowe lachte. Es war das erste Mal, daß Chandler ihn lachen hörte.
»Und das ist die Crème der Bagage. Die meisten versprühen ihren Geist in Wildwestfilmen, billigen Ballermelodramen, Horrorstreifen über verrückte Wissenschaftler oder kreischende Blondinen in der Nähe kreischender Kreissägen. Die Verfasser dieses Plunders sind künstlerisch bankrott!«
»Und Sie? Was machen Sie hier?« fragte Marlowe.
»Geld verdienen«, sagte Chandler. »Ich betrachte das hier als Zwischenstation. Wenn ich dabei lerne, Bücher ein bißchen schneller zu produzieren, schadet mir das bestimmt nicht. Wahrscheinich bin ich zu alt und zu abgebrüht, um mich blenden zu lassen.«
Marlowe nickte vage. Sie tranken weiter und redeten weiter, lakonisch, einsilbig und doch auf eine karge Art fröhlich. Vorne begannen sie schon, die Stühle auf die Tische zu stellen. Nur noch vereinzelte kleine Grüppchen saßen in dem völlig vernebelten Laden. Ein paar Streicher und ein rauchiges Saxophon plätscherten leise aus einem Lautsprecher mit einer seichten Version von Bessie Smiths »Hard Time Blues«. Der Barmann polierte die Gläser.
»Noch einen für den Heimweg«, orderte Chandler mit schwerer Zunge.
»Den letzten«, sagte Rick müde.
»Den allerletzten«, pflichtete Marlowe bei. »Trinken Sie einen mit.«
Rick kam mit drei Gläsern. Sie prosteten sich zu.
»Auf Hollywood!« sagte Chandler.
»Von mir aus auf Hollywood!« sagte Marlowe.
»Auf die hochtrabende Nichtigkeit, die permanente Sauferei und Hurerei, die pausenlose Balgerei ums Geld, die Blasiertheit der Großkopfeten und die unablässige Angst, dieses ganze märchenhafte Gold zu verlieren und wieder

das Nichts zu werden, das sie immer geblieben sind.«
Chandler stierte auf den Tisch.
»Ein mieses Geschäft«, sinnierte Marlowe.
»Stimmt«, pflichtete Chandler ihm bei.
Rick gähnte.
»Alle Geschäfte sind irgendwie mies«, sagte Marlowe, leerte sein letztes Glas mit einem Schluck und knallte es auf den Tisch.

Ende 1944 kaufte Warner Brothers für 10 000 Dollar die Filmrechte von *Der große Schlaf*. Chandler erhielt 7000 Dollar, die er in Staatsanleihen anlegte. Für die Rolle des Philip Marlowe holte sich Regisseur Howard Hawks Warners Topstar Humphrey Bogart. Logisch.
Bogart war der Typ. Er war Sam Spade, er betrieb als Rick Blaine das Café Américain in Casablanca, er kreuzte das Meer als Hemingways einsamer Skipper Harry Morgan. Er hielt seinen Hals für niemand hin, aber doch immer irgendwie für die Schwachen. Er verzehrte sich nach Ingrid Bergman und ließ sie dann doch mit dem anderen gehen. Er trank gerne einen und war oft unrasiert. Er schaffte es immer noch, hart und clever zu sein, gerade genug, um in rauhen Zeiten zu überleben. Aber man spürte, daß auch er Angst hatte, daß auch er gerne mit einer Frau schlief, und sei es mit der Zweitbesten. Irgendwie wirkte er immer ein wenig fehlbesetzt – wie alle, die eigentlich besser sein wollten, als sie waren. Darin allerdings war er perfekt.
Bogart spielte nicht bloß Rollen, in seinen Filmen lebte er immer ein Stück Leben. Bogart also war Marlowe.
Lauren Bacall wurde für den Part der Vivien Sternwood ausgesucht. Sie hatte sich, kaum zwanzig, vom Titelblatt des *Time*-Magazins nach Hollywood geblinzelt. »The Look« erwischte auch den männlichen Star in ihrem Debütfilm. Sie bat ihn nur um Feuer, daß die Leinwand knisterte, und Bogart war total entflammt. Ein paar Tage, nachdem er die Scheidung durch hatte, wurde sie, nicht

einmal halb so alt wie er, die vierte Mrs. Bogart. *The Big Sleep* war sozusagen ihr Flitterfilm. Deswegen bogen sie die wirkliche Geschichte so um, daß Marlowe und Vivien Sternwood sich am Ende kriegten.

Dem Regisseur, Howard Hawks, war das egal.

»Die Story habe ich nie verstanden, ich habe sie gelesen und war entzückt«, meinte er.

Das Drehbuch wurde in neun Tagen geschrieben. Die Story war Nebensache. Die beiden Autoren versuchten nur, jede Szene so unterhaltsam wie möglich zu gestalten. Ursprünglich hatte Hawks Chandler als Schreiber gewollt. Doch dessen Arbeitgeber, die Paramount, hatte auf Anfrage wissen lassen, daß er keineswegs bereit sei, auf die künstlerischen Fähigkeiten von Mr. Chandler auch nur vorübergehend zu verzichten. Hawks holte sich schließlich William Faulkner, nach Hemingway die größte Nummer auf dem amerikanischen Literaturmarkt.

Bei den Dreharbeiten gerieten Bogart und Hawks nach etwa der Hälfte in eine heftige Diskussion darüber, wer denn nun Owen Taylor, den Chauffeur der Sternwoods, umgelegt habe. Sie wetteten eine erkleckliche Menge teuren Alkohols und telegrafierten kurzentschlossen an Raymond Chandler, um die Sache ein für allemal zu klären.

Chandler schlug nach Erhalt des Telegramms erst einmal in seinem Roman nach, dann versuchte er vergeblich, Marlowe zu erreichen. Schließlich kabelte er zurück: »Woher, zum Teufel, soll ich das wissen?«

Als er ein paar Wochen später auf den Set eingeladen wurde, um Mr. und Mrs. Bogart, Faulkner und Hawks kennenzulernen, erzählte ihm der Regisseur, daß Jack Warner, Chef des Studios, das Telegramm an Chandler irgendwo gesehen hatte. Worauf er Hawks prompt habe zu sich rufen lassen, um zu fragen, ob es wirklich nötig gewesen sei, wegen so etwas ein siebzig Cent teures Telegramm zu verschicken.

»Auch eine Art, ein Unternehmen zu führen«, meinte

Chandler. Bogart schlug vor, irgend jemand zum Getränkeholen loszuschicken.

»1939 habe ich mich einmal bei Jack Warner beschwert«, erzählte er, nachdem die Getränkefrage geklärt war. »Über meine stereotype Rollenbesetzung. Ich war der Sandsack für Cagney, Raft, Robinson, überhaupt für jeden. Ich trug die Warner-Uniform: blauer Anzug, blaues Hemd, unauffällige schwarze oder rote Krawatte, Hut mit heruntergezogener Krempe. Ich ging immer drauf und kriegte nie das Mädchen.«

Im nächsten Film nach der Beschwerde stellte Bogart ein blutsaugendes Monster mit bizarrem Make-up dar. In *Virginia City,* dem nachfolgenden Film, spielte er ein verräterisches Halbblut mit dünnem Oberlippenbärtchen.

»Die Hauptrollen spielten damals Errol Flynn und Randolph Scott«, erinnerte sich Bogart, »und ich kann sie beide nicht ausstehen.«

Ein Regieassistent kam mit Whiskey.

»Wir wollen noch arbeiten heute«, mahnte Hawks.

Bogart ließ sich in einen der Klappstühle fallen und von seiner Frau eine Zigarette anzünden. Sie tranken und rauchten, diskutierten und klatschten, bis Howard Hawks Schauspieler und Kameraleute auf ihre Positionen bat. Chandler blieb mit Faulkner im Halbdunkel sitzen. Hawks gab jetzt Anweisungen über ein Mikrofon, und Chandler versuchte ein Gespräch mit Faulkner. Er lobte das Drehbuch, besonders die Dialoge gefielen ihm.

»Hm«, sagte Faulkner und goß sich Whiskey nach.

Und viel mehr wurde auch im Laufe des Nachmittages nicht daraus.

Als Chandler an diesem Abend nach Hause kam, war er ganz begeistert. »Bogart ist genau richtig. Er kann auch ohne Kanone knallhart sein. In seinem Humor schwingt der bissige Ton von Verachtung mit«, schwärmte er Cissy vor, obwohl er bis jetzt immer geglaubt hatte, Cary Grant wäre der geeignete Marlowe-Interpret. »Bogart ist viel besser als jeder andere Darsteller! Ladd zum Beispiel ist hart, bitter und gelegentlich charmant, aber schließlich kommt er doch nie über die Vorstellung hinaus, die sich Klein Moritz von einem bösen Schurken macht. Bogart ist da absolut echt.«

Alan Ladd war der Topstar der Paramount und der höchstbezahlte männliche Filmschauspieler der Vereinigten Staaten. Er hatte in Orson Welles' Klassiker *Citizen Kane* (1940) mitgespielt, aber niemand konnte sich mehr erinnern, als was eigentlich.
Alle kannten ihn als den lächelnden, sanften Killer mit dem Kindergesicht und der Narbenhand aus dem Film *This Gun For Hire*. Unauffällig, resigniert, cool und von tödlicher Präzision, ein sympathischer Psychopath.
Anfang '45 bekam Alan Ladd, Topstar oder nicht, seine Einberufung zur US-Army. Das Studio war verzweifelt. Jedem, der eine Filmidee für Ladd anbringen und innerhalb eines Monats drehfertig machen konnte, wurde ewige Dankbarkeit und plötzlicher Reichtum versprochen. Für die Produktion eines A-Films wurden für gewöhnlich eineinhalb Jahre veranschlagt, allein ein Originaldrehbuch nahm mit Überarbeitung ein knappes Jahr in Anspruch. Aber Alan Ladd sollte schon in drei Monaten Freiheit und Demokratie verteidigen.
Das war der Stand der Dinge, als Raymond Chandler mit John Houseman bei Lucey's zu einem ausgedehnten Lunch zusammensaß. Die beiden hatten sich bei der Arbeit an *Double Indemnity* kennengelernt, und einer der Filme, die Chandler »gehärtet« hatte, war Housemans Regiedebüt gewesen. Die beiden mochten sich, beide waren an einer englischen Privatschule erzogen, Gentlemen eben. Sie trafen sich häufiger zum Essen – in Hollywood oder privat.
Chandler war bei dem Essen schlecht gelaunt, weil er mit dem Buch, an dem er zur Zeit arbeitete, wieder einmal überhaupt nicht vorankam. »Ich überlege ernsthaft, ein Drehbuch daraus zu machen und es an irgendeine Filmgesellschaft zu verkaufen...«

Eine knappe Stunde später saßen Houseman und Chandler in dessen Wohnung in Fairfax. Cissy lag mit gebrochenem Bein darnieder. Houseman las die ersten 120 Seiten von Chandlers Entwurf.
48 Stunden später hatte die Paramount *The Blue Dahlia* für eine ansehnliche Summe gekauft. Houseman fungierte als Produzent – unter der Oberaufsicht des allgegenwärtigen Mr. Joseph Sistrom. Nur Alan Ladd machte noch Probleme. Als Star des Films hatte er bei der Auswahl seiner Schauspielerkollegen ein Wörtchen mitzureden. In Frage kamen vor allem nur Partnerinnen, die nicht größer waren als er, also praktisch niemand. Veronica Lake, schon in *This Gun For Hire* die Frau an seiner Seite, ging klar. Aber Doris Dowling, ausersehen für die Rolle von Ladds liederlicher Ehefrau, war schön, schwarzhaarig und gut 15 Zentimeter größer als ihr Filmmann. Man beruhigte Ladd, daß gemeinsame Szenen so gedreht würden, daß Miss Dowling sich immer gerade hinsetzen oder -legen würde. Schließlich gab er eingedenk seiner näherrückenden Einberufung Ruhe.
Raymond Chandler lieferte die erste Hälfte des Skripts, etwa 45 Minuten Film, nach knapp drei Wochen ab. Er brauchte das bereits geschriebene Material nur zu überarbeiten. Nach drei weiteren Wochen begannen die Dreharbeiten. Der Dreh lief blendend. In vier Wochen hatte man 62 Seiten im Kasten, war vier Tage über dem Plansoll. Alle bei der Paramount waren begeistert, jeder hielt dieses sensationelle Tempo für sein Verdienst.
Nur John Houseman wurde langsam nervös. Sein Drehbuchautor Raymond Chandler schrieb nämlich keineswegs so schnell, wie das Team drehte. Das war nicht weiter verwunderlich: Raymond Chandler hatte für die Story noch keinen Schluß. Es gab einen Mord, drei – natürlich unschuldige – Hauptverdächtige und eine ganze Reihe möglicher Mörder, die man mit zwei oder drei zusätzlichen Großaufnahmen und ein paar eingefügten Sätzen entlarven konnte.

Houseman und Sistrom glaubten, daß Chandler früher oder später – wahrscheinlich später – eine Lösung präsentieren würde, aber die Studiobosse der Paramount wurden langsam hektisch.
Um sie zu beruhigen, berief Sistrom dauernd Storykonferenzen ein, bei denen jede Menge Wichtigtuer wortgewaltig darüber brüteten, wem sie nun diesen verdammten Filmmord anhängen konnten. Chandler saß meistens nur da, nickte hin und wieder, sagte kaum etwas und starrte aus dem Fenster in die Hitze des Nachmittags.
Eines Morgens erschien er leichenblaß und mit zitternden Händen in Housemans Büro. Die Studioleitung hatte ihn vorgeladen. Man hatte ihm eingeschärft, dieses Treffen unter keinen Umständen gegenüber Mr. Houseman zu erwähnen, dann der dringenden Sorge um Paramounts Zukunft Ausdruck verliehen, die ausschließlich an der Fertigstellung von Chandlers Filmskript hinge, und ihm schließlich zusätzliche 5000 Dollar für die pünktliche Ablieferung der letzten Manuskriptseite versprochen.
Chandler war erschüttert. Houseman hatte ihm die Panik der Paramount-Leute, so gut es eben ging, verschwiegen, um sein fragiles Selbstbewußtsein nicht zu erschüttern. Jetzt war Chandler total verunsichert.
Das zusätzliche Honorar kam ihm wie eine Bestechung vor, und das Ansinnen, seinen Public-School-Fellow Houseman zu hintergehen, stellte für ihn eine schwere Demütigung dar. Er versicherte Houseman, daß sein schöpferischer Mechanismus zerschlagen sei.
»Es tut mir leid, John. Aber ich habe keine andere Wahl, als mich von einem Projekt, zu dem ich nichts mehr beitragen kann, zurückzuziehen.«
Das Filmteam hatte noch sieben Seiten ungedrehtes Skript übrig, zwei kleine Szenen, mit denen man warten wollte, bis klar war, wer der Mörder sein würde. Keine drei Tage Arbeit. Und in zehn Tagen würde Alan Ladd unwiderruflich in einer Kaserne der amerikanischen Armee verschwinden.

»Ich glaube nicht, daß ich in der Lage bin, das Drehbuch für *The Blue Dahlia* rechtzeitig fertigzustellen«, resümierte Chandler das Grübeln einer langen schlaflosen Nacht. »Oder überhaupt je.«
Houseman und Chandler saßen schweigend da. Hin und wieder sahen sie sich an, nicht verärgert, einfach traurig.
»John, wir kennen einander recht gut, glaube ich«, begann Chandler, nachdem er seine Tasse Kaffee geleert und behutsam auf den Fußboden gestellt hatte.
Weitschweifig sprach er vom gemeinsamen Bildungshintergrund, von Zuneigung und Wertschätzung. Dann kam er zum Punkt.
»Du weißt doch sicherlich – oder hast zumindest gerüchteweise gehört –, daß ich einige Jahre ein schwerer Trinker war.«
Houseman nickte.
»Nur durch äußerste Willensanstrengung ist es mir gelungen, meine Sucht zu besiegen«, fuhr Chandler fort. »Das war verdammt schwierig. Alkohol, weißt du, Alkohol verleiht mir Energie und Selbstsicherheit, die ich auf keine andere Weise erlangen kann.«
Houseman hatte keine Ahnung, worauf Chandler hinauswollte. »Also ... was ich sagen will, ist ... Im Studio kann und will ich die Arbeit an *The Blue Dahlia* nicht fortsetzen. Aber ich bin fest davon überzeugt, daß ich das Drehbuch zu Hause fertigschreiben kann – betrunken.«
Houseman starrte ihn an.
»Das Trinken an sich ist nicht gefährlich«, erklärte Chandler. »Ich habe einen Arzt, der würde mir massive Traubenzuckerinjektionen geben, so daß ich wochenlang ohne feste Nahrung leben kann. Die eigentliche Gefahr liegt im Nüchternwerden, in der fürchterlichen Anstrengung, in die Realität zurückzukehren ...«
Houseman schüttelte langsam den Kopf.
»Cissy hat sich auch lange und verbissen gegen den Plan gewehrt. Aber ich habe sie schließlich davon überzeugen können, daß Ehre vor Sicherheit geht.«

Houseman reagierte völlig panisch. Die Begegnung selbst mit einer milden Form des Wahnsinns verunsicherte ihn total. Er schüttelte immer wieder entgeistert den Kopf. Chandler entfaltete unbeirrt einen Bogen gelbes Papier, auf dem er fein säuberlich seinen Versorgungsbedarf aufgelistet hatte:

A Zwei Tag und Nacht vor dem Haus bereitstehende Cadillac-Limousinen mit Fahrer, um
  1. den Arzt holen zu können,
  2. Skriptseiten zwischen dem Haus und dem Studio hin- und herzutransportieren,
  3. das Dienstmädchen zum Markt zu fahren,
  4. für alle Eventualitäten oder Notfälle beweglich zu sein.
B Sechs Sekretärinnen – Zweiergespanne –, die ständig dienstbereit sind und jederzeit zum Diktat, zum Abtippen und für andere mögliche Bedarfsfälle zur Verfügung stehen.
C Eine ständig freie Telefonverbindung, tagsüber zu Mr. Housemans Büro, während der Nacht zur Zentrale des Studios.

Houseman nahm das Blatt entgegen und bat um eine Stunde Bedenkzeit. Er wanderte ziellos durch die Straßen des Studiogeländes. Dann besuchte er Regisseur Marshall bei den Dreharbeiten.

»Morgen abend sind wir mit dem, was wir an Skript haben, durch«, erzählte dieser stolz.

Houseman suchte Sistrom in seinem Büro auf und erzählte ihm von Chandlers Plan. Sistrom war einverstanden. »Wenn der Film platzt, werden wir hier sowieso alle gefeuert. Ich besorge die Limousinen und Sekretärinnen bei der Direktion. Ich erzähle ihnen irgendeine wilde Geschichte.«

Chandler war ganz glücklich, als Houseman ihm mitteilte, sie wollten es probieren. Er schlug vor, zur Besiegelung des Vertrags sofort zum teuersten Restaurant von Los Angeles zu fahren und gemeinsam einen zu zwitschern.

Sie fuhren zu Perino's, wo Chandler drei doppelte Martinis kippte, ein reichhaltiges Menü zu sich nahm, welches er dann mit drei doppelten Whiskeys abschloß.
Houseman fuhr Chandler in dessen Packard-Cabriolet nach Hause. Chandler war königlich gelaunt. Vor dem Haus hatten bereits die beiden Cadillacs Position bezogen. Im Wohnzimmer saß das erste Gespann von Sekretärinnen bereit.
Als Houseman am nächsten Morgen wiederkam, traf er zwei neue Sekretärinnen an. Chandler lag auf der Wohnzimmercouch und schlief. Ein halbvolles Glas Whiskey stand auf dem Tisch. Daneben lagen drei Seiten Manuskript.
Houseman ließ sich von einer der Limousinen ins Studio fahren. Auf der Fahrt las er die drei Seiten. Der Mörder war, man hätte es ahnen können, der Hausdetektiv.
Im Studio angekommen, ließ er den Text sofort vervielfältigen. George Marshall, der Regisseur, schien fast ein wenig enttäuscht, hatte er sich doch schon darauf eingestellt, eigenmächtig zu improvisieren. Er konnte einfach nicht verstehen, warum die Produktionsleitung die Arbeit eines Mannes vorzog, der sich offensichtlich in einem fortgeschrittenen Stadium des Alkoholismus befand.
Acht Tage blieb Raymond Chandler betrunken. Er war höflich und bester Laune, wenn ihn Houseman besuchte. Jeden Abend von acht bis zehn saß er bei Cissy im Schlafzimmer, und die beiden hörten sich klassische Musik im Radio an, eine beliebte Sendung, gesponsert von den Gaswerken.
Sechs Tage vor Ablauf der Frist wurde der Film fertiggedreht. Genau so, wie Chandler ihn im milden Dauersuff geschrieben hatte. Bis zum letzten Satz. Der letzte Satz hieß: »Hat irgend jemand was von einem Schluck Whiskey gesagt?«

Die Büroflasche stand leer auf dem Schreibtisch. Draußen war es fast dunkel. Irgendwo summte ein Staubsauger. Im Flur pfiff jemand »Lilli Marlen«. Das war sicher der Nachtwächter, der die Büros kontrollierte. Marlowe knipste die Schreibtischlampe an. Der Nachtwächter ging draußen vorbei.
Eine Weile passierte nichts. Schließlich klingelte es. Vor der Tür stand ein fetter Mann in einem himmelblauen Anzug. Hinter ihm stand ein hagerer Junge mit roten Augen, ungefähr zwanzig. Seine Nase zuckte, sein Mund zuckte, seine Hände zuckten, und er sah sehr unglücklich aus.
Der fette Mann strahlte übers ganze Gesicht. »Mr. Marlowe, ohne Zweifel!«
»Wer sonst?« fragte Marlowe.
»Es ist ein wenig spät für einen Geschäftsbesuch. Ich hoffe, Sie haben nichts dagegen. Oder haben Sie vielleicht schon mehr am Hals, als Sie erledigen können?« Der fette Mann lächelte sanft.
»Machen Sie keine schlechten Witze, Mann. Meine Nerven sind ziemlich runter. Wer ist der Junkie?« schnarrte Marlowe.
»Komm, Alfred, sag Mr. Marlowe guten Abend!«
»Fick dich ins Knie«, sagte Alfred. Seine Stimme hatte den bemüht lässigen Klang von Gangstern in Filmen. Alle hatten den jetzt.
»Ziemliches Problem, dieser Alfred«, sagte der Dicke. »Mein Neffe, Sohn meiner Schwester. Ich habe ihm das Zeug abgewöhnt, für eine Weile jedenfalls. Gestatten Sie, daß ich mich vorstelle. Ich bin Joseph T. Toad.« Er lächelte freundlich. »Okay, Alfred!«
Mit einer schnellen Bewegung hatte der Junge eine schwere Automatik in der Hand, die er auf Marlowe richtete.
»Vorsicht, Alfred«, sagte Mr. Toad, »noch nicht...«
»Fick dich ins Knie«, sagte Alfred. Sein Finger spannte den Abzug. Marlowe konnte den Punkt spüren, wo der Druck den Hammer auslösen würde. Der Schlagbolzen der

Automatik klickte trocken ins Nichts. Der fette Mann strahlte noch immer. Er klopfte mit der Hand auf seine Jackentasche. »Ich habe das Magazin«, sagte er fröhlich. »Alfred ist unverläßlich geworden. Der kleine Bastard hätte Sie glatt erschossen. Dabei nützen Sie mir tot überhaupt nichts.«
Alfred setzte sich auf einen Stuhl und starrte teilnahmslos an die Decke.
»Ich wette, er hat Ihnen Angst eingejagt«, sagte Mr. Toad und piekste Marlowe mit einem fleischigen Zeigefinger auf die Brust.
Marlowe hatte einen salzigen Geschmack im Mund.
»So cool sind Sie auch nicht«, fuhr der Dicke fort. »Lassen Sie uns reden. Ich interessiere mich für Fotos...«
Er setzte sich auf den Stuhl vor Marlowes Schreibtisch.
»Sie haben nicht zufällig ein Comicheft für Alfred? Es beruhigt ihn.«
»Ich werde nachsehen.«
Marlowe ging langsam um seinen Schreibtisch und setzte sich auf seinen Stuhl. Mit einem Ruck riß er die Schreibtischschublade auf, packte die Luger und brachte sie vorsichtig nach oben.
»Die werden Sie nicht brauchen«, sagte der Dicke jovial.
»Gut. Aber wenn, hier ist sie. Und geladen.«
Mr. Toad guckte bestürzt. »Es tut mir wirklich leid, daß Alfred Sie so erschreckt hat, ich nehme ihn fast nicht mehr wahr. Ich bin schon so an ihn gewöhnt... Aber vielleicht haben Sie recht, vielleicht sollte ich seinetwegen wirklich etwas unternehmen.«
Alfred starrte unbeteiligt an die Decke.
»Ich habe gehört, Sie sollen ziemlich hartgesotten sein«, sagte Toad schließlich zögerlich, einen kühlen und aufmerksamen Blick auf Marlowe gerichtet.
»Sie haben was Falsches gehört. Ich bin ein sehr sensibler Typ. Die kleinste Kleinigkeit, und ich raste völlig aus.«
»Nun, wir wollen nicht streiten, Mr. Marlowe. Bitte nicht. Ich hab' einen kleinen feinen Vorschlag für Sie. Ich möchte

Ihnen ein Bild abkaufen. Das Bild einer schönen, jungen Frau..."
"Schnauze!" unterbrach Marlowe ihn. Er lehnte sich langsam in seinem Stuhl zurück. Sein Gesicht brannte. Er fühlte sich betrunken. Mit schwerer Stimme sprach er weiter: "Ein Freund hat mir mal von einem Typ erzählt, der in eine ähnliche Situation geriet. Er saß hinter seinem Schreibtisch wie ich. Auf der anderen Seite saßen zwei Männer wie Sie und Alfred. Der Mann auf meiner Seite ist einfach ausgeklinkt. Er konnte nichts dafür. Er konnte kein Wort sagen. Er hatte nur diese Knarre in der Hand und drückte einfach zweimal ab, unter dem Tisch, etwa in Höhe Ihres Bauches."
Der Dicke wurde blaß. Er zog ein violettes Taschentuch aus der Brusttasche und tupfte seinen Schweiß ab.
"Das haben Sie in einem Film gesehen", sagte er hastig.
"Stimmt", sagte Marlowe, "aber der Typ, der den Film geschrieben hat, hat mir erzählt, wo er die Idee herhat. Die war nicht aus einem Film."

Für das Drehbuch des Films *The Blue Dahlia* wurde Raymond Chandler zum zweitenmal für den Oscar vorgeschlagen. Er bekam ihn wieder nicht.
Es dauerte fast einen Monat, bis er sich von der Fertigstellung des Skripts erholt hatte. Täglich kam sein Arzt, um ihm geheimnisvolle wiederbelebende Spritzen zu geben. Chandler empfing seine Besucher in Pyjama und Seidenmantel auf dem Sofa. Er lächelte das bescheidene Lächeln eines schwerverwundeten Helden, der selbstlos und unter Einsatz seines Lebens im Alleingang einen wichtigen Sieg errungen hat.
Jetzt endlich fand Chandler auch Zeit, einen Essay über "Schriftsteller in Hollywood" zu schreiben, um den ihn Charles Morton, Herausgeber von *Atlantic Monthly,* schon lange gebeten hatte. *Atlantic Monthly* war ein Forum der Intellektuellen, Sartre und andere Geistesgrößen der Zeit publizierten dort, und als Chandlers Aufsatz veröffentlicht

wurde, überließ er die Titelgeschichte großmütig Albert Einstein.

»Ich habe in Hollywood etwas über zwei Jahre gearbeitet«, begann Raymond Chandler seine Ausführungen, »lange genug, um in mir beim Gedanken daran ein Gefühl abgrundtiefer Langeweile aufkommen zu lassen.«

Und dann legte er los, schlug zurück für alle erfahrenen Demütigungen in einem gnadenlosen Verriß, der selbst in seiner schrillen Zunft Aufsehen erregte: »Manche Produzenten sind niedriges Gesocks mit der Moral eines Fliegenfängers, der künstlerischen Integrität eines Zigarettenautomaten und den Manieren eines größenwahnsinnigen Warenhausdetektivs.« Und so weiter.

Hollywood reagierte mit eisigem Schweigen. Ein paar Tage nach Erscheinen des Aufsatzes erhielt Chandler einen verzweifelten Anruf von seinem Agenten. Swanson war außer sich. Ein Story-Redakteur hatte ihm erzählt, daß Chandler sich bei den Produzenten der Paramount sehr geschadet hätte. Und der Regisseur Charlie Brackett hatte gemeint: »Chandlers Bücher sind nicht gut genug und seine Filme nicht schlecht genug, um diesen Artikel zu rechtfertigen.«

»Bestellen Sie ihm«, sagte Chandler, »wenn meine Bücher schlecht wären, so hätte man mich wohl schwerlich nach Hollywood eingeladen, und wären sie besser, so wäre ich nicht gekommen.«

Bei der Paramount war Chandler jedenfalls fürs erste unten durch. Deswegen hatte diesmal auch niemand etwas dagegen, daß Chandler für die MGM seinen eigenen Roman *Die Tote im See* auf die Leinwand bringen sollte. Chandler nahm den Job an, damit Marlowes Geschichte nicht von irgendeinem Idioten verhunzt wurde.

Die Sache lief von Anfang an schief. Chandler saß noch keine Woche in seinem Büro im dritten Stock des Thalberg Building, als ihm zwei Kulissenschieber die Couch aus dem Zimmer räumten. Die Studioleitung glaubte den Arbeitsausstoß der Schreiber zu erhöhen, wenn man sie der

Möglichkeit beraubte, sich hinzulegen. Aber Raymond Chandler war nicht gewillt, auf seine Entspannungsnikkerchen zu verzichten. Kurz entschlossen holte er sich aus dem Wagen einige von Cissys Decken und breitete sie auf dem Fußboden vor dem Schreibtisch aus.

Solcherart ruhend fand ihn ein paar Tage später der Produzent des Films, George Height, als er zu einem Höflichkeitsbesuch hereinschaute. Als er Chandler am Boden sah, stürzte er ohne ein Wort des Grußes ans Telefon und schrie irgendeine wahrscheinlich unschuldige Direktionsassistentin an: Mr. Chandler sei ein horizontaler Schriftsteller, und man solle ihm um Himmels willen umgehend seine Couch wiederbringen!

Aber das half schließlich auch nichts mehr. Ein Verbot des allmächtigen Mr. Mannix mißachtend, beschloß Chandler, zu Hause weiterzuarbeiten, und kam nur noch zu gelegentlichen Treffen mit George Height ins Studio.

Seine eigene Geschichte für die Leinwand noch mal zu schreiben, das merkte Chandler bald, langweilte ihn tödlich. Deshalb begann er, mehr und mehr neue Szenen zu erfinden. Height stellte ihn zur Rede: »Wir haben eine Adaption von dir gekauft, und du schreibst dauernd vollkommen andere Szenen. Alles ganz schön. Aber die Direktion wird kaum verstehen, warum wir einen Autor angeheuert haben, der sich um seine eigene Geschichte praktisch gar nicht kümmert.«

»Sie hängt mir zum Hals raus, George. Wenn ein Schriftsteller sich das Herz aus dem Leibe schreibt und eine Arbeit so gut macht, wie er kann, dann will er die Arbeit einfach nicht noch mal machen.«

»Wir haben das verdammte Ding aber gekauft.«

Das Ganze endete in einem Fiasko. Nach 13 Wochen lieferte Chandler ein unfertiges Drehbuch ab, das dann schließlich von dem Skriptschreiber Steve Fisher endgültig so versaut wurde, daß Chandler seinen Namen nicht damit in Verbindung gebracht haben wollte.

Es sei wahrscheinlich der schlechteste Film, der je gemacht worden sei, höhnte er. Die Idee, die Geschichte mit einer subjektiven Kamera aus der Sicht Marlowes zu filmen, sei in Hollywood ein uralter Hut, wie ihn sich so ungefähr jeder junge Schriftsteller oder Regisseur einmal bei einem Kollegen-Besäufnis ausdenken würde.

Das stimmte nun nicht. Robert Montgomery, Star und Regisseur von *The Lady in the Lake,* war 1946 der erste, der dieses Stilmittel für einen ganzen Spielfilm verwandte. Der Film wurde ein großer Erfolg. »In dem Maße, wie ich älter werde, schwindet meine Achtung vor dem menschlichen Hirn«, meinte Chandler und flüchtete mit Cissy für mehrere Wochen in die Berge um den Big Bear Lake.

Wieder einmal hatte ein Job in Hollywood für ihn mit totaler Erschöpfung und künstlerischer Enttäuschung geendet. Wieder einmal beschloß Chandler, der Illusionsindustrie endgültig den Rücken zu kehren.

Im Frühjahr 1947 machte ihn ein Angebot der Universal noch einmal weich. Man bot ihm 4000 Dollar die Woche, um ein Originaldrehbuch zu schreiben, das die Direktion unbesehen übernehmen wollte. Vor nicht einmal zehn Jahren hatte er weniger als die Hälfte im ganzen Jahr verdient. Raymond Chandler war, was seinen Marktwert betraf, ganz oben.

Produzent des Projekts war – inzwischen auch zu Universal gewechselt – Joseph Sistrom. Die Story sollte von einer jungen Frau handeln, die auf der Flucht vor ihrer Vergangenheit war. Enden sollte das Ganze nach Chandlers Vorstellung in einer Verfolgungsjagd auf dem Wasser einer nebelverhangenen Meerenge.

Die Produktion kam nie recht voran. Sistrom hatte Chandler den August als Abgabetermin bestimmt, gewährte ihm jedoch zweimal Terminaufschub bis zum Frühjahr '48.

»Mein Ruf als Drehbuchautor ist mir egal«, schrieb Chandler seinem entsetzten Agenten Swanson, »weil ich nicht gern Drehbücher schreibe und sie nie gern schreiben werde. Ich mache diese Arbeit des Geldes wegen.«

So wurschtelte er lustlos weiter, bis die Universal wegen finanzieller Schwierigkeiten beschloß, das ganze Projekt als Verlust abzuschreiben. Chandlers Drehbuchfragment wanderte in die Schublade.
»Ich fühle mich sehr alleine«, schrieb Chandler an Swanson, »mehr noch als zu der Zeit, als ich keinen Cent hatte.«

Der Distriktsstaatsanwalt residierte in einem geräumigen Büro mit schwarzen Ledersesseln. An den Wänden hingen Bilder ehemaliger Distriktsstaatsanwälte und ein Porträt des Gouverneurs. Eine leichte Brise spielte mit den weißen Netzgardinen. Auf einem Regal summte ein Ventilator.
Sewell Endicott saß hinter seinem Schreibtisch. »Sie sind Marlowe?«
Marlowe glaubte nicht, diese Frage beantworten zu müssen.
»Sie sehen nicht gut aus, Marlowe, überhaupt nicht gut. Sie haben Beweismaterial zur Aufklärung eines Mordes zurückgehalten. Das ist Behinderung der Justiz. Dafür kann ich Sie hochgehen lassen.«
»Was für Beweismaterial?«
Endicott nahm ein Foto zur Hand und betrachtete es.
Marlowe sah sich nach den beiden anderen Menschen im Zimmer um. Mavis Weld trug eine dunkle Sonnenbrille. Marlowe konnte ihre Augen nicht sehen, aber er hatte das Gefühl, daß sie ihn ansah. Sie lächelte nicht. Sie saß ganz still.
Neben ihr saß ein Mann im grauen Flanellanzug, am Revers eine Nelke, groß wie eine Dahlie. Er rauchte Zigaretten mit Monogramm und aschte auf den Boden, ohne auf den Aschenbecher zu seiner Linken zu achten. Marlowe kannte sein Bild aus der Zeitung. Es war Lee Farell, einer der prominentesten Anwälte des Landes. Er sah aus, als ob es hundert Dollar kosten würde, ihm bloß die Hand zu schütteln.

Endicott lehnte sich zurück und trommelte mit seinen langen, feinen Fingern auf der Armlehne seines Stuhls. Höflich wandte er sich schließlich an Mavis Weld. »Wie gut kannten Sie den Mann auf dem Foto?«
»Intim. Er war sehr charmant. Ich kann gar nicht glauben, daß...« Sie brach ab und schüttelte sich.
»Moment mal«, warf Lee Farell gelangweilt ein. »Ist das das Beweismaterial, das Marlowe unterschlagen haben soll?«
»Ich stelle die Fragen«, sagte Endicott scharf.
»Nur für den Fall, dieses Foto ist kein Beweis für irgendwas.« Farell lächelte.
Endicott hielt Mavis Weld das Foto hin. »Können Sie mir sagen, wann das Foto gemacht wurde?«
»Nein, Mr. Endicott, das kann ich nicht.«
»Alles, was Sie tun müßten, wäre, es sich anzusehen«, schlug Endicott vor.
Marlowe grinste. Farell blinzelte ihm zu.
»Irgend etwas, was Sie komisch finden?« schnauzte Endicott.
»Ich werde oft fotografiert, Mr. Endicott«, sagte Mavis Weld sanft. »Von vielen verschiedenen Menschen an vielen verschiedenen Orten. Ich war oft zum Lunch oder Dinner bei Romanoff's. Mit dem Mann auf dem Foto und mit andren Männern. Ich weiß nicht, was Sie wollen... was ich sagen soll.«
»Dieser Mann ist gestern nacht erschossen worden, vielleicht von einer Frau. Vielleicht von Ihnen, Miss Weld. Es tut mir leid, aber das liegt für uns im Bereich des Möglichen.«
»Nicht sie«, dachte Marlowe, »die kleine Schwester.«
Mavis Weld spielte unablässig mit den weißen Handschuhen, die sie in der Hand hielt.
»Lassen Sie uns zur Sache kommen«, sagte Farell. »Dieses Foto ist nur ein Beweis, wenn Sie jemand beibringen, der schwören kann, wann und wo es gemacht ist. Mavis Weld wird das nicht tun. Der einzige, der das sonst könnte, wäre,

der Fotograf. Soweit ich weiß, wurde er ermordet. Ich vermute aus eben diesem Grunde.«
»Dieses Foto an sich ist Beweis genug«, beharrte Endicott.
»Es ist ein Beweis, wenn das Gericht es als solchen anerkennt, Endicott. Ihnen muß ich doch die Gesetze nicht erklären. Sie wissen das genausogut wie ich«, schnarrte Farell. »Vergessen Sie das Bild. Es beweist überhaupt nichts. Kein Richter würde es als Beweis vor Gericht zulassen.«
»Ich will den Mann auf dem Bild nicht wegen Mordes anklagen«, sagte Endicott trocken. »Aber es interessiert mich ein wenig, wer ihn umgebracht hat. Die Polizei merkwürdigerweise auch. Ich hoffe, dieses Interesse beleidigt Sie nicht.«
»Sind Sie sicher, daß der Mann ermordet wurde?« fragte Farell. Er lächelte ein wenig und war dann still.
Endicott wandte sich langsam wieder zu Mavis Weld. »Miss Weld, unsere Behörde hat kein Interesse daran, Publizität auf Kosten von Menschen zu suchen, für die diese Publizität fatal wäre. Es ist meine Pflicht zu entscheiden, ob jemand in dieser Sache vor Gericht gebracht werden soll. Es ist nicht meine Pflicht, Ihre Karriere zu ruinieren, weil Sie, sei es aus Pech oder Leichtsinn, mit einem Mann verkehrt haben, der, wenn schon kein verurteilter Verbrecher, so doch zweifelsohne Mitglied einer kriminellen Bande war.
Ich glaube, Sie waren eben nicht ganz ehrlich zu mir, aber lassen wir das. Es hat auch wenig Sinn zu fragen, ob Sie den Abgebildeten erschossen haben. Aber ich frage Sie eindringlich, ob Sie irgend etwas wissen, was uns bei der Suche nach dem Täter weiterhilft?«
»Wissen, Miss Weld«, sagte Farell schnell, »nicht bloß Vermutungen.«
Mavis Weld sah Endicott an. »Nein!«
Endicott stand auf und verbeugte sich. »Das wäre dann alles, vielen Dank für Ihr Kommen.«

Mavis Weld und ihr Anwalt standen auf, nickten und gingen zur Tür. Sie sah Marlowe nicht an, als sie das Zimmer verließ, aber irgend etwas berührte ihn leicht am Hals, wahrscheinlich zufällig. Ihr Ärmel.
Endicott wartete, bis sie die Tür hinter sich schloß. »Und nun zu Ihnen, Marlowe...«

Ist es nicht traumhaft hier?« Cissy Chandler, inzwischen achtzig Jahre alt, saß in einem weiten Rock und einer rüschigen Bluse unter einem Sonnenschirm in einem Liegestuhl. Noch immer färbte sie ihr Haar blond, so daß sie ein wenig aussah wie eine greise Shirley Temple.
»Die entsprechenden Leute haben hier wahrscheinlich eine Menge Spaß«, brummte ihr Mann. »Leute, die morgens ausreiten, nachmittags schwimmen oder Tennis spielen, sich dann an der Bar ein, zwei Drinks genehmigen und durchaus fähig sind, sich für die sehr mäßige und viel zu fette Küche zu begeistern.«
Raymond Chandler trug trotz der Hitze einen Tweedanzug und einen Schlips. Auf seinen Knien lag der zweite Band der Hornblower-Trilogie von C. S. Forester. Das Buch war, so fand er, unglaublich langweilig.
Die Chandlers machten einen ausgedehnten Erholungsurlaub in einem Luxushotel bei Santa Barbara. Sie waren beide kränklich. Chandler wurde seit Jahren von Hautallergien geplagt. Nach seiner Gürtelrose 1949 und einem chronischen Hautausschlag an Brust und Hals hatten die Ärzte begonnen, ihm regelmäßig Morphium zu spritzen. Bücher und Zeitungen mußte Chandler jetzt mit Handschuhen lesen, weil die Druckerschwärze seine Haut zu sehr reizte.
»Ich scheine langsam zu zerfallen«, meinte er.
Raymond Chandler war 63 Jahre alt. Die Zeit in Hollywood hatte ihn sehr gezeichnet. Ursprünglich hatte er vorgehabt, in eine Klinik nach La Jolla zu gehen. »Eine von denen, wo man zusammengebrochene Persönlichkeiten aufnimmt, um herauszufinden, ob es noch Sinn hat, sie

weiterleben zu lassen«, hatte er Charles Morton geschrieben.
Mager und blaß saß da ein alter Mann in einem Liegestuhl unweit eines sehr blauen Swimmingpools. Ein Rentner der Traumfabrik. Raymond Chandler, Schriftsteller, war im Zenit seines Erfolges. Im Jahr 1945 hatte er 50 000 Dollar Einkommenssteuer gezahlt. Seither gehörte er zu den bestbezahlten Drehbuchautoren Hollywoods. Sein jüngster Roman *Die kleine Schwester* erschien zunächst für die stolze Summe von 10 000 Dollar im *Cosmopolitan* als Vorabdruck. Von der amerikanischen Ausgabe, die 1949 erschien, wurden insgesamt 16 000 Exemplare abgesetzt, Hamish Hamilton verkaufte in Großbritannien sogar 26 000. Damit war *Die kleine Schwester* Chandlers erfolgreichster Roman. Sechs Jahre hatte die größer werdende Fangemeinde auf »den neuen Chandler« gewartet.
The New York Times Book Review hatte Chandler zwar wegen »seines verletzenden Hasses auf die menschliche Rasse« attackiert, aber das Publikum war begeistert.
Der englische Kritiker J. B. Priestley schrieb: »Er reduziert die leuchtende kalifornische Szene auf blanke Verzweiflung, geleerte Flaschen und einem Berg Zigarettenkippen unter sinnlosem Neonlicht. Er vermittelt besser als sonstjemand das Scheitern eines Lebens, dem irgendwie eine Dimension fehlt.«
Die amerikanische Sektion des PEN-Clubs lud Chandler zum Beitritt ein. Er sollte aufgenommen werden in den Verein ernsthafter Dichter.
»Die sehen ihre Einladung offenbar als eine große Ehre an«, meinte Chandler, »und mir ist sie scheißegal.«
Er mochte seinen fünften Marlowe-Roman nicht. »Es ist das einzige Buch von mir, das ich absolut nicht ausstehen kann. Ich war in einer schlechten Stimmung, als ich es schrieb, und ich glaube, das merkt man.«
»Aber es verkauft sich gut«, wandte Cissy ein.
Chandler zuckte die Schultern. »Geld«, sagte er wegwerfend. »Geld ist nur wichtig, solange man keins hat. Fürs

Geld kann man in Hollywood erschütternd wenig kaufen, was über das Vergnügen hinausgeht, in einer unechten Welt zu leben, mit einer beschränkten Gruppe von Leuten zu verkehren, die nichts als Film denken, sprechen und trinken, die meisten davon noch schlecht.«

»Raymio«, sagte Cissy sanft. »Du bist nicht mehr in Hollywood.«

»Aber mein Agent streitet sich noch immer mit diesem fetten Bastard von Hitchcock rum.«

Die Zusammenarbeit zwischen dem englischen Regisseur Alfred Hitchcock und dem anglophilen Schriftsteller Raymond Chandler war eine einzige Katastrophe gewesen. Hitchcocks Studio hatte Chandler für 2500 Dollar die Woche gekauft, um Patricia Highsmiths Erstlingswerk *Zwei Fremde im Zug* für den Film zu bearbeiten. Hitchcock und Chandler hatten sich auf Anhieb nicht gemocht. Die tyrannisch genaue visuelle Phantasie des Filmemachers und die Lust des Geschichtenschreibers, Figuren eigenständig zu entwickeln, das waren zwei Welten, die nicht auf eine Zelluloidrolle paßten.

Hitchcock fand, Chandlers Skript tauge nichts, und er gab es irgendeiner Studioassistentin zum Überarbeiten. Was dabei herauskam, war nach Chandlers Ansicht »ein müder Haufen Klischees, eine Ansammlung gesichtsloser Typen und Dialoge, die man jeden Filmautor vermeiden lehrt«.

Am Ende gab es auch noch Streit ums Geld. Denn selbst altgediente und prominente Autoren wie Chandler wurden von den Studios mit der Kulanz von Kredithaien behandelt. »Sie verlangen persönliche und künstlerische Subordination. Langsam, aber sicher machen sie dich vom schöpferischen Arbeiter zum fügsamen Handlanger.«

Chandlers Züge verfinsterten sich, seine Stimme wurde härter. Immer wieder kam er auf Hollywood zu sprechen, und seine Erregung war ihm deutlich anzumerken. Cissy versuchte dann, ihn abzulenken, aber es gelang ihr selten. Sie verstand seine Wut. Das Ausmaß seiner Enttäuschung aber konnte sie nicht verstehen.

»Die empfindlichen Substanzen, aus denen Literatur besteht, können das Klischeegeschwätz von Konferenzen, in denen Stories ausgehandelt werden, schlechterdings nicht überleben. Die Vorstellung von dem, was einen guten Film ausmacht, ist immer noch so pubertär und unreif, wie die Behandlung von schriftstellerischem Talent beleidigend und entwürdigend ist.« Chandler hatte begonnen, laut zu schimpfen, bis er von einem Hustenanfall unterbrochen wurde.
»Ach, Raymio«, sagte Cissy.
»Geldverschwendung, Zeitverschwendung«, stieß Chandler keuchend hervor. »Komm mir nicht mit Geld!« – Cissy hatte gar nichts gesagt. – »Niemand kann angemessen dafür bezahlt werden, daß seine Zeit vergeudet wird.«
Weiter links plapperte eine Frau mit texanischem Akzent ununterbrochen auf ihren offensichtlich stummen Begleiter ein. Eine Wasserstoffblonde im bunten Badeanzug klappte ihr Buch zu und stolzierte auf hochhackigen Sandaletten ins Hotel.
»Wir sollten uns auch zum Essen frischmachen«, schlug Cissy vor. Ihr Mann stand auf, strich sich mit ein paar Handbewegungen den Anzug glatt und reichte seiner Frau zum Aufstehen den Arm. Gemeinsam schlurften sie über die Terrasse zum Eingang. Ein seltsames Paar.
Später, als es dämmerte, saßen sie wieder in ihren Liegestühlen. Es war jetzt ruhiger hier draußen. Nur ein sonnengebräunter Adonis ließ sich lautstark und unter zustimmendem Gekicher einiger Teenager ins Schwimmbecken fallen.
»Die Effekthascher gewinnen immer«, seufzte Chandler. Schweigend stopfte er sich eine Pfeife und zündete sie umständlich an. Der Adonis und sein Fanklub waren jetzt auch im Hotel verschwunden, wo die meisten Gäste ihre Fähigkeit zur Abendunterhaltung mit ein paar Cocktails schmierten. Chandler rauchte und grübelte. Die Unterhaltung von vor dem Essen wollte ihm nicht aus dem Sinn.
»Ich hatte wirklich gehofft«, setzte er nach einer Weile neu

an, »es gäbe eine Möglichkeit, ohne Zynismus für den Film zu arbeiten.«

Cissy strich ihm zärtlich über seine behandschuhte Hand auf der Lehne des Liegestuhls.

»Es gibt sie nicht«, sagte Chandler. »Hollywood ist der Große Amerikanische Schwindel, dieser pseudoreligiöse Glaube, daß Geschäftstüchtigkeit wichtiger ist als Qualität.«

Und die Geschäftstüchtigen, das hatte Chandler gesehen, behielten recht. Jeder ihrer Erfolge machte seine Welt kleiner, verlorener. Sie kauften die Phantasie auf, nicht, um sie einzusetzen, sondern um sie stillzulegen, sie in kleinen Happen ihrer Illusionsmaschinerie einzuverleiben. So hatten sie es mit den Europäern gemacht. So hatten sie es mit Fitzgerald und Hammett gemacht. Und so hatten sie es auch mit ihm gemacht.

In den sieben Jahren, die Chandler für Hollywood geschrieben hatte, war unter seiner Mitarbeit nur ein wirklich sehenswerter Film entstanden, sein erster: *Double Indemnity*.

In den sieben Jahren hatte er nur einen einzigen Roman geschrieben, den er selbst auch noch für schlecht hielt.

Nach sieben Jahren Hollywood war er ein bekannter und wohlhabender Autor, einer, der lukrative Angebote bekam von Film, Funk und Fernsehen.

Nach sieben Jahren Hollywood war er ein kranker alter Mann, dem die Kraft, etwas zu wollen, fast abhanden gekommen war.

»In Hollywood wird die Verbindung zwischen dem Schriftsteller und seinem Unterbewußtsein zerstört. Danach erfüllt er nur noch sein Plansoll«, erklärte Chandler.

Cissy fröstelte es. Sie wollte ins Warme. Auf der Terrasse blieb Raymond Chandler noch einmal stehen. Feuerrot leuchtete die Sonne mit ihrer letzten Kraft. Chandler sog an seiner Pfeife. Sie war lange ausgeglüht.

»Mir kommt das Ganze vor wie eine von diesen südamerikanischen Palastrevolutionen – erst wenn die Geschichte vorbei ist und die zerfetzten Toten reihenweise an den Mauern liegen, weiß man auf einmal, das alles ist gar nicht komisch, das ist der römische Zirkus und verdammt nahe dem Ende einer Zivilisation.«

Put the Blame on Mame, Boys
Die Frauen

Mit einem Ruck warf sie ihr langes rotes Haar in den Nacken. Ihre Hüften wiegten sich verführerisch. Alles Licht, alle Augen ruhten auf ihr. Ihr schulterfreies schwarzglänzendes Kleid schimmerte in dem vernebelten Saal. Sie sang heiser, und ihre hochhackigen Schuhe hinterließen kleine, deutliche Abdrücke auf dem grünen Filz des Billardtischs. Sie streifte unendlich langsam ihre langen schwarzen Handschuhe von den nackten weißen Armen. Die Männer johlten.
Weiter oben auf der Treppe stand Mundson, ihr Mann. Er blickte kalt und gefährlich. »Haß«, dachte er, »Haß kann ein sehr erregendes Gefühl sein.« Gilda schleuderte jetzt einen Handschuh in die gierige Menge. Langsam ging sie auf dem Tisch in die Hocke. Die Männer umringten sie. »Und jetzt den Reißverschluß«, hauchte sie, »macht ihn auf...«
Das war zuviel für Johnny Farrell. Mit einigen kräftigen Stößen bahnte er sich einen Weg durch die Menge. Der Schlag seiner flachen Hand auf Gildas erhitzte Wange machte ein seltsam sattes Geräusch.
Die Göttin hat ausgetanzt, und das ist ein Happy-End. Johnnys öffentliche Demonstration seiner Liebe erlöst sie. Den ganzen Film über schrecklich verworfen, in Hochglanz verpackt für verschwenderische Männerphantasien, entpuppt sich Gilda am Ende doch noch als treue Liebende und erfüllt damit auch die romantischen Sehnsüchte ihrer Verehrer.
Gilda, Rita Hayworth, war Hollywoods Liebesgöttin. Strahlend rein, mit hohen Wangenknochen und unendlich langen Beinen, geedelt durch den Glanz der Unerreichbar-

keit. Eine Frau, von der Männer träumen, feucht oder in Versen. Ihr Pin-up hing in vielen Spinds von Dover bis Pearl Harbor.
Bevor die Amerikaner ihre Atombombe über Nagasaki abwarfen, taufte die Flugzeugbesatzung ihre tausendfach tödliche Ladung »Gilda«. Vor dem Start hatte sie ein Foto von Rita Hayworth auf das kalte Metall geklebt.

Der frische Herbstwind trieb eine leere, braune Papiertüte über den Hinterhof, der dem Hotel nebenan als Parkplatz diente. Marlowe öffnete das Fenster, um die stickige Luft und den Geruch von Staub herauszulassen, der sich über Nacht im Büro gesammelt hatte und jetzt zwischen den Lamellen der Jalousien hing.
Auf der Fensterbank krabbelte eine Biene. Sie summte müde und wie von weit weg, als ob sie wüßte, daß es nichts nützte, daß sie zu viele Einsätze geflogen hatte und nie zu ihrem Schwarm zurückkehren würde.
Marlowe wußte, es würde einer dieser verrückten Tage werden, wie sie jeder von Zeit zu Zeit hat.
Am späten Vormittag fand sich ein Mr. Simpson W. Edelweiss in Marlowes Wartezimmer ein. Er hatte eine Karte, um das zu beweisen. Er war Nähmaschinenvertreter, ein kleiner, müder Mann um die Fünfzig. Er trug einen braunen Anzug mit zu langen Ärmeln, sein steifer weißer Kragen wurde von einer lila Krawatte verziert.
»Nennen Sie mich Simp«, sagte er. »Alle tun das.«
Marlowe bot ihm den Klientenstuhl an und setzte sich hinter seinen Schreibtisch.
»Ich bin mit einer schönen 24jährigen Frau verheiratet«, begann er, nachdem er Platz genommen hatte. »Sie ist mir schon ein paarmal weggerannt.«
Er kramte ein Foto von ihr aus der Tasche und zeigte es Marlowe.
»Wo ist das Problem, Mr. Edelweiss? Ich mache keine Scheidungssachen!«
Dabei hätte Marlowe damit reich werden können. Die

Frauen hatten offensichtlich Gefallen daran gefunden, ihr Leben selbständig zu organisieren. Zehn Millionen Männer hatten in den letzten Jahren den »American way of life« auf den Schlachtfeldern der Welt verteidigt. Die Frauen hatten die Sache an der Heimatfront geschmissen, 16 Millionen von ihnen waren in den Kriegsjahren berufstätig gewesen. Fast sieben Millionen amerikanische Familien waren vorübergehend ohne männliches »Oberhaupt«.

Als die Veteranen dann zu dem von ihnen erwarteten triumphalen Empfang heimkamen, merkten sie, daß sie störten, daß sie in ihrer männlichen Herrlichkeit nicht mehr zeitgemäß waren. Die amerikanische Großstadt hatte mehr sexuelle Freizügigkeiten geboten als die europäischen Schützengräben. Und die Krieger waren nicht nur müde, sondern auch seltsam prüde. Ihre Frauen waren ihnen entwachsen. Während des Krieges und danach stieg die Scheidungsrate um über fünfzig Prozent.

»Keine Scheidungssache, Mr. Marlowe. Ich will Mabel zurückhaben. Aber sie kommt nicht, bis ich sie finde. Vielleicht eine Art Spiel von ihr...«

Und Mr. Edelweiss erzählte von seiner Frau, geduldig und ohne Verbitterung. Sie trank und spielte rum. Sie war keine besonders gute Ehefrau nach seinem Standard, aber vielleicht war er zu streng erzogen. Er liebte sie trotzdem. Sie hatten ein gemeinsames Konto. Das hatte Mrs. Edelweiss geplündert, um mit einem katholischen Friseur namens Monroe Kerrigan durchzubrennen.

Viele amerikanische Männer hatten entsetzt entdeckt, daß die von ihnen sorgsam wie ein Heiligenbildchen in Ehren gehaltene ferne Geliebte keineswegs heilig ihrer Rückkehr geharrt hatte. Es waren eben Kriegs-Verhältnisse. Die in traumhafte Erinnerung entrückten Geliebten waren lebendige Frauen, die ihren von Heiligkeitsphantasien geplagten Männern plötzlich vorkamen wie Halbwelthuren oder – schlimmer noch – Flittchen für die feinen Leute.

»Es wird wieder passieren«, sagte Marlowe.
»Sicher.« Edelweiss zuckte mit den Schultern. »Aber sie ist erst 24, und ich bin fast fünfzig. Wie könnte es anders sein? Sie wird ruhiger werden mit der Zeit. Das Problem ist, daß sie keine Kinder haben kann.« Er seufzte. »Ach, die hat sie mir geschickt...« Er holte eine Postkarte aus seiner Tasche. Sie war aus Honolulu.
»Ihr Geld ist nicht viel wert in Honolulu«, meinte Marlowe.
Edelweiss schob einen Packen Scheine über den Schreibtisch. »200 Dollar Anzahlung. Bitte, Marlowe, finden Sie Mabel. Holen Sie sie zurück.«
Er hatte auch ein Foto von Kerrigan. Marlowe fragte noch ein paar Routinefragen und machte sich dabei Notizen. Schließlich stand Edelweiss auf, gab Marlowe matt die Hand und verließ still das Büro.
»Sagen Sie Mabel, alles ist in Ordnung«, sagte er im Gehen. Es war ein Allerweltsfall. Marlowe kabelte an eine Detektei in Honolulu und schickte die Fotos per Luftfracht nach. Die Agentur fand Mabel in einem Luxushotel – Toiletten und Fußböden schrubbend. Kerrigan hatte sich mit ihrem Geld aus dem Staub gemacht. Sie hatte ihren Ehering versetzt, um die Hotelrechnung zu bezahlen, aber es reichte nicht mehr bis nach Hause. Edelweiss nahm das nächste Flugzeug.
»Einfach nett zu sein scheint unter amerikanischen Frauen eine vergessene Kunst«, wetterte der Leitartikler der Armeezeitung *Stars and Stripes*. »Sie drängeln sich durch die Menge und besetzen die Plätze an der Bar. Ihre Idee von Gleichheit ist es, alle Rechte zu genießen, die Männer angeblich haben, ohne irgendeine der Pflichten zu übernehmen.«
Marlowe schickte Edelweiss eine Rechnung über zwanzig Dollar. Die 200 Dollar Anzahlung kassierte die Agentur in Honolulu.

Die Männer fühlten sich plötzlich als Opfer. Die stolzen Sieger hatten eine Krise, Minderwertigkeitsgefühle und Depressionen, und ihre Phantasien wurden immer schwärzer.
Hollywood hatte schnell reagiert. Auf die Leinwand projizierte man Mannsbilder, die ihrer Umgebung entfremdet waren, schuldlos in unbegreifliche Situationen gerieten. Der Ex-GI, der zu Unrecht verdächtigt wurde, seine untreue Ehefrau erschossen zu haben, wurde der Standardheld. Ladd hatte so einen in *The Blue Dahlia* für die Paramount auch gespielt. Die Story war von Raymond Chandler.
Bei der MGM gab es gleich neben den Räumen des allmächtigen Produktionsleiters Thalberg ein Büro für das Autorinnen-Feminat. Anita Loos, seit ihrem Bestseller *Blondinen bevorzugt* dem Konzept treu geblieben, sich über Sex einfach lustig zu machen, residierte dort mit Frances Marion und einer dritten Kollegin. Ihnen wurden über Jahre stillschweigend sämtliche Filmskripts selbst so berühmter Kollegen wie Faulkner, Fitzgerald oder Chandler zur Überarbeitung vorgelegt. Die Männerphantasien erhielten von Frauenhand ihren letzten Schliff.

Marlowe stand am Fenster und sah zu, wie es im Hinterhof Mittag wurde. Er hielt ein Glas Whiskey in der Hand. Wie immer, wenn er aus dem Fenster sah, geriet er ins Grübeln. Er dachte, daß er langsam in das »mittlere« Alter kam. Er war mehr als einmal im Gefängnis gewesen. Er mochte Alkohol, Frauen und Schach. Die Bullen mochten ihn nicht. Seine Eltern waren tot, und er hatte keine Geschwister. Er war ein einsamer Wolf, und wenn er eines Tages in irgendeiner dunklen Gasse um die Ecke gebracht wurde, wie es in seinem Beruf jedem immer passieren konnte, würde niemand weinen und das Leben völlig sinnlos finden.
Das Telefon klingelte. Nach einer Weile ging Marlowe zum Schreibtisch und nahm ab.

»Amigo, ich muß dich sehen.«
Dolores Gonzales war eine Freundin oder, besser, eine Bekannte von Mavis Weld.
»Was ist so dringend, daß wir uns gleich sehen müssen? Mit dir ins Bett zu gehen ist nicht dringend, das kann man jederzeit tun.«
Sie seufzte. »Du bist schlecht gelaunt, Amigo.«
»Okay, ich bin schlecht gelaunt, verdammt noch mal. Selbst ich bin manchmal schlecht gelaunt.«
Ihr Lachen plätscherte durch die Leitung. »Würdest du mich zum Essen einladen?«
»Vielleicht. Bist du zu Hause?«
»Si.«
»Ich komme gleich vorbei.«
»Ich werde hoch erfreut sein.«
Marlowe legte auf.
Miss Dolores Gonzales sexy zu nennen wäre eine grobe Untertreibung gewesen. Sie hatte langes schwarzes Haar, das sie glatt und offen trug bis auf zwei kleine festgeflochtene Zöpfe, die rechts und links auf ihren braunen Hals herabfielen. Aber es war lange her, seit sie ein kleines Mädchen gewesen war.
Sie lebte im Château Bercy, einem Apartmentgebäude im Norden Hollywoods. Marlowe fragte den Portier nach der Apartmentnummer. Der Portier hatte eine Weinbrandfahne. Marlowe nahm den Aufzug und hatte noch nicht ganz zu Ende geklingelt, als die Tür aufgerissen wurde. Dolores Gonzales' tiefdunkle Augen sahen Marlowe an. Ihr Mund war so rot wie ein neues Feuerwehrauto und lächelte verheißungsvoll.
»Amigo«, sagte sie sanft und streckte ihre Arme aus.
Marlowe nahm sie bei den Handgelenken und preßte ihre Hände zusammen. Sie trug eine enge schwarze Hose und ein weißes Seidenhemd. Locker um den Hals geschwungen hatte sie einen roten Schal.
»Trägst du immer Schwarz?«
»Aber ja, es ist aufregender, wenn ich mich ausziehe.«

»Mußt du wie eine Hure reden?«
»Du weißt nicht viel über Huren, Amigo. Sie sind sehr ehrbare Frauen – außer natürlich den ganz billigen.«
Marlowe drückte sich an ihr vorbei ins Wohnzimmer. Sie roch, wie der Tadsch Mahal bei Mondschein aussieht.
Marlowe berührte eine ihrer Brüste. Ihre Brustwarze war hart wie ein Rubin.
»Die solltest du dir versichern lassen«, sagte Marlowe.
Sie lachte. Marlowe setzte sich, und Dolores Gonzales mixte beiden einen steifen Drink. Sie ließ sich neben Marlowe auf der Couch nieder und steckte eine ihrer langen braunen Zigaretten in einen winzigen goldenen Filter. Sie sah Marlowe an. Er dachte, daß sie beinahe so schwer zu haben sein würde wie ein Haarschnitt. Sie streifte die Asche ihrer Zigarette ab und streckte Marlowe dabei die elegante Linie ihrer Hüften entgegen.
»Machen Sie sich keine Mühe, Miss Gonzales. Ich denke, ich bin in einer dringenden Angelegenheit hier, geschäftlich. Ich kam nicht in der Absicht, irgend jemand zu vergewaltigen.«
»Nicht?« Ihr Lächeln wurde sanft, träge und einladend.
Solche Frauen hatte es früher nicht gegeben. Mit ihnen war die sentimentale Liebesreligion endgültig am Ende. Alle Ritterlichkeit war ziellos geworden. Diese Frauen wußten, was sie wollten, und sie setzten ihren Körper ein, um es zu bekommen. Sie träumten nicht vom trauten Heim, sondern vom großen Geld. Und die Männer waren ihre Trottel. Immer wieder wurde diese Geschichte erzählt, wie sie einen tumben Tor betörten, meistens, um sich von ihm den lästigen Ehemann vom Hals schaffen zu lassen. Wie in *Double Indemnity*, Drehbuch: Raymond Chandler. Barbara Stanwyck in diesem Film, das war der Prototyp: eiskalt, berechnend, verführerisch, zerstörerisch.
Marlowe nahm einen Schluck aus seinem Glas. »Du kanntest ihn vor Mavis Weld, nicht wahr?«
Dieser Fall ließ ihn nicht los. Dabei ging es nur noch um

ein veraltetes Foto mit einem jungen Filmstar und einem inzwischen toten Gangster.
»Si, Amigo, lange vor ihr.«
»In Cleveland?«
»Ja, damals war es chic, einen Gangster zu kennen. Eine Art verkehrter Snobismus wahrscheinlich. Ich ging in die Bars, wo sie hingingen, und mit etwas Glück würde eines Abends...«
»Du hast dich von ihm abschleppen lassen?«
Miss Gonzales nickte fröhlich. »Sagen wir, ich habe ihn abgeschleppt. Er war ein sehr netter kleiner Mann, wirklich, das war er.«
»Und dein Mann?«
Sie lächelte. »Die Straßen der Welt sind mit abgelegten Ehemännern gepflastert.«
Die Männer waren hilflos. Außer Herrschaft hatten sie nichts gelernt. Sie flippten aus, verloren ihr Gedächtnis oder traum- und schlafwandelten durch die schwarzen Straßen der Nacht. Verfolgt von dämonischen Bildern sexuell aggressiver Frauen, die ihnen keine Pose als Zuflucht ließen, nicht einmal die des würdigen Verlierers.
Und in den männlichen Angstphantasien wurde die Erotik immer gewalttätiger. Und kein Hays Office stoppte sie.
Das Hays Office war 1922 als freiwillige Selbstkontrolle der Traumfabrik entstanden, um das öffentliche Gerede über Sex- und Drogenskandale in Hollywood zu dämpfen. Roscoe Arbuckle, ein fetter Klempner aus Minnesota, inzwischen aufgestiegen zum prominentesten Leinwand-Sahnetortenwerfer der Filmmetropole, war damals nur mit gigantischem Gemauschel einer Verurteilung wegen Mordes entgangen, nachdem er auf einer Orgie das junge Starlet Virginia Rappe vergewaltigt und dabei tödlich verletzt hatte.
Der »Production Code« dieses Hays Office war fortan das Grundgesetz der Leinwandmoral.
»Keine Doppelbetten« war eine der eisernen Regeln. Gegen Doppelmorde hatte man nichts.

Marlowe riß die Augen auf. In diesem Moment war ihm etwas klargeworden. »Du warst es, natürlich.« Er faßte sich an den Kopf. »Du hast ihn erschossen. Und ich dachte immer, es war die kleine Schwester.«
Miss Gonzales schüttelte langsam den Kopf. Sie stand auf und stellte sich ganz dicht vor Marlowe. »Du mußt jetzt gehen, Amigo. Ich werde deinen Phantastereien nicht länger zuhören.«
Sie lehnte sich zurück. Ihr Pulsschlag am Hals war heftig. Sie war exquisit, sie war dunkel, sie war tödlich. Sie hatte einen Mann erschossen, und sie würde es wieder tun. Und nichts würde sie berühren, nicht einmal das Gesetz.
»Warum?« fragte Marlowe.
»Aus Liebe.«
Marlowe lachte ihr ins Gesicht. Dann lachte er nicht mehr.
Sie meinte es todernst.
»Egal, wie viele Liebhaber eine Frau hat«, sagte sie sanft, »da ist immer einer, den sie nicht an eine andere Frau verlieren kann.«
Marlowe sah ihr in die wunderschönen Augen. »Ich glaube dir«, sagte er schließlich.
»Küß mich!«
»O mein Gott!«
»Ich muß Männer haben, Amigo. Aber der Mann, den ich geliebt habe, ist tot. Ich habe ihn umgebracht, den Mann, den ich mit keiner teilen wollte.«
»Du hast lange gewartet.«
»Ich kann sehr geduldig sein, solange es Hoffnung gibt.«
Sie lächelte ein freies, schönes und völlig natürliches Lächeln. »Und du mußt all das für dich behalten, Darling, wenn du Mavis Weld nicht völlig zerstören willst.«
Marlowe suchte nach einer Zigarette.
»Das tat weh, nicht wahr? Du bist verliebt...«
Marlowe hatte seine Zigarette gefunden. »Das wäre idiotisch«, sagte er nach zwei, drei tiefen Zügen. »Ich könnte mit ihr im Dunkeln sitzen und Händchen halten, aber wie

lange? Irgendwann würde sie davontreiben in einem Nebel von Glanz und teuren Kleidern, von Unwirklichkeit und stummem Sex. Sie wird kein richtiger Mensch mehr sein, bloß eine Stimme auf einem Soundtrack, ein Gesicht auf einer Leinwand. Ich würde mehr wollen.«
Er stand auf, nahm seinen Hut von der Kommode und ging zur Tür. Erst auf der Schwelle sah er sich um. Da stand sie, Dolores Gonzales, oder wie immer sie wirklich heißen mochte, voll Sex-Appeal und völlig jenseits der moralischen Gesetze dieser Welt oder irgendeiner anderen, die Marlowe sich vorstellen konnte.
»Querido – ich mag dich sehr. Es ist zu schade.«
Marlowe schloß die Tür hinter sich. Als er in der Lobby Dolores Gonzales' Exmann traf, hatte er wohl eine vage Ahnung, was dieser vorhatte, und ließ ihn. Manchmal versuchte er später in schlaflosen Nächten, die eigene Wahrheit zu ergründen, aber es war zu kompliziert. Der ganze Fall war zu kompliziert.
Die Bullen riefen Marlowe etwa eine Stunde später in seinem Büro an. Der Portier hatte sie alarmiert. Als die Bullen die Tür zu Miss Gonzales' Wohnung aufbrachen, saß ihr Exmann auf der Couch, ihren schlaffen Körper fest an sich gepreßt. Seine Augen waren weiß, und auf seinen Lippen hatte sich roter Schaum gebildet. Er hatte seine Zunge durchgebissen.
Als Marlowe eintraf, sah er als erstes den blutroten Fleck auf ihrer weißen Bluse. Unter ihrer linken Brust steckte der silberne Griff eines Messers. Er hatte die Form eines nackten Frauenkörpers. Dolores Gonzales' Augen waren halb geöffnet, und um ihre Lippen spielte das blasse Gespenst eines einladenden Lächelns.
»Das Lächeln des Hippokrates«, sagte der Gerichtsmediziner und seufzte. »Bei ihr sieht es gut aus.«
Ihr Mann saß jetzt auf einem Stuhl, sah nichts, hörte nichts.
»Ich glaube, jemand hat einen Traum verloren«, sagte der Arzt und schloß ihr die Augen.

»Und er hat sie umgebracht?« fragte der Kommissar, der bis jetzt den Männern von der Spurensicherung Anweisungen gegeben hatte.
»Klar«, sagte Marlowe. »Er hatte ein gutes Motiv. Er liebte sie.«

Meine Frau versteht mich nicht mehr...«
Die klassische Ouvertüre zu einer Affäre. Auch dem ambitionierten Stilisten Raymond Chandler war nichts Besseres eingefallen damals.
Er fuhr mit offenem Verdeck die Küstenstraße in nördlicher Richtung. Er fuhr langsam. Er hatte reichlich Zeit. Erst am späten Nachmittag war er in San Francisco verabredet. Immer wieder sah er versonnen aufs Meer hinaus und versuchte sich zu erinnern, wie alles angefangen hatte damals.
Catherine Linton war Produktionsassistentin bei der Paramount gewesen, eine Kombination aus Skriptgirl, mobiler Sekretärin, Krankenschwester und Kaffeekocherin auf dem Set. Sie hatte langes dunkelblondes Haar, das sie bei der Arbeit zu einem Zopf gebunden trug. Niemand konnte sich erinnern, sie je in etwas anderem als einer hochgeschlossenen weißen Bluse und einem dunkelgrauen, knielangen Rock gesehen zu haben, manchmal trug sie beim Schreiben eine etwas altmodische Brille.
1944, oder war es 1945 gewesen, auf dem traditionellen Weihnachtsbesäufnis des Studios, kamen sich Raymond Chandler und Catherine Linton näher. Alle kamen sich mit irgend jemandem näher. Nach ein paar Stunden und ein paar Drinks nannte Chandler sie »Cathy«, und er hatte ihr langes Haar und die beiden oberen Knöpfe ihrer Bluse gelöst. Für ihn war sie wunderschön.
Nach Jahren zurückgezogenen Lebens mit seiner alten Frau war Chandler vom losen Leben in Hollywood sofort fasziniert gewesen. Er selbst fühlte sich gerade noch jung genug, um daran teilnehmen zu wollen.
Cissy und Raymond Chandler galten als glückliches Paar,

und das waren sie wohl auch. Aber Chandler wurde in Hollywood bald von der panischen Angst gepackt, etwas wirklich Entscheidendes in seinem Leben verpaßt zu haben. Zu Hause lag seine alte, vergötterte Frau, eine eremitenhafte Geliebte. In den Studios lauerte hemmungslose Leidenschaft hinter jeder zweiten Bürotür. Nur ein Thema war in Hollywood noch wichtiger als Geld: Sex.
Und mit den Martinis wuchs Chandlers Mut. Sein Freund und Kollege John Houseman meinte, das englische Public-School-System habe sich in sexueller Hinsicht verheerend auf Chandler ausgewirkt, und er mußte es – aus eigener Erfahrung – ja wissen.
Die streng männliche Welt höherer englischer Erziehungsanstalten war eine hohe Schule der Verdrängung. Sie produzierte neben Komplexen jeder Art vor allem verquasten homophilen Sportsmannsgeist und ebensolche Lyrik. Der junge Chandler, der bei seiner Mutter und zwei Tanten aufgewachsen war, suchte in dieser Welt Ersatz für den Vater, der die Familie für eine andere Frau verlassen hatte, als Raymond gerade sechs war. Auch vorher war er nicht oft zu Hause gewesen, und wenn, meist betrunken. Als er ganz verschwunden war, blieb Raymond Chandler mit dem Eindruck zurück, sein erstes männliches Vorbild sei ein »richtiges Schwein« gewesen.
Die Anwesenheit der jungen Frauen auf den Studiogeländen verwirrte und erregte Chandler. Seine Stimme wurde dann oft zu einem heiseren Flüstern, während er Kollegen hinter vorgehaltener Hand Obszönitäten zutuschelte, die er selbst bei jedem anderen zutiefst geschmacklos gefunden hätte. Mit seinem »Meine Frau versteht mich nicht mehr« hatte Chandler es zunächst bei seiner eigenen Sekretärin versucht. Er entwickelte eine leidenschaftliche Dramatik in der Schilderung seiner Misere. Er habe seine Frau nur wegen ihres Geldes geheiratet, das es ihm ermögliche zu schreiben, und er sei so unglücklich mit ihr.
»Warum lassen Sie sich nicht scheiden?« fragte die Sekretärin. »Wenn es Ihnen so schrecklich geht...«

Nein, er fühle sich seiner Frau verpflichtet, wiegelte Chandler ab, und könne sie in ihrem hohen Alter nicht sitzenlassen.

Aus dieser Geschichte jedenfalls wurde nichts, wohl auch, weil Chandler bei Frauen als unattraktiv und unmännlich galt. Er war außergewöhnlich blaß und sehr hager, während doch sportliche Figur und ein gesunder Teint, wie etwa der junge Ronald Reagan sie hatte, en vogue waren. Außerdem kriegte Cissy Wind von der Sache und war furchtbar eifersüchtig. Es gab schreckliche Szenen, und mitten in der Nacht, wenn Cissy längst schlief, rief Chandler dann, trotz allem, oft seine Sekretärin an und bat sie, noch vorbeizukommen.

Bei Catherine Linton hatte er mehr Glück. Ihr imponierte die snobistische Pose des erfolgreichen, aber ungeliebten Schriftstellers, und aus dem weihnachtlichen Geturtel wurde ein handfestes Verhältnis. Am Ende waren Catherine Linton und Raymond Chandler dann für drei Wochen verschwunden, hatten alles hinter sich gelassen und wie zwei junge Liebende die Einsamkeit der Pazifikküste in Oregon gesucht.

Danach war es zu Ende. Chandler kehrte reumütig zurück, weil er keinen Geschmack fand an der billigen Imitation von Häuslichkeit, die für ihn Merkmal jedes längeren Verhältnisses dieser Art war. Er wußte, daß er Cissy verletzt hatte, und er versuchte, es wiedergutzumachen. Er schenkte ihr eine große Lincoln-Limousine. Cissy sah ihm vom Küchenfenster aus zu, wie er den Wagen in die bescheidene Auffahrt steuerte. Ganz klein und verloren sah er aus am Steuer dieser monströsen Luxuskarosse.

Das war Jahre her, und Chandler hatte sich gewundert, als ihm Catherine Linton vor ein paar Wochen auf einer Karte ihre neue Adresse und Telefonnummer in San Francisco mitgeteilt hatte. Weil er mit der Arbeit nicht recht vorankam und sich nach etwas Abwechslung sehnte, hatte er angerufen und mit ihr ein Treffen vereinbart. Einfach so, essen gehen, wie alte Freunde.

Auf der Fahrt am Meer entlang beschloß Chandler, Catherine ein Buch als Geschenk mitzubringen. Er könnte in den kleinen Läden um den Russian Hill in ein paar Antiquariaten stöbern, das hatte er seit Jahren nicht getan.
Nach einem ausgedehnten Mittagessen stellte Chandler seinen Wagen ab und schlenderte zu Fuß durch die Straßen. Im Vergleich zu LA hatte San Francisco immer etwas Verträumtes, eine Stadt, die, so fand Chandler, Kultur atmete.
Vor einem kleinen anheimelnd verwinkelten Laden blieb er stehen und betrachtete die Auslage im Schaufenster, bevor er beschloß, hineinzugehen. Fiedler & Company stand in altmodischen Lettern auf der Glastür, und ein kleines Glöckchen läutete, als Chandler das muffige Halbdunkel des Ladens betrat.
Hinter einem Tisch, auf dem eine alte Registrierkasse neben einem Stapel Bücher stand, saß ein kleiner älterer Mann mit langem grauem Haar und Vollbart. Er sah kurz von seinem Buch auf, nickte Chandler zu, murmelte etwas und vertiefte sich dann wieder in seine Lektüre.
Chandler ging in den hinteren Teil des Ladens, zog das eine oder andere Buch aus dem Regal, blätterte darin, las einen Absatz, um es dann wieder beiseite zu legen.
Nach einer Weile schlurfte der kleine Buchhändler zu Chandler in seiner Ecke. Man sah jetzt, daß er ziemlich dick war. Er trug ein kariertes Holzfällerhemd, und seine abgetragene braune Hose wurde von Hosenträgern gehalten.
»Kann ich Ihnen helfen? Suchen Sie was Bestimmtes?«
Chandler mochte es nicht besonders, wenn man ihn beim Stöbern störte, aber der kleine Mann machte einen netten Eindruck, und es war ein schöner Tag.
»Eigentlich nicht. Sind Sie Fiedler oder Company?«
»Fiedler. Leslie Fiedler.« Der kleine Mann verbeugte sich knapp.
»Nun, eigentlich suche ich doch etwas Bestimmtes. Es soll ein Geschenk sein für... für eine gute Freundin. Ein

Liebesroman vielleicht, ein amerikanischer Liebesroman.«
Leslie Fiedler begann zu kichern. »Einen Liebesroman, meinen Sie? So mit ›Mann liebt Frau‹, Happy-End oder auch nicht.«
»Ja«, sagte Chandler verwundert.
»Gibt es nicht!« sagte Fiedler mit Bestimmtheit.
»Wie?«
»Nun, der leidenschaftlichste Moment im amerikanischen Roman ist es, wenn zwei einsame Männer über ein wärmendes Feuer im jungfräulichen Herzen der amerikanischen Wildnis gebeugt sitzen. Beide lakonisch, beinahe sprachlos, in Liebe aneinander und an die Natur gebunden, die sie der Zivilisation vorgezogen haben.«
Chandler starrte ihn an. »Was?«
»Das stärkste Gefühl im amerikanischen Roman ist die keusche Liebe zweier Männer, vorzugsweise unterschiedlicher Hautfarbe.«
Chandler schien es, daß dieser Fiedler durch sein einsames Leben zwischen den Büchern ein wenig verrückt geworden war. »Was ist mit Hemingway?« wandte er ein.
»In seinen Büchern gibt es keine Frauen«, erwiderte Fiedler mit wegwerfender Handbewegung. »Hemingway kann nur Männer ohne Frauen wirklich gut beschreiben: Vater und Sohn, Freunde auf einem Angelausflug, Stierkämpfer, Gangster. Immer wieder schickt er sie in den Krieg oder zum Fischen – die beiden traditionellen Fluchtpunkte.«
Chandler dachte, daß er eigentlich lieber gehen sollte.
»Und Faulkner?« fragte er, ohne es wirklich wissen zu wollen.
»Faulkner? Kastrationsängste und Unbehagen am Sex überall.«
Fiedler hatte sich warm geredet. Mit seinen kurzen Armen beschrieb er heftige Kreise in der stickigen Luft. »Faulkners Männer sind hilflos in den Händen ihrer Mütter, Frauen und Schwestern. Wahre Monster sind das. Einigermaßen respektvolle Betrachtung läßt er nur Frauen jen-

seits der Menopause angedeihen.« Wieder begann Fiedler irre zu kichern. »Er erinnert mich immer an den dorfbekannten Frauenhasser, der sich mit den Jungs an der Bar Schauergeschichten erzählt, die ihn sogar selber erschrecken.«
Obwohl er gehen wollte, hatte Chandler während Fiedlers Ausführungen begonnen, sich eine Pfeife zu stopfen.
»Darf ich rauchen?« fragte er.
»Nur zu, nur zu«, ermunterte Fiedler ihn und stiefelte zu seinem Tisch, um die halbe Zigarre zu holen, die zwischen den Seiten des Buches lag, das er eben gelesen hatte. Es war Washington Irvings *Sketchbook*.
»Kennen Sie *Rip van Winkle*?«
Chandler nickte hilflos.
»Noch so einer auf der Flucht. Alle amerikanischen Helden sind auf der Flucht. In die Wälder oder aufs Meer, ins Dickicht der Städte, den Fluß runter oder in den Krieg: Hauptsache, der Zivilisation entfliehen, das heißt der Konfrontation von Männern und Frauen, die zum Sündenfall führt – zu Sex, Ehe und Verantwortung. Von wegen Freiheit und Abenteuer... mutterlose Kinder sind das mit männlichem Verfolgungswahn.«
Fiedler zündete seinen Zigarrenstummel wieder an, und seine kleinen Augen funkelten Chandler listig an. »Wie gut ist denn Ihre gute Freundin so?«
Chandler schluckte und wollte ansetzen, seiner Empörung Ausdruck zu verleihen. Aber Fiedler war schon weiter.
»Wie wär's mit James M. Cain, dem Krimischreiber, Mr.... hm... Mr....?«
Chandler wollte sich unter keinen Umständen Fiedlers Theorien über seine eigenen Werke anhören und ignorierte standhaft den fragenden Blick des Buchhändlers.
»Das ist doch was fürs Herz«, fuhr Fiedler fort, »lauter junge, gesunde amerikanische Helden, die durch eine übermäßige sexuelle Leidenschaft im Verderben enden.«
Das ganze Unbehagen gegen diesen aufdringlichen Menschen, die ganze Empörung seines zutiefst romantischen

Weltbilds gegen die liederlichen Theorien dieses ungepflegten Fettwanstes brachen aus Chandler hervor: »James Cain – bäh! Alles, was er anfaßt, stinkt nach Ziegenbock. Er hat alles, was ich an einem Schriftsteller verabscheue. Ein schmutziger kleiner Junge mit einem Stück Kreide vor einem Bretterzaun, wenn gerade keiner hinguckt. Solche Leute sind der Abfall der Literatur, nicht, weil sie schmutzige Dinge beschreiben, sondern weil sie es auf eine schmutzige Weise tun.«
Fiedlers erstaunlich große Pranke landete krachend auf Chandlers Schulter. »Schmutziger kleiner Junge, das ist gut«, sagte er lachend. »Ich mag es, wenn sich Leute über Literatur ereifern.«
Chandler schüttelte die Hand von seiner Schulter.
»Was macht Ihre gute Freundin denn so? Vielleicht gibt uns das einen Hinweis.«
»Wir haben uns beim Film getroffen«, sagte Chandler ärgerlich und fragte sich, warum er überhaupt antwortete.
»Oh, beim Film!« Fiedlers kleine Augen weiteten sich in ironischer Ehrerbietung.
»Ja«, unterbrach Chandler. »Ich könnte ihr einen Hollywoodroman schenken. Haben Sie Nathanael Wests *Tag der Heuschrecke*?«
»Welch herzerwärmende Wahl. Ihr Verhältnis muß ja schon ziemlich abgekühlt sein.« Fiedler schüttelte den Kopf.
»Ich habe jetzt genug von Ihren Unverschämtheiten! Haben Sie das Buch oder nicht?«
»Ruhig Blut, Mister.« Fiedler schlurfte um die Ecke und zog ein Buch aus einem der Regale. Er klopfte es ein paarmal auf seiner Hand aus, ungefähr ein Pfund Staub rieselte zu Boden.
»Was macht das?« fragte Chandler ungeduldig.
»Ich werde es Ihnen schenken, nachdem ich Ihnen eine Stelle daraus vorgelesen habe«, sagte Fiedler.
»Danke, ich kenne das Buch sehr gut«, sagte Chandler. »Ich möchte es lieber bezahlen.«

Aber Leslie Fiedler hatte bereits eine Seite aufgeschlagen und begann zu lesen: »Ihre Einladung war nicht zu einer Umarmung, sondern zu einem Kampf, hart, scharf, näher dem Mord als der Liebe.«
»Ich gehe jetzt«, sagte Chandler.
»Wenn man sich auf sie warf, wäre es, als ob man sich von einem Wolkenkratzer stürzte. Man täte es mit einem Schrei.«
Chandler ging hastig Richtung Tür.
»Man erwartete nicht, wieder aufzustehen. Die Zähne würden einem in den Schädel getrieben wie Nägel in ein Holzbrett, und das Rückgrat würde einem gebrochen.«
Chandler riß die Tür des kleinen Ladens auf. Das Glöckchen klingelte.
»So sehen Amerikas Schriftsteller den Sex!« rief Fiedler ihm nach.
Krachend fiel die Tür ins Schloß.

Die Luft im Büro roch wie immer verbraucht. Wie jeden Morgen öffnete Marlowe als erstes das Fenster. Der Abzug des Coffee-shop von unten trieb den Geruch von Bratfett hoch. Marlowe setzte sich hinter seinen Schreibtisch, stopfte eine Pfeife und zündete sie an. Er lehnte sich in seinen Stuhl zurück und sah sich um.
»Hallo«, sagte er.
Marlowe redete mit den Büromöbeln. Drei grüne Aktenschränke und der Stuhl für die Kunden auf einem abgewetzten Stück Teppich. Auf dem Schreibtisch neben dem stummen Telefon lagen ein paar Bleistifte. Marlowe spitzte, nachdem er seine Pfeife geraucht hatte, jeden einzelnen sorgfältig an. Dann griff er in die Schublade und stellte eine Flasche Old Forrester auf den Tisch. Sie war noch ein Drittel voll.
»Old Forrester«, dachte er, »wo hast du den bloß her? Teures Zeug, ein paar Nummern zu edel für dich.« Mußte von einem Klienten sein. Er hatte also einmal einen Klienten gehabt.

Und wieder mußte Marlowe an sie denken, und manchmal waren seine Gedanken stärker, als ihm bewußt war.
Das Telefon klingelte. Erleichtert nahm Marlowe ab.
»Hallo, Marlowe! Raymond Chandler hier.«
»Hallo. Long time, no see. Wo treiben Sie sich denn gerade so herum?«
»Ach, ich bin umgezogen nach La Jolla.«
»La Jolla«, brummte Marlowe, »nicht schlecht.«
»Es ist alles so stinkvornehm hier, daß ich mich am liebsten mittags um zwölf auf die Straße stellen und unanständige Wörter brüllen würde.«
Marlowe grinste. »Da haben Sie ja noch eine gute Stunde Zeit.«
»Sind Sie sehr beschäftigt zur Zeit, Marlowe?«
»Kaum, und Sie?«
Chandler meinte, wie so oft, daß er wieder einmal eine künstlerische Pause gebrauchen könnte.
»Fahren wir in die Berge angeln«, schlug er vor.
Marlowe roch das Bratfett von unten und sehnte sich plötzlich nach frischer Luft und einem Horizont ohne Hochhäuser.
»Gut«, sagte er. »Aber ich habe noch nie geangelt.«
»Ich auch nicht«, sagte Chandler. »Oben am Big Bear Lake wird man die Ausrüstung bestimmt irgendwo ausleihen können. Der Rest wird sich finden. Ich hole Sie ab. Wir spannen einfach ein Wochenende aus.«
»Warum nicht«, sagte Marlowe. »Spielen Sie Schach?«
»Nicht gut«, antwortete Chandler.
»Macht nichts. Es ist wahrscheinlich sowieso die komplizierteste Vergeudung menschlicher Intelligenz, die sich außerhalb einer Werbeagentur finden läßt. Ich spiele manchmal vor dem Zubettgehen eine Partie nach.«
»Ich diktiere oft bis tief in die Nacht Briefe, meistens an Menschen, die ich persönlich nie getroffen habe. Komisch, nicht?«
»Ja, ziemlich. Wann wollen wir uns treffen?«
»In etwa zwei Stunden kann ich in Ihrem Büro sein.«

»Gut, wir können noch zusammen etwas essen gehen, kaufen ein und machen uns dann auf den Weg.« Marlowe legte auf.

Ein paar Stunden später saß Marlowe in Chandlers Wagen. Der Kofferraum war vollgepackt mit Bohnen in Dosen, löslichem Kaffee, Whiskey und ein paar anderen Grundnahrungsmitteln. Der Wochenendverkehr begann gerade dichter zu werden, und Chandler konzentrierte sich ganz aufs Fahren. Marlowe rauchte Zigaretten und nahm hin und wieder einen Schluck aus einer kleinen Flasche Whiskey.
Etwas außerhalb der Stadt passierten sie einen lauschigen Rastplatz, wo Marlowe einmal mit Vivien Sternwood geparkt hatte, nachdem sie sich in Eddie Mars' Spielcasino getroffen hatten.
»Halten Sie da vorn an«, hatte sie gesagt. »Ich will aufs Meer sehen.« Und dann, als der Wagen stand: »Rücken Sie näher.« Sie hatte sich in Marlowes Arme fallen lassen: »Halt mich fest, du Biest!«
Marlowe küßte sie fest und schnell. Dann ein langer, wartender Kuß. Ihre Lippen öffneten sich. Ihr Körper zitterte in Marlowes Armen.
»Killer«, stöhnte sie. »Wo wohnst du?«
»Hobart Arms, Franklin Avenue, Nähe Kenmore.«
»Da war ich noch nie.«
»Willst du es kennenlernen?«
»Ja«, hauchte sie.
»Gut, vorher erzählst du mir, was mit Eddie Mars ist.«
Ihr Körper versteifte sich in Marlowes Armen. Sie starrte ihn wütend an. »Ach, so ist das«, sagte sie.
»Ja, so ist das«, sagte Marlowe. »Küssen ist nett. Aber Ihr Vater hat mich nicht engagiert, um mit Ihnen ins Bett zu gehen.«
»Ich kann Sie nicht ausstehen, Mr. Detective!«
»Sie schulden mir nichts. Ich bin bereits bezahlt worden.«

Wütend zerriß sie das Taschentuch, mit dem sie sich den Lippenstift abgewischt hatte, und warf es aus dem heruntergekurbelten Wagenfenster.
»Sie haben eine wunderbare Art mit Frauen.«
»Ich habe Sie gerne geküßt.«
»Sie haben sich gut gehalten, Marlowe. Soll ich Ihnen gratulieren oder meinem Vater?« Ihre Stimme wurde eisig. »Seien Sie so gut und bringen Sie mich nach Hause.«
»Wir wollen nicht einfach Freunde sein?« fragte Marlowe.
»Wenn ich eine Klinge hätte, würde ich Ihnen den Hals aufschlitzen.«
Genau dieser Parkplatz war es gewesen. Bei Tageslicht sah er trostlos aus.
»Marlowe! Marlowe, hören Sie mich!«
»Ja... natürlich...«
»Was ist denn mit Ihnen?«
»Ach, nichts. Ich... ich war nur in Gedanken.«
»Seien Sie so gut und schauen Sie in der Karte nach, wann wir vom Highway runtermüssen«, sagte Chandler.
»In etwa fünf Meilen kommt eine Abzweigung. Die können wir nehmen«, sagte Marlowe, ohne sich gerührt zu haben.
»Ich vergaß«, Chandler schmunzelte, »Sie sind ja Ureinwohner.«
Tatsächlich kamen sie nach ein paar Meilen an eine Abzweigung. Sie verließen den Highway und nahmen die kleine Straße, die sich in langen Kurven in die Hügel wand. Das satte Grün schien sich endlos zu erstrecken, nur am Horizont konnte man zerklüftete Bergkämme im Dunst erkennen.
Mit Cissy war Chandler oft in die Berge gefahren. Cissy liebte die Natur. Sie hatten endlose Spaziergänge gemacht oder stundenlang verliebt im Gras gelegen.
Chandler lebte damals noch mit seiner Mutter zusammen. Aber er verbrachte einen Teil der Woche bei Cissy.

Es war eine unglaublich aufregende Zeit gewesen. Cissy pflegte ihre Hausarbeit nackt zu verrichten, und für den damals 31jährigen Chandler war die 48jährige Cissy Pascal eine Göttin. Sie hatte rotblondes Haar und eine tolle Figur. In seiner Brieftasche trug Chandler stets ein Aktfoto von ihr, das Ende des letzten Jahrhunderts in einem New Yorker Atelier aufgenommen worden war.
»In dieser Gegend bin ich früher oft mit meiner Frau gewesen«, sagte Chandler.
»So?«
»Ja, aber das ist lange her.«
»Sie sind schon ziemlich lange verheiratet, nicht wahr?«
Das war ungefähr die persönlichste Frage, die Marlowe Chandler je gestellt hatte.
»27 Jahre, und glücklich, falls Sie das fragen wollten.«
Marlowe hatte sich gerade gefragt, ob er das fragen konnte.
»Ich bin kein Boudoirtechniker«, erklärte Chandler weiter. »Es gibt Männer, die so leben können, die sich auf ein gelegentliches Vergnügen einlassen und damit durchaus zufrieden sind. Aber ich denke, was ein Mann braucht, ist das Gefühl eines mit Liebe erfüllten Heims, das unfaßbare, unbeschreibbare Bewußtsein, daß man sein Leben mit jemandem teilt.«
Marlowe räusperte sich.
»Meine Frau ist vollkommen anbetungswürdig und sehr temperamentvoll«, fuhr Chandler fort. »Sie hat eine ganz unwahrscheinliche Kämpfernatur, und auf peinliche Situationen geht sie stets ohne Umwege zu, ohne zu zögern.«
Marlowe zündete sich eine Zigarette an und sagte: »Mhm, hm.«
Eine Weile schwiegen sie. Von außen drang kühlere Luft herein.
»Haben Sie je daran gedacht zu heiraten?«
»Ein Teil von mir«, sagte Marlowe. »Der Teil, der in meiner Heimatstadt bleiben wollte, wo ich in der Eisenwa-

renhandlung gearbeitet hätte, um irgendwann die Tochter des Chefs zu heiraten. Mit ihr hätte ich darüber gestritten, wieviel Taschengeld die Kinder bekommen sollen und welche Fernsehsendungen sie sich ansehen dürfen. Vielleicht wäre ich reich geworden, Kleinstadt-reich. Acht-Zimmer-Haus, zwei Autos, jeden Sonntag Braten und Reader's Digest auf dem Wohnzimmertisch. Eine Ehefrau mit Dauermigräne und ein Gehirn wie ein Sack Zement.«
Chandler kicherte.
»Ich habe nie auf diesen Teil von mir gehört.«
»Ein wirklich guter Privatdetektiv heiratet nie«, erklärte Chandler mit Bestimmtheit.
Marlowe zuckte mit den Schultern. »Diejenigen, die ich vielleicht geheiratet hätte – nun, ich habe bestimmt nicht, was sie brauchen. Die anderen muß man nicht heiraten. Man verführt sie halt – wenn sie einem nicht zuvorkommen.«
Die Sonne stand schon tief, als sie ein kleines Dorf oberhalb des Sees erreichten. Chandler hielt vor einem Drugstore und holte dort die Schlüssel zu einer Hütte ab, die ein paar Meilen außerhalb des Dorfes lag. Der Ladenbesitzer schien ihn zu kennen. Marlowe blieb im Wagen sitzen und starrte auf die verlassene Main Street. Neben dem Drugstore lud die Neonreklame eines schwedischen Starkbiers zum Besuch einer heruntergekommenen Bar ein. »Nur für Männer – Frauen und Hunde nicht erlaubt« stand auf einem handgemalten Pappschild, das im Fenster lehnte.
Nachdem sie die Hütte gefunden und die Lebensmittel verstaut hatten, stiegen Chandler und Marlowe einen felsigen Pfad zum Ufer hinunter. Sie gingen schweigend am See entlang. Er lag ruhig und glatt da.
Zwei Männer am Wasser, der magischen Grenze zwischen dem »great good place« und der fleißigen Welt der Frauen. »Wir sind nicht tot«, hatte Tom Sawyer seiner Tante Polly auf einen Zettel geschrieben, bevor er mit Huckleberry Finn auf einem Floß den Fluß hinuntertrieb, »wir sind nur weg – Piraten.«

Marlowe blieb stehen, um sich eine Zigarette anzuzünden.
»Kannten Sie Frauen in England?« fragte er Chandler.
»Ein Mädchen mit kornblumenblauen Augen.«
»Hm, hm.«
Chandler hob einen Stein auf und warf ihn ins Wasser, wo er träge Kreise hinterließ. »Es gab eine Zeit in meinem Leben«, setzte er wieder an, »als junger Mann, da hätte ich ein x-beliebiges Mädchen auf der Straße anhauen und noch in derselben Nacht mit ihr schlafen können.«
»So?«
»Ich tat es nicht, denn da mußte noch etwas anderes im Spiel sein, und ein Mann wie ich braucht die Gewißheit, daß er niemanden verletzt. Denn man liebt nicht, um weh zu tun oder kaputtzumachen.«
Marlowe nickte.
»Natürlich gibt es eine Menge billiger Frauen, aber die haben mich nie interessiert.«
Marlowe schnippte seine Zigarettenkippe weg. »Meistens sind sie blond, die Billigen und die anderen auch.«
Er trat die Zigarette aus. »Es gibt den Typ Blondine, der einen so von unten nach oben anguckt, wunderbar riecht und glitzert und einem am Arm hängt und immer sehr, sehr müde ist, wenn man sie nach Hause bringt, und dann hat sie ihre gottverdammte Migräne, und man ist froh, daß man das mit der Migräne rausgekriegt hat, bevor man zu viel Zeit und Geld und Hoffnung in die Frau investiert hat.«
Marlowe kickte einen Stein aus dem Weg. »Es gibt auch den Typ der weichen und willigen Blondine, der es egal ist, was sie trägt, solange es Nerz ist, oder wo sie hingeht, solange es dort genug trockenen Champagner gibt.«
Chandler grinste.
»Dann ist da noch die blasse, sehr blasse Blondine. Sie ist immer sehr schwach und sehr schattig, und sie spricht leise aus dem Nirgendwo, und man kann sie nicht anfassen, weil man es erstens nicht will und sie zweitens gerade Dante im Original oder Kafka oder Kierkegaard liest.«

Marlowe blieb stehen. »Nicht zu vergessen das prachtvolle Schaustück von Blondine. Sie hat drei Gangsterbosse überlebt und dann ein paar Millionäre geheiratet, bevor sie schließlich in einer Villa bei Cap d'Antibes gelandet ist – mit Alfa Romeo und jungem Chauffeur.«

Chandler konnte sich nicht erinnern, Marlowe je so lange an einem Stück reden gehört zu haben.

»Aber was erzähle ich Ihnen«, sagte dieser abschließend, »Sie haben ja in Hollywood gearbeitet, und da gibt es so ziemlich jeden Typ und noch ein paar mehr.«

»Tja«, Chandler lachte. »Gott sei Dank kann ich noch wie ein Mann von dreißig kopulieren.«

»Tatsächlich?«

Die Büchsenbohnen zum Dinner schmeckten nicht besonders, dafür war der Whiskey um so besser. Nach dem Essen gingen Chandler und Marlowe hinaus auf die Veranda. Es war eine laue, sternklare Nacht, und um die Hütte zirpten monoton die Zikaden.

Marlowe setzte sich auf die oberste Stufe der Treppe. Chandler blieb an das Geländer gelehnt stehen. Beide stopften sich eine Pfeife. Ein halber Mond stand über dem See. Nicht aus Neon und nicht an einer Straße. Ein Hauch von Abendwind blies vom See herüber.

»Es ist lange her, daß ich so weit weg von einer Stadt war«, sagte Marlowe.

Irgendwo gab ein Ochsenfrosch seine heiseren Brunstschreie von sich.

»Und es tut verdammt gut!«

»Vor allem nach einem Fall wie dem letzten, vermute ich«, sagte Chandler.

Marlowe hatte beim Essen wieder davon erzählt.

»Ich werde schon darüber hinwegkommen«, sagte er und goß sich den Rest Whiskey ein.

Chandler ging ins Haus, um eine neue Flasche zu holen. Wieder auf der Veranda, füllte er sein Glas. Beide zündeten sich ihre Pfeife an. Sie rauchten schweigend. »Haben Sie... ich meine...«, begann Chandler zögernd.

»Was?« fragte Marlowe.
»Nun ... wegen Miss Gonzales ... ich meine ... haben Sie ...?«
»Ob ich mit ihr im Bett war?«
Chandler nickte.
»Nein.«
Chandler seufzte. Sie schwiegen.
»Bekommen Sie viele Angebote, von Frauen, meine ich, wenn Sie einen Auftrag erledigen? Sie kommen doch sicher mit vielen Frauen zusammen?« begann Chandler wieder.
»Ja, klar«, sagte Marlowe.
Chandler sah ihn erwartungsvoll an.
»Als ich noch nicht lange dabei war, ist mir mal eine verrückte Geschichte passiert ...« Marlowe lachte rauh. »Sie erinnern sich an den Sternwood-Fall, der greise General mit den beiden Töchtern?«
Chandler nickte.
»Sie haben es alle beide versucht, beide am selben Abend.« Marlowe goß sich Whiskey nach. »Erst die Ältere, in meinem Auto, auf einem Parkplatz, an dem wir heute nachmittag vorbeigefahren sind. Am Ende hatten wir eine Meinungsverschiedenheit, und das war das. Ich brachte sie nach Hause und fuhr dann zu meinem Apartment.«
Chandler, der die ganze Zeit gestanden hatte, setzte sich neben Marlowe auf die Stufe und stopfte sich eine neue Pfeife.
»Ich wollte gerade in die Küche gehen«, fuhr Marlowe fort, »da stutzte ich. Irgend etwas stimmte nicht. Etwas in der Luft, ein Geruch. Es war Parfüm, schweres, übersattes Parfüm. Jemand kicherte. Ich machte das Licht an. Carmen Sternwood lag in meinem Bett und kicherte mich an. Ihr blondes Haar lag auf meinem Kopfkissen ausgebreitet. Sie sah mich an. Sie lächelte. Ihre kleinen, scharfen Zähne glitzerten. Ich zog meinen Mantel aus und zündete eine Zigarette an. Die ganze Zeit ging dieses

Kichern weiter, ein Geräusch, das mich an Ratten hinter Holzverkleidung in einem alten Haus denken ließ.«
»An Ratten?« fragte Chandler.
»Ja. Sie hauchte: ›Ich bin ganz nackt‹, nachdem ich eine Weile geraucht hatte.
›Lieber Himmel‹, sagte ich, ›das hätte ich mir fast gedacht. Noch eine Minute, und ich hätte es erraten.‹
›Du bist süß‹, sagte sie, und dann riß sie mit der linken Hand das Laken zur Seite. Sie lag da auf dem Bett im Licht der Lampe, nackt und glitzernd wie eine Perle.«
»Und? Was dann?« fragte Chandler ungeduldig.
»›Nett‹, sagte ich. ›Aber ich habe es schon mal gesehen. Erinnerst du dich. Ich bin der Typ, der dich immer nackt einsammelt...‹«
»Stimmt«, erinnerte sich Chandler jetzt. »Sie haben sie doch bei diesem Erpresser rausgeholt.«
»Genau.« Marlowe nahm einen Schluck Whiskey. »Ich sagte ihr also, sie müsse jetzt gehen.
›Noch lange nicht‹, kicherte sie. ›Ich mag es hier. Du bist süß.‹
›Hör zu‹, sagte ich, ›ich will dich nicht schon wieder anziehen. Ich weiß dein Angebot zu schätzen. Aber es ist mehr, als ich vertragen könnte. Also wirst du jetzt in deine Kleider schlüpfen wie ein liebes, nettes Mädchen?‹
Sie schüttelte langsam den Kopf.
›Hör zu‹, sagte ich, ›du willst mir nur zeigen, wie ungezogen du sein kannst. Das weiß ich schon. Ich bin der Typ...‹
›Mach das Licht aus‹, kicherte sie.
Ich warf meine Zigarette auf den Boden und trat sie aus. Ich nahm ein Taschentuch und trocknete meine Handflächen. Ich versuchte es noch einmal...«
Chandler seufzte. Der Ochsenfrosch tönte noch immer lautstark vom See herüber.
»Ich versuchte ihr zu erklären«, fuhr Marlowe fort, nachdem er sein Glas nachgefüllt hatte, »daß ich für ihren Vater arbeitete und er mir vertraue, und deshalb solle sie sich nun endlich bitte anziehen.«

»Und, hat sie?« fragte Chandler.
»Nun, nicht direkt. Aber sie bekam leise Zweifel. Es ist schwer für Frauen – sogar nette Frauen –, zu verstehen, daß ihr Körper nicht unwiderstehlich ist. Ich ging in die Küche und mixte mir einen Drink, und als ich zurückkam, begann sie mich zu beschimpfen. Das war nicht so schlimm. Es ist mir egal, was sie oder sonstjemand zu mir sagt. Aber es war das Apartment, in dem ich leben mußte. Es kam einem Zuhause am nächsten. Es war das einzige, was mir gehörte, das für mich eine Vergangenheit hatte. Nicht viel, ein paar Bücher, Bilder, ein Radio, Schachfiguren, alte Briefe, solche Sachen. Nichts wirklich. Aber diesen Sachen gehörten alle meine Erinnerungen. Ich wollte diese Frau aus meinem Zimmer haben.
Ich sagte: ›Ich gebe dir drei Minuten. Wenn du bis dahin nicht draußen bist, schmeiße ich dich raus. So, wie du bist. Die Kleider werde ich dir in den Hausflur hinterherwerfen.‹«
»Sie hat sich angezogen?« fragte Chandler.
»Ja. Und schnell für eine Frau: etwas mehr als zwei Minuten. Ich habe die Zeit genommen.
Als sie draußen war, habe ich die Fenster aufgerissen. Ich nahm meinen Drink und trank ihn langsam. Die Haustür knallte zu, Schritte klapperten über den Bürgersteig, und dann fuhr irgendwo in der Nähe ein Wagen ab.
Ich stand auf und sah auf mein Bett. Der Abdruck ihres Kopfes war noch auf dem Kissen, der ihres kleinen korrupten Körpers noch auf dem Lacken. Ich habe das Glas weggestellt und das Laken zerrissen.«
Marlowe nahm einen kräftigen Schluck und stopfte sich dann umständlich eine neue Pfeife.
»Aber das ist lange her ...«, sagte er schließlich.
Inzwischen war es kühler geworden. Ein paar Wolken trieben in Fetzen über den blassen Mond.
»Ich erinnere mich an einen Vormittag mit dem Klub der Drehbuchautoren bei der Paramount«, begann Chandler. »Harry Tugend erzählte einen Witz über einen bestimm-

ten Filmstar. Er arbeitete damals als Produzent und haßte den Job von Herzen.
›Also wißt ihr‹, sagte er, ›das ist eine lausige Plackerei. Da muß man endlos rumsitzen und mit dieser hirnrissigen Ziege ernsthaft darüber debattieren, ob diese Rolle wohl auch gut für ihre Karriere ist oder nicht, und die ganze Zeit hat man alle Hände voll zu tun, nicht vergewaltigt zu werden.‹
Woraufhin ein ziemlich unschuldiger junger Mann aufheulte: ›Wollen Sie damit etwa sagen, daß sie eine Nymphomanin ist?‹
Harry schaute mit gerunzelter Stirn in die Ferne, seufzte und sagte dann langsam: ›Tja, wahrscheinlich wäre sie das, wenn man sie ein wenig abkühlen könnte...‹«
Chandlers Stimme war zu einem heiseren Flüstern geworden, und jetzt kicherte er beziehungsvoll. Marlowe lächelte matt und stand dann auf, um neuen Whiskey aus der Küche zu holen. Später saßen sie wieder nur da, tranken, rauchten und starrten auf den See.
»Ich bin froh, daß Sie mich überredet haben, hier raus zu kommen«, sagte Marlowe schließlich. »Einfach mal weg. Keine Polizeisirene, kein Telefon, das klingelt oder nicht klingelt...«
Chandler räusperte sich. Er atmete ein paarmal tief durch. Der Whiskey brannte angenehm in Kopf und Bauch. Chandler fühlte eine allesebnende Harmonie in sich aufsteigen. Es war gut, hier zu sein, in der Natur mit seinem Freund Philip Marlowe.
»Haben Sie sich schon einmal in eine Klientin oder so verliebt? Ich meine, außer...«
»Mavis Weld«, knurrte Marlowe. »Ihren Namen zu hören wird mich nicht umbringen.« Er nahm einen Schluck aus seinem Glas.
»So ein bißchen. Sie war die Tochter eines ehrlichen Bullen, den sie in Santa Monica fertiggemacht haben. Anne Riordan!«
»Wie war sie so?« wollte Chandler wissen.

»Ihre Zigaretten hatten keine Lippenstiftschmiere am Filter. Sie wollte mit mir zusammenarbeiten an einem Fall...«
Chandler lachte. Marlowe lachte auch.
»Sie sagte mir, ich hätte schöne braune Augen. Sie hatte graublaue Augen mit kleinen gelben Flecken. Und eine kleine, neugierige Nase. Ihr Mund war zu breit, aber sie hatte ein schönes Lächeln. Sie guckte immer sehr ernsthaft und sehr ehrlich. Ein Gesicht, das man verdammt liebgewinnen konnte.
Aufgedonnerte Blondinen gibt's im Dutzend billiger, aber auf dieses Gesicht konnte man sich verlassen.«
»Ist irgend etwas draus geworden?« fragte Chandler.
»Sie war ein liebes Mädchen für jemanden, der an lieben Mädchen interessiert ist. Ich bin es nicht.« Marlowe zuckte mit den Schultern.
»Eines Nachts hatten mich ein paar üble Burschen ganz schön in der Mangel gehabt«, fuhr er fort. »Ich hab's noch bis zu ihrem Haus geschafft. Sie hat mich verarztet und gepflegt. Sie wollte, daß ich über Nacht bleibe«, Marlowe ließ seinen Blick über den mondbeschienenen See streifen, »aber einer meiner seltenen Momente von Feinfühligkeit überkam mich, und ich bat sie, ein Taxi zu rufen. Sie ist dann wütend in die Garage gestürmt und hat ihren Wagen rausgeholt. Ich habe mich noch einmal in der Wohnung umgeschaut, bevor ich auch nach draußen ging. Auch in ihrem Schlafzimmer: Es wäre ein schöner Raum gewesen, um Pantoffeln darin zu tragen...«
Marlowe zündete seine Pfeife, die ausgegangen war, wieder an. »Für sie habe ich auch immer Pfeife geraucht. Das läßt einen nachdenklich aussehen, selbst wenn man nichts denkt. Sie fuhr mich wortlos nach Hause.
Als ich meine Wohnung betrat, schlug mir dieser Geruch entgegen. Bevor ich das Licht anmachte, stand ich bloß da und habe gerochen. Ein heimischer Geruch, ein Geruch von Staub und Tabakqualm, der Geruch einer Welt, in der Männer leben und weiter leben werden...«

Chandler und Marlowe saßen schweigend da. Der Wind spielte mit den Blättern der Bäume. Ab und zu drang ein plätscherndes Geräusch vom See herauf, der wie ein schwarzer Spiegel in der Nacht lag.
»Erinnern Sie sich noch an unseren ersten Abend bei Victor?« fragte Chandler.
Marlowe nickte. »Sie luden mich auf einen Drink ein und brachten einen merkwürdigen Trinkspruch aus. Etwas mit Alkohol und Liebe, ich weiß nicht mehr genau.«
Chandler stand auf. Er war unsicher auf den Beinen. Er hob sein Glas zitternd gegen den Mond und deklamierte feierlich mit schwerer Zunge: »Alkohol ist wie die Liebe. Der erste Kuß ist magisch, der zweite innig, der dritte Routine.« Chandler gähnte. »Danach ziehst du dem Mädchen die Kleider aus.«
»Und? Ist das so schlimm?« fragte Marlowe.
Chandler stolperte über die Veranda in Richtung Tür. Auf der Schwelle blieb er stehen. »Es ist eine hochrangige Erregung, aber es ist ein unreines Gefühl – unrein im ästhetischen Sinne. Ich will den Sex nicht schlechtmachen. Er ist notwendig und muß nicht einmal unbedingt häßlich sein. Aber er muß immer irgendwie zustande gebracht, bewerkstelligt werden. Sex glanzvoll zu machen ist eine Millionendollarindustrie, und es kostet jeden einzelnen verdammten Cent. Gute Nacht!«
Chandler stolperte polternd in die Hütte.
Wenig später hörte Marlowe, wie die Federn eines Bettes quietschend nachgaben.
Er rauchte eine Zigarette und versuchte, mit dem Whiskey den schalen Geschmack aus dem Mund zu spülen. Ein paar Wolkenfetzen hatten den Mond fast verhüllt. Marlowe fragte sich, warum ihm ausgerechnet heute nacht davor graute, wieder allein ins Bett zu gehen.

The Long Goodbye
Die Liebe, die Sehnsucht und der Tod

Das Haus am 6005 Camino de la Costa lag etwas außerhalb an einem Hang. Neil Morgan hatte in der Stadt noch einmal nach dem Weg gefragt, und schließlich hatte man ihm an einer Tankstelle weiterhelfen können.
Der Name Raymond Chandler sagte keinem der Befragten etwas. Man hatte sich in La Jolla an die Stars und Sternchen, die aus Hollywood hierherzogen, gewöhnt, und selbst ein erfolgreicher Autor war hier eine kleine Nummer.
In La Jolla lebten die Reichen: teure Rechtsanwälte und erfolgreiche Geschäftsleute, die ihr Geld im angrenzenden San Diego verdienten. In La Jolla gab es keine Fabriken oder Reklametafeln, keine Spielsalons, dunkle Bars oder Minigolfplätze. Die Häuser waren größer als sonstwo, die Straßen sauberer und grüner. »Exklusiv« bedeutete hier mehr als »sehr teuer«.
Raymond Chandler hatte das Haus am Camino de la Costa 1944 für 40 000 Dollar gekauft. Ihm war die vorstädtische Gediegenheit etwas zu dick aufgetragen, aber Cissy hatte Haus und Stadt sofort geliebt. Sie paßte hierher. Chandler verstand den Erwerb des Hauses auch als eine Art Wiedergutmachung für Abgründe und Affären, die er ihr über 15 Jahre zugemutet hatte.
Neil Morgan parkte seinen Wagen an der Straße und schritt durch einen gepflegten Vorgarten zur Haustür. Sein Chefredakteur beim *San Diego Tribune* hatte ihn losgeschickt, eine Story über den erfolgreichsten und berühmtesten Krimiautor zu schreiben. Neil Morgan war nervös. Chandler galt in der Branche als schwierig.
Morgan klingelte. Der Hausherr öffnete selbst die Tür und begrüßte seinen Gast aufs liebenswürdigste.

»Sie leben wunderschön hier draußen«, sagte Morgan, nachdem er sich vorgestellt hatte.
Chandler führte ihn in die Diele. Die Tür zu seinem Arbeitszimmer stand offen und gab den Blick frei auf einen Innenhof mit Fischteich und Garten.
»Ein viel schöneres Heim, als ein arbeitsloser Schundschriftsteller erwarten dürfte«, meinte Chandler. »Wenn Sie im Wohnzimmer Platz nehmen wollen, ich habe Kaffee aufgesetzt. Meine Frau ist bedauerlicherweise unpäßlich.«
Er begleitete Morgan ins Wohnzimmer und bedeutete ihm, Platz zu nehmen.
Das Wohnzimmer war ganz in Mahagoni möbliert, und in einer Ecke stand Cissys Flügel. Ein großes Panoramafenster zeigte die Küstenlinie der San Diego Bay bis Point Loma, dem westlichsten Teil von San Diego. In der Dämmerung war die Stadt ein einziges Lichtermeer, und über dem Meer hatte sich der Abendhimmel blutrot gefärbt.
Als Chandler wieder ins Wohnzimmer kam, saß Neil Morgan am Fenster und weinte.
»Verzeihen Sie«, sagte er, »es ist so wunderschön.«
»Hm«, brummte Chandler und setzte das Tablett mit den Kaffeetassen ab. »Aber wir *wohnen* hier, und zum Teufel damit.«

Im Untersuchungsgefängnis wurde man ganz ordentlich behandelt. Man bekam zwei Decken, weder dreckig noch sauber. Der Zellenblock war gepflegt und roch nicht nach Desinfektionsmittel. Wenn man nicht betrunken war oder ein Psychopath oder sich wie einer verhielt, konnte man Zigaretten und Streichhölzer behalten. Man saß auf dem harten Metallbett und wartete. Sonst gab es nichts zu tun.
In den Ausnüchterungsblocks war es schlimmer. Kein Bett, kein Stuhl, keine Decken, kein gar nichts. Man lag auf dem Betonboden. Man saß auf der Toilette und kotzte sich in den Schoß. Das war der Abgrund des Elends. Marlowe hatte es erlebt.

Er dachte an Terry Lennox, der schon jetzt in vagen Erinnerungen zu verschwinden begann. Weiße Haare, vernarbtes Gesicht, matter Charme und eine eigenartige Marke von Stolz. Marlowe versuchte auch jetzt nicht, ihn zu beurteilen oder zu analysieren. So, wie er ihm nie Fragen gestellt hatte. Etwa, wie Lennox zu den Narben gekommen war. Oder warum er eine Frau wie Sylvia hatte heiraten können, die jetzt tot war, das Gesicht zu einem blutigen Brei zerschlagen.
Auch in jener Nacht hatte Marlowe keine Fragen gestellt, hatte ihn einfach mit seinem Wagen über die Grenze nach Mexiko gebracht, wie er ihn ein paar Wochen vorher einfach betrunken auf der Straße aufgelesen hatte. Sie waren ein paarmal bei Victor gewesen und hatten in der Dämmerung Gimlets getrunken, geredet. Marlowe dachte, daß man Menschen nicht nach dem beurteilen konnte, was sie taten. Wenn überhaupt, dann nach dem, was sie waren. Terry Lennox war ein Mann, den man unmöglich nicht mögen konnte.
Das Licht wurde von irgendwo draußen kontrolliert. Es ging um neun Uhr abends aus. Niemand kam rein und sagte etwas. Ohne jedes Geräusch, nicht das geringste Klicken, ohne jede Vorwarnung – Dunkelheit. Und dann saß man da, draußen die späte Dämmerung eines Sommerabends, und man hatte nichts zu tun, außer zu schlafen, wenn man konnte, zu rauchen, wenn man etwas zu rauchen hatte, und zu denken, wenn man etwas zu denken hatte, das einen nicht noch elender machte, als gar nichts zu denken.
Das Leben im Knast hing einfach in der Luft, ohne Sinn oder Ziel. Es gab nichts, wogegen man kämpfen, nichts, worauf man wütend sein konnte.
Nach einer endlosen und doch kurzen Nacht wurde die Zellentür aufgerissen. Marlowe wurde in ein karges Büro geführt. Erkennungsdienstliche Behandlung der Staatsanwaltschaft: »Gerade stehen. Bauch einziehen. Kinn nach unten. Schultern zurück. Kopf hoch. Geradeaus guk-

ken. Ärmel aufkrempeln. Keine sichtbaren Narben. Dunkelbraune Haare, ein wenig angegraut. Augen: braun. Größe: 1,82. Gewicht: 85 Kilo. Name: Philip Marlowe. Beruf: Privatdetektiv. Nett, Sie zu treffen, Marlowe. Das war's. Der Nächste.«

Wenn ich mich an die Arbeit machen will, bin ich bereits müde und lustlos...«
Raymond Chandler war wie jeden Morgen früh aufgestanden. Er hatte einen starken Kaffee getrunken und saß jetzt an seinem Schreibtisch vor weißem Papier. Er starrte in den kleinen Garten im Innenhof und kämpfte leise mit seiner Lustlosigkeit. Er arbeitete an einem Roman, den er »Summer in Idle Valley« nennen wollte. Es machte ihm keinen Spaß.
Auf dem Schreibtisch lag ein Brief von Carl Brandt, seinem neuen Agenten in New York. Chandler war froh, die Agentur Brandt & Brandt gefunden zu haben. Die jahrelangen Streitereien mit Agenturen und Verlagen, das Feilschen mit den Krämerseelen, die die Literatur verwalteten, hatten Chandler mehr Energien gekostet, als er übrig hatte.
Vor allem Alfred A. Knopf und seine Frau hatten ihn enttäuscht. Chandler hatte geglaubt, sie seien Freunde, aber die Knopfs waren, so fand er, achtlos und geldgierig mit seinen Werken umgegangen. Sogar als Star seiner Zunft hatte Chandler stetig das Gefühl, um sein bloßes Überleben kämpfen zu müssen.
»Eines Tages möchte ich ganz gerne mal mit Dir darüber diskutieren, warum der Verleger eigentlich nie imstande gewesen ist, dem Schriftsteller einen anständigen Lebensunterhalt zu verschaffen«, schrieb er seinem englischen Verleger Hamish Hamilton.
Schlimmer noch waren die literarischen Agenten, eine wahre Plage. Einmal ins Haus gelassen, blieb der Agent, so kam es Chandler vor, ewig um einen.
»Er nimmt einem schlicht und einfach zehn Prozent vom

Leben«, schrieb Chandler in einem Aufsatz, der im Februar 1952 in *Atlantic Monthly* erschien. Gleichwohl brauchte man bei dem harten Handel mit den schönen Worten einen Mittelsmann. Das Literaturbusineß in den USA machte einen Agenten unentbehrlich. Der Agent war nicht schöpferisch tätig, stellte keine Ware her, vertrieb nicht mal eine. Seine ganze Tätigkeit, schrieb Chandler, »besteht darin, sich eine Scheibe abzuschneiden«.

Als Chandler seinen Aufsatz las, fand er, daß er sich noch viel zu freundlich geäußert hatte. »Aber als ich letzte Woche eines Morgens die Zeitung aufschlug«, schrieb er Charles W. Morton, dem Herausgeber von *Atlantic Monthly*, »sah ich, daß es endlich doch einmal passiert ist: Jemand hat einen Agenten erschossen. Aus den falschen Gründen vermute ich, aber wenigstens ist es ein Schritt in die richtige Richtung.«

Morgan war es, der Chandler die Agentur Brandt & Brandt in New York empfohlen hatte. Brandt hatte bald einen Abschluß mit Houghton Mifflin erreicht, einem Verlagshaus, das auch seriöse Literatur im Programm hatte. Chandlers jüngster Roman war 1949 schon bei dem neuen Verlag erschienen.

Mit seinem neuen hatte Chandler mal wieder riesige Probleme. Zunächst glaubte er, daß es am Genre lag:

»Je besser man einen Krimi schreibt, um so deutlicher demonstriert man, daß der Krimi es nicht wirklich wert ist, geschrieben zu werden«, meinte er, erkannt zu haben.

Aber bald machte er sich wieder selbst zum Zentrum seiner vernichtenden Analysen:

»Ich scheine meinen Ehrgeiz verloren zu haben«, schrieb er an seinen englischen Verleger Hamilton. »Ich habe keine Ideen mehr. Eigentlich will ich nichts tun. Es ist wirklich schade, wenn man das Verlangen verliert, etwas zu tun, was Interesse oder Lob auslöst.

Ich lese diese tiefgründigen Abhandlungen, was das ist, ›Kunst‹, was das ist, ›Literatur‹, und alles kommt mir so bedeutungslos vor. Wen interessiert das? Wofür arbeitet man denn? Mit jedem Ziel, das man erreicht, verliert man einen Grund, etwas erreichen zu wollen.«

Cissy hustete in ihrem Schlafzimmer. Chandler dachte, daß es nicht besser wurde mit ihrem Husten, daß es wohl nie mehr besser werden würde. Die Sorge um Cissy machte ihn krank. Er kümmerte sich um das große Haus, aber das Umgehen mit Putzfrauen oder Haushälterinnen fiel ihm schwer. Dauernd gab es Streit und Probleme.

Chandler starrte auf die weißen Blätter vor sich. Links daneben lag ein Packen betippter Seiten. Immer wieder waren Wörter und Sätze durchgestrichen. Der Rand war vollgeschmiert. Chandler datierte einen der weißen Bögen.

»Meine Art zu schreiben verlangt eine bestimmte Menge Elan und guter Laune«, begann er einen Brief an Brandt & Brandt, »und Sie können nicht wissen, welche Anstrengungen es mich im vergangenen Jahr gekostet hat, auch nur so viel Heiterkeit aufzubringen, daß ich weiterleben konnte, von einem Buch einmal ganz zu schweigen...«

Ein großer, blasser, dunkelhaariger Mann stand im Verhandlungszimmer und starrte aus dem Fenster. Auf dem Tisch lag ein brauner Aktenkoffer. Der Mann öffnete eine verbeulte silberne Zigarettendose und drehte sich um. »Setzen Sie sich, Marlowe! Zigarette? Mein Name ist Endicott. Ich habe den Auftrag, Sie als Mandanten zu übernehmen, ohne Kosten für Sie. Ich nehme an, Sie wollen hier raus, oder nicht?«

Marlowe nahm eine Zigarette. »Nett, Sie wiederzusehen, Mr. Endicott. Wir haben uns mal getroffen, als Sie noch Distriktsstaatsanwalt waren.«

Endicott nickte. »Ich erinnere mich nicht, aber es ist durchaus möglich.« Er lächelte schwach.

»Wer hat Sie geschickt?«

»Das kann ich Ihnen nicht sagen. Wenn Sie mich als Ihren Anwalt anerkennen, wird das mit der Rechnung schon erledigt.«

»Das heißt, sie haben ihn geschnappt.«
Endicott starrte Marlowe an und zog an seiner Zigarette.
»Wenn Sie Lennox meinen«, sagte er, »und natürlich tun Sie das, nein, sie haben ihn nicht.«
»Was soll die Geheimnistuerei, Mr. Endicott?«
»Mein Auftraggeber möchte anonym bleiben. Ich kann Sie auf Kaution rausholen, Marlowe. Habeas corpus, Sie werden das Gesetz kennen.«
»Ich sitze hier unter Mordverdacht.«
Endicott zuckte ungeduldig mit den Schultern. »Sie könnten hier wegen allem möglichen sitzen. Was die wahrscheinlich meinen, ist Begünstigung. Sie haben Lennox irgendwo hingebracht, oder nicht?«
Marlowe antwortete nicht. Er warf die absolut fad schmekkende Zigarette auf den Boden und trat sie aus.
Endicott zuckte noch mal mit den Schultern und runzelte die Stirn. »Mal angenommen, Sie haben. Um Ihnen Begünstigung anzuhängen, müssen die Ihnen Vorsätzlichkeit beweisen. In diesem Fall würde das heißen, wissen, daß ein Verbrechen begangen wurde und daß Lennox auf der Flucht war. In jedem Fall müssen sie eine Kaution festsetzen. Sie wollen doch auf Kaution raus, oder?«
»Vielen Dank. Ich glaube nicht.«
»Das ist albern«, sagte Endicott ungeduldig und sah auf seine Armbanduhr.
»Okay, es ist albern. Ich bin albern«, sagte Marlowe.
Endicott lächelte. »Wenn Sie ein Quentchen Gehirn gehabt hätten, hätten Sie der Polizei gesagt, daß Sie Lennox seit einer Woche nicht gesehen haben. Es mußte ja nicht stimmen. Unter Eid hätten Sie immer noch die Wahrheit sagen können. Es gibt kein Gesetz, das verbietet, die Bullen zu belügen. Sie erwarten es. Sie sind viel glücklicher, wenn man sie anlügt, als wenn man gar nichts sagt. Das ist eine Herausforderung ihrer Autorität. Was hoffen Sie, dadurch zu erreichen?«
Marlowe antwortete nicht. Er wußte keine Antwort.
Endicott stand auf, nahm seinen Hut, ließ das Zigaretten-

etui zuschnappen und steckte es in die Tasche. »Sie mußten eine große Szene haben, Marlowe«, sagte er kalt. »Auf Ihre Rechte pochen, über das Gesetz reden. Sie, der Sie sich angeblich auskennen. Das Gesetz ist nicht Gerechtigkeit, es ist ein sehr unvollkommener Mechanismus. Wenn man die richtigen Knöpfe drückt und Glück hat, kann Gerechtigkeit dabei herauskommen. Aber ich nehme an, Sie sind nicht in der Stimmung, sich helfen zu lassen. Auf Wiedersehen.«
»Wie läuft die Publicity?« fragte Marlowe.
»Die Publicity?« Endicotts Stimme wurde noch kälter.
»Ja. Sylvia war Harlan Potters Tochter. Alles, was ich über ihn weiß, ist, daß er hundert Millionen Dollar schwer ist und neun oder zehn Zeitungen besitzt. Ich bin noch nicht interviewt worden. Ich dachte, ich kriege dicke Titel in allen Blättern. Gut fürs Geschäft.
›Privatdetektiv geht lieber in den Knast, als einen Kumpel zu verpfeifen.‹«
Endicott ging zur Tür und drehte sich, die Hand auf der Klinke, noch einmal um. »Sie amüsieren mich, Marlowe. Sie sind in gewisser Weise kindisch. Klar können hundert Millionen Dollar eine Menge Publicity kaufen. Sie können aber auch, klug eingesetzt, eine Menge Schweigen kaufen.«
Er öffnete die Tür und ging. Der Wärter brachte Marlowe zurück in seine Zelle.

Wie jeden Mittag hatten Raymond Chandler und seine Frau gemeinsam gespeist. Cissy wurde seit Monaten von einem chronischen Husten gequält, oft stundenlang. Ein Spezialist in San Diego hatte festgestellt, daß ihrer Lunge nichts fehlte und der Husten wahrscheinlich mit dem Zustand ihres Herzens zusammenhing. Sie waren zu anderen Ärzten, in andere Kliniken gegangen, ohne daß man Cissy hätte helfen können. Die Ärzte spritzten Kortison, ACTH oder sogar afrikanisches Schlangenkraut. Vergeblich.

»Wie geht es dir heute, Liebes?« hatte Chandler beim Essen gefragt.
»Wie immer«, hatte Cissy geantwortet. »Und bist du vorangekommen heute morgen?«
»Wie immer«, hatte Chandler gesagt, und sie hatten sich angelächelt.
Nach dem Essen hatte Cissy sich wie gewöhnlich zur Mittagsruhe zurückgezogen, während Chandler das Oldsmobile aus der Garage geholt hatte, um seine tägliche Besorgungsfahrt zu machen. Er band noch eine Krawatte um, zog sein Tweedjackett über und machte sich dann auf den Weg zur ersten Station, dem Postamt, wo er täglich seine postlagernden Briefe abholte. Danach erledigte er ein paar kleine Einkäufe, bevor er George Petersen, seinen Steuerberater, aufsuchte. Man plauschte des öfteren unter dem Vorwand eines geschäftlichen Anliegens ein halbes Stündchen über einem Cognac.
Chandler beschloß den Besuch bei William Durham, seinem Anwalt, auf den nächsten Tag zu verschieben. Statt dessen schaute er kurz bei der Buchhandlung vorbei, ärgerte sich, nur einen seiner Romane angeboten zu finden, und kaufte schließlich einen Krimi des englischen Autors Donald Henderson: *Mr. Bowling Buys a Newspaper.*
Auf dem Rückweg hielt er bei der Tankstelle, plauderte mit Jack und ließ das Öl nachsehen. Mit dem Gefühl, einen ereignisreichen Nachmittag verlebt zu haben, kam er rechtzeitig zum Vieruhrtee zurück. Eine Gewohnheit, die Cissy sehr wichtig war.
»Wie war dein Nachmittag?« fragte sie.
Und er erzählte, was Jack und Petersen gesagt hatten und von dem Krimi, den er sich gekauft hatte.
Nach dem Tee sagte er die Partie Tennis ab, zu der er sich letzte Woche verabredet hatte. Chandler spielte trotz seiner schlechter werdenden Augen hin und wieder gerne ein paar Sätze im Beach and Tennis Club von La Jolla. Er weigerte sich allerdings standhaft, dort Mitglied zu werden, weil der Klub sich weigerte, Juden aufzunehmen.

Chandler zog sich mit der Zeitung ins Wohnzimmer zurück und hoffte, daß sein aufdringlicher Nachbar, der Theater-Autor Max Miller, nicht wieder klingelte. Max Miller war ein sehr liebenswürdiger Nachbar, mit dem man über den Gartenzaun gerne einen Plausch hielt, aber er hatte die Unart, bisweilen unangemeldet vor der Haustür zu stehen. Chandler haßte alles Unerwartete und bereitete Überraschungsgästen einen mehr als kühlen Empfang.
Einmal war sein guter Bekannter Jonathan Latimer vorbeigekommen, der ziemlich weit weg wohnte und den Chandler seit Monaten nicht gesehen hatte. Als er klingelte, öffnete der Hausherr die Tür und blieb auf der Schwelle stehen. »Ja?«
»Hallo, Ray! Ich bringe das Buch zurück, das du mir geliehen hast. Wie geht's denn so?«
»Ja«, hatte Chandler gesagt und die Tür wieder geschlossen. Der Schein gesellschaftlichen Lebens, den er sich jeden Tag vorspielte, reichte ihm vollkommen.
Auch zum Dinner hatten sie selten Gäste. Es überanstrengte Cissy, was ihn nervös machte. Die Gäste fühlten sich unbehaglich, und meistens gab es irgendeine Szene.
Wenn die Sistroms einen Abend dagewesen waren, fanden sie auf der Heimfahrt jedesmal, daß es wieder furchtbar gewesen sei. Und lachten.
Meistens also speisten die Chandlers allein. Hin und wieder gingen sie danach noch ins Kino. Der Fernsehapparat, den sie auch besaßen, blieb meistens dunkel. Chandler haßte TV.
»Es ist so ziemlich wie der Schimpanse, der Geige spielte«, hatte er Cissy das Wesen der Fernsehunterhaltung erklärt. »Er spielte sie ungestimmt; er spielte nichts, was man als eine Melodie hätte erkennen können; er hielt den Bogen nicht richtig; sein Fingersatz war falsch. Aber Himmel, war es nicht wunderbar, daß er überhaupt Geige spielen konnte?«
Statt dessen spielte Cissy auf dem Flügel im Wohnzimmer die Melodien ihrer Lieblinge aus den Tagen, in denen sie

geglaubt hatte, nie alt zu werden: Mozart, Chopin und all die anderen. Und ihr Mann saß im Sessel, blickte aus dem Fenster aufs Meer und auf die Lichter der Stadt und dachte an England und wie er geliebt hatte, als sein Herz noch jung war. Und daß er nie wieder so geliebt hatte und nie wieder so lieben würde.
Und jeden Abend ging Cissy früh schlafen.

Der Hilfssheriff von der frühen Nachtschicht war ein großer Blonder mit fleischigen Schultern und einem freundlichen Lächeln. Er war mittelalt und Jahre jenseits von Mitleid oder Wut. Er wollte lockere acht Stunden abreißen, und er sah so aus, als sei für ihn so ziemlich alles locker. Er schloß die Tür zu Marlowes Zellentür auf.
»Besuch für dich, Marlowe. Ein Typ von der Staatsanwaltschaft.«
»Wie spät haben wir denn?« fragte Marlowe.
»Viertel nach zehn.«
Ein fetter Mann mit dreckigen Fingernägeln holte Marlowe ab und brachte ihn in das Büro des Distriktsstaatsanwalts Grenz. Marlowe ließ sich in einen Stuhl fallen, nachdem der Dicke gegangen war.
»Ich habe nichts davon gesagt, daß Sie sich setzen können!« bellte Grenz.
Marlowe kramte eine Zigarette aus der Tasche und steckte sie in den Mund.
»Auch nichts davon, daß Sie rauchen können!« brüllte Grenz.
»In meiner Zelle darf ich rauchen. Warum nicht hier?«
»Weil das mein Büro ist. Ich mache die Regeln hier!«
Ein leichter Geruch von Whiskey trieb über den Tisch zu Marlowe.
»Nehmen Sie noch einen Kleinen«, sagte Marlowe, »das wird Sie beruhigen.«
Grenz ließ sich in seinen Schreibtischstuhl zurückfallen, und sein Gesicht wurde dunkelrot. Marlowe zündete seine Zigarette an.

Nach einer langen Zeit sagte Grenz sanft: »Okay, harter Bursche, toller Typ, was? Soll ich dir was verraten? Sie kommen in allen möglichen Größen hier rein, aber sie gehen alle in einer Größe raus: klein und gebogen.«
»Weswegen wollten Sie mich sprechen? Und wirklich, genehmigen Sie sich einen. Das mache ich auch immer, wenn ich müde und nervös und überarbeitet bin.«
»Sie scheinen von der Klemme, in der Sie stecken, nicht besonders beeindruckt.«
»Ich glaube nicht, daß ich in einer Klemme stecke.«
»Wir werden sehen. In der Zwischenzeit will ich Ihre vollständige Aussage.« Grenz schaltete ein Tonbandgerät ein und begann mit harter Stimme Fragen zu stellen.
»Ich habe so die Schnauze voll davon«, sagte Marlowe müde.
»Wovon?« fragte Grenz scharf.
»Harte kleine Männer in harten kleinen Büros, die harte kleine Worte reden, die überhaupt nichts bedeuten. Ich sitze in U-Haft, weil ein Bulle keine Antworten auf seine Fragen kriegt. Und Sie denken, nach 56 Stunden Einzelzelle werde ich in Ihrem Schoß heulen und Sie bitten, mich zu streicheln, weil ich so verdammt furchtbar einsam war in diesem weiten, großen Gefängnis? Kommen Sie runter, Mann, Grenz. Nehmen Sie Ihren Drink und werden Sie menschlich.«
Grenz lächelte säuerlich. »Schöne Rede, Marlowe. Und jetzt, wo Sie sich abgeregt haben, können wir Ihre Aussage aufnehmen. Soll ich Ihnen Fragen stellen, oder wollen Sie einfach erzählen?«
»Ich mache keine Aussage. Sie sind Jurist und wissen, daß ich das nicht muß.«
»Stimmt«, sagte Grenz kühl. »Dann bunkern wir Sie eben noch länger ein.« Er blickte auf ein Stück Papier auf seinem Schreibtisch, las es und drehte es um.
»Mit welcher Begründung?« fragte Marlowe.
»Paragraph 32, Begünstigung. Eine Straftat, damit bringen wir Sie nach San Quentin.«

»Dazu müssen Sie erst Lennox finden«, sagte Marlowe vorsichtig. Grenz hatte irgend etwas in der Hinterhand, Marlowe konnte es an seinem Benehmen spüren.

Grenz lehnte sich in seinem Stuhl zurück und begann mit einem Kugelschreiber zu spielen. Er lächelte. »Lennox ist schwer zu verstecken, Marlowe. Vier Mann haben ihn in einem Flugzeug von Tijuana gesehen.«

»Sie müssen ihn erst schnappen. Dann müssen Sie beweisen, daß er seine Frau umgebracht hat. Und dann müssen Sie beweisen, daß ich das wußte.«

Grenz holte eine Flasche aus der Schreibtischschublade, goß sich ein Glas voll und stürzte es in einem Schluck runter. »Besser«, sagte er, »viel besser. Tut mir leid, Ihnen nichts anbieten zu können, solange Sie noch in Haft sind.«

Er spielte mit dem leeren Glas.

»Klar, müssen wir das alles beweisen«, sagte er schließlich, »aber vielleicht haben wir ja schon ein volles Geständnis, Schnüffler.«

»Warum brauchen Sie dann noch meine Aussage?«

Grenz grinste. »Wir haben gern ordentliche Akten, alles, was wir kriegen können.« Er sah Marlowe bissig an. »Wie gefällt es Ihnen im Gefängnis?«

»Es ist ganz in Ordnung. Man trifft nicht die feinsten Leute, aber wer will das schon? Seien Sie vernünftig, Grenz. Sie wollen mich zum Reden bringen, und ich werde nicht reden. Vielleicht bin ich störrisch oder sogar sentimental, aber ich bin auch ein praktischer Typ. Mal angenommen, Sie wollen einen Privatdetektiv engagieren – klar, wollen Sie das nicht –, aber mal angenommen, es ist der einzige Ausweg. Würden Sie einen wollen, der seine Freunde verrät?«

Grenz starrte Marlowe haßerfüllt an. »Ich hätte dich gerne in die Mangel genommen, Süßer«, sagte er schneidend. »Ich werde dein Gesicht nicht vergessen. Diese Geschichte wird noch lange über deinem Kopf schweben. Das nächste Mal, wenn du aus der Reihe tanzt, machen wir dich damit fertig. Jetzt muß ich etwas tun, was mir das Herz bricht.«

Er beugte sich über seinen Schreibtisch und kritzelte etwas auf das Blatt Papier, das er eben gelesen und umgedreht hatte.

»Ich habe gerade Ihren Entlassungsschein unterschrieben. Ich bin Beamter und habe manchmal unangenehme Pflichten zu erfüllen. Wollen Sie wissen, warum ich unterschrieben habe?«

Marlowe stand auf. »Wenn Sie es mir erzählen wollen.«

»Der Fall Lennox ist abgeschlossen, Marlowe. Es gibt keinen Fall Lennox. Ihr Freund hat heute nachmittag in einem Hotelzimmer in Otatoclan, Mexiko, ein volles schriftliches Geständnis abgelegt und sich dann erschossen.«

Als Cissy zu Bett gegangen war, hatte sich Raymond Chandler seine Lieblingsplatte aufgelegt: das Zitherthema aus dem Film *The Third Man*. Er hatte sich eine Pfeife angesteckt und mit der Zeitung in seinen Sessel verzogen. Versonnen pfiff er die Melodie mit. Für Chandler mußte es nicht immer Mozart sein. In der Zeitung stand kein Wort über den Lennox-Fall.

Nach einer Weile legte Chandler die Zeitung weg, spielte die Platte noch einmal und starrte auf die erleuchtete San Diego Bay mit ihren bunten Lichtern und dem glitzernden Ozean. Gedankenverloren kraulte er Taki.

Taki war eine fast zwanzigjährige schwarze Angorakatze, von der er sich tief verstanden fühlte. Sie hatte ihn durch die Jahre seines Schriftstellerlebens stumm begleitet. In ihr Fell hatte er wortlose Wut, tränenlose Trauer und einsame Euphorie gekrault.

Chandler fand, daß Taki von einer absoluten Ausgeglichenheit war, bei Tieren wie Menschen eine seltene Eigenschaft. Und diese Katze war völlig frei von Grausamkeit, noch seltener. Menschen, die keine Katzen mochten, waren ihm verdächtig.

Taki schnurrte behaglich, und Chandler vergaß für eine Weile die Zeit. Nur funkelnde Lichter und weiches Fell. Seine Gedanken wehten wie Fetzen um eine Sehnsucht, die nicht wußte, wonach oder wohin sie sich sehnte. Die Bilder seiner Träume wollten nicht stillstehen, verschwammen, bevor er sie fassen konnte, wie die Lichter der großen Stadt in den Wellen des Pazifiks.

So abrupt, daß die Katze zusammenzuckte, wandte sich Chandler vom Fenster ab, um das Diktiergerät aus seinem Arbeitszimmer zu holen. Wie jeden Abend würde er ein paar Briefe diktieren.

Chandler war ein manischer Briefschreiber. Er schrieb seinem englischen Verleger oder dem Herausgeber von *Atlantic Monthly;* er schrieb Kollegen, seinem Rechtsanwalt oder irgendwelchen Akademikern, die sich schriftlich an ihn gewandt hatten. Er schrieb Lektoren und Agenten, Kolumnisten, Kritikern und Redakteuren.

Er saß oft die halbe Nacht wach, starrte aus dem Fenster und diktierte lange Briefe. Obwohl er nicht viel schlafen konnte, mochte er nachts nur selten arbeiten. So las er oder plauderte in Briefen mit Menschen, die über die Briefe seine Freunde geworden waren, ohne daß er die meisten von ihnen wirklich kannte.

Chandlers Korrespondenz war deprimierend einseitig. Seiner Schreibwut tat das keinen Abbruch. Manchmal flehte er um Reaktionen, meistens erwartete er sie nicht, und wenn sie kamen, langweilten sie ihn.

Chandler diktierte lange Abhandlungen über die Welt im allgemeinen und die der Verleger und Filmemacher im besonderen. Er ließ sich über Katzen aus und über berühmte Verbrechen; er spottete sich seinen Haß auf die Geschäftemacher von der Seele, die geldgierig vermarkteten, was einst die schöne Literatur gewesen war.

Am Fenster stehend, sprach er in ein kleines Mikrofon über sein Leben und Lieben, und in der Erinnerung entwarf er für seine Briefpartner ein Bild des Schriftstellers Raymond Chandler, das in jeden Gesellschaftsroman aus

dem England der Jahrhundertwende gepaßt hätte: der leicht skurrile Intellektuelle, der die Nackenschläge des Schicksals mit elegantem Humor gemeistert hatte. Die privaten Katastrophen wurden rückblickend zu Anekdoten voll geschliffener Ironie. Meistens jedenfalls.
An diesem Abend beschloß Chandler, nach einem Brief an seinen Verleger Hamish Hamilton endlich ins Bett zu gehen.
»Lieber Jamie«, begann er, um dann nach ein paar höflichen Eröffnungsfloskeln auf den Punkt zu kommen:
»Ich hoffe, ich bringe dieses Jahr wieder ein Buch zustande. Aber hol's der Henker, ich habe die größten Schwierigkeiten, mit dem Plan weiterzukommen...
Ich bin ganz kaputt von der Sorge um meine Frau. Cissy kann nur noch sehr, sehr wenig tun, es ist ziemlich bergab gegangen mit ihr in den letzten beiden Jahren.
Ich wache nachts mit furchtbaren Gedanken auf. Cissy hat einen ständigen Husten, der nur mit schweren Medikamenten gedämpft werden kann, und diese Medikamente zerstören ihre Lebenskraft.«
Ein kräftiger Seewind hatte die San Diego Bay aufgewühlt. Der Wind klapperte an den Fensterläden der Häuser, und Taki rollte sich instinktiv noch enger zusammen. Chandler kraulte sie abwesend und sprach noch eine letzte Nachricht für Mrs. Messick, seine Sekretärin, auf Band.
Sie tippte alle seine Briefe ab und legte sie ihm zum Unterschreiben hin. Chandler nahm sie dann bei seinem täglichen Rundgang mit zur Post. Seine heutige Nachricht an Mrs. Messick hatte mit der Korrespondenz jedoch nichts zu tun.
»Wir werden den Nachmittagstee wohl für eine Weile abschaffen«, ließ er seine Sekretärin wissen. »Er bringt nur eine weitere Unannehmlichkeit in den Tag, der mit Unannehmlichkeiten bereits überladen ist, soweit ich betroffen bin.«
Chandler löschte die Lichter im Haus und ging – tief in der Nacht – endlich auch schlafen.

Der Brief lag in dem rot-weißen Briefkasten am Fuße der Treppe. Er war mit einem Haufen mexikanischer Briefmarken beklebt und ziemlich dick. Marlowe stieg die Stufen zu seinem kleinen Haus am Laurel Canyon etwas außerhalb der Stadt hinauf und setzte sich in sein Wohnzimmer, um den Brief zu lesen. Der Abend war sehr ruhig. Vielleicht brachte der Brief eines toten Mannes sein eigenes Schweigen mit sich. Der Brief enthielt eine 5000-Dollar-Note.
»Damit will ich nichts kaufen. Nimm es als Entschuldigung dafür, daß ich Dir so viel Ärger bereitet habe, und als Zeichen der Wertschätzung für einen ziemlich anständigen Typen.
Ich habe wie immer alles falsch gemacht, aber ich habe noch eine Pistole. Wahrscheinlich hast Du Dir bis zu einem Punkt Deine Gedanken gemacht, ich könnte sie umgebracht haben, und vielleicht habe ich es getan.
Ihr Vater und ihre Schwester haben mir nie etwas getan, sie müssen ihr Leben leben, und ich bin bis oben hin voller Ekel, was meines betrifft. Sylvia hat keinen Versager aus mir gemacht. Ich war schon einer.
Wenigstens ist sie jung und hübsch gestorben. Man sagt, die Lust mache einen Mann alt und halte eine Frau jung. Man sagt eine Menge Blödsinn.
Ich habe ein Geständnis geschrieben. Ich fühle mich ein wenig elend und habe mehr als ein wenig Angst. Man liest über diese Situationen in Büchern, aber es stimmt nicht. Wenn es Dir passiert, wenn alles, was Du übrig hast, eine Pistole in Deiner Tasche ist, wenn Du in die Ecke getrieben bist in einem kleinen, dreckigen Hotel in einem fremden Land und es gibt nur einen Ausweg, glaub mir, mein Freund, dann ist daran nichts erhebend oder dramatisch. Es ist bloß schmutzig, schäbig, grau und grausam.
Also vergiß es – und mich. Aber vorher trink einen Gimlet für mich bei Victor. Und das nächste Mal, wenn Du Dir einen Kaffee kochst, gieß mir eine Tasse ein und gib ein wenig Bourbon dazu und zünde mir eine Zigarette an und

lege sie daneben. Danach vergiß die ganze Geschichte.
Terry Lennox – aus und vorbei.
Also, lebe wohl.
So long
Terry«

Marlowe saß da und starrte lange Zeit auf den Brief.
Schließlich packte er ihn in seinen Kasten mit Briefen und
ging in die Küche, um diesen Kaffee zu kochen. Er tat,
worum Lennox ihn gebeten hatte. Er goß zwei Tassen ein,
gab in die für Terry bestimmte einen Schluck Bourbon und
stellte sie auf die Seite des Tisches, wo Terry gesessen
hatte in jener Nacht, als Marlowe ihn zum Flugzeug nach
Tijuana gebracht hatte. Er zündete eine Zigarette für ihn
an und legte sie in einen Aschenbecher neben der Tasse.
Marlowe betrachtete den Dampf aus der Tasse und den
dünnen Rauchfaden der Zigarette.
Dann dampfte der Kaffee nicht mehr, und die Zigarette
hörte auf zu qualmen und war bloß eine tote Kippe am
Rande eines Aschenbechers. Marlowe warf sie in den Müll,
goß den Kaffee weg, wusch die Tasse ab und stellte sie
zurück in den Schrank. Das war das. Es schien ihm nicht
genug für 5000 Dollar.
Wenn er am nächsten Morgen nicht eine Verabredung mit
einer Klientin gehabt hätte, hätte sich Marlowe jetzt be-
wußtlos getrunken. Wenn er das nächste Mal auf einen
höflichen Besoffenen stieß, würde er schnellstens in die
entgegengesetzte Richtung verschwinden. Es gab keine
Fallen, so tödlich wie die, die man für sich selbst auf-
stellte.

> **F**ür ein Weilchen in den Nachtstunden laßt
> mich zurückgehen in jene gütige und glänzende
> Zukunft,
> die nicht vergangen ist, da sie
> nie sich ereignete und die doch gänzlich verloren ist.«

Wieder eine Nacht, in der der Schlaf nicht kommen wollte.

Er saß in seinem Sessel, blickte auf die Bucht, kraulte die Katze und blätterte in einer uralten Kladde, die er ganz hinten in seinem Regal gefunden hatte.
Die Aufzeichnungen waren fast zwanzig Jahre alt. Chandler hatte damals mit seinem oft verworfenen Jugendtraum, Schriftsteller zu werden, vor dem Nichts gestanden. »Nocturne von Nirgendwo« hieß folgerichtig das Gedicht, das Chandler jetzt in den angegilbten Seiten seines Notizbuchs wiederfand. Er klappte das Heft zu.
»Ich nehme an, daß ein Mann immerzu, auch wenn er es nicht weiß, auf der Suche nach etwas ist, das er verloren hat«, sagte er nach den ersten Zügen zu Taki, der geübten Zuhörerin. »Hemmungslose Romantiker meines Typs geben sich nie mit etwas zufrieden. Sie verlangen das Unmögliche.« Chandler begann erneut Takis weiches Nackenfell zu kraulen. Er lächelte. »Und ganz selten einmal erreichen sie es sogar, sehr zu ihrer Überraschung.«
Taki schnurrte. Chandler rauchte und schwieg. Nachdem die letzte Glut verglommen war, klopfte er seine Pfeife aus und nahm das Buch zur Hand, das auf dem Stapel alter Zeitungen neben seinem Sessel lag.
Es war das Buch, das er sich vor kurzem gekauft hatte: *Mr. Bowling Buys a Newspaper* von Donald Henderson. Eigentlich ein ganz gewöhnlicher Kriminalroman, aber für Raymond Chandler war es eine Erleuchtung. Er drängte Cissy, das Buch zu lesen, er bestellte gleich eine ganze Partie von Exemplaren im kleinen Buchladen von La Jolla, denn er hatte vor, es allen seinen Freunden und Bekannten zu schenken.
Die Geschichte handelte von Mr. Bowling, einem gebildeten jungen Mann, erzogen an einer englischen Privatschule, dessen Pläne, Komponist zu werden, scheitern, worauf er gezwungen ist, Verkäufer zu werden. Was er auch versucht in seinem Leben, immer wieder scheitert er. Um der Welt seine Genialität zu beweisen, begeht er schließlich eine Reihe von Morden, die, da anscheinend ohne Motiv, beinahe nicht aufgeklärt werden können.

Von Mr. Bowling hieß es in dem Roman:
»Er hungerte nach Liebe, spiritueller Liebe, und Gott zu lieben schien irgendwie nicht genug; man wollte langes, weibliches, goldenes Haar streicheln.«
Bowling versucht es mit einer Ehe. Die geht schief. Es folgt das Verhältnis mit einem Dienstmädchen. Das geht auch schief:
»Er dachte, das Handicap seines Lebens bestehe darin, nicht geliebt zu werden, und mit Liebe meinte er echte gegenseitige Leibe, nicht Pyjamas und ein Bett.«
Chandler blätterte in seinem Exemplar. Es war schon ganz zerlesen. Hier und da waren lange Passagen unterstrichen oder am Rand mit einem Ausrufezeichen versehen. Chandler suchte eine Stelle gegen Ende des Romans, wo Bowling von dem Kriminalkommissar, der ihn verhört, auf seine Schulzeit angesprochen wird. Endlich fand er die Stelle:
»Kalt nannte der Superintendent den Namen von Mr. Bowlings alter Schule«, begann er zum zigstenmal zu lesen.
»Das schien Mr. Bowling am härtesten zu treffen. Er war aus dieser Schule und ihren vielgepriesenen Vorzügen herausgerissen und hineingeworfen worden in – was? In eine denkbar unwirtschaftliche, sich immer rascher verändernde Welt, in der für einen Gentleman weniger Platz war denn je...«
So war das. Chandler klappte das Buch zu und beschloß, sich einen Whiskey zu genehmigen. Eigentlich trank er jetzt nie mehr etwas, obwohl er sich oft fragte, warum er sich eigentlich dagegen wehrte. Das Glas in der Hand stellte er sich ans Fenster und beobachtete die Lichter eines Schiffes, die langsam im Dunkel verschwanden.
Er spürte diese vertraute Sehnsucht nach England in sich aufsteigen, nach dem Land, in dem alle seine Träume wahr geworden wären. In England wäre er nicht enttäuscht worden. Die vernichtende Gewalt der Wirklichkeit hatte dort keine Macht. In England hätten sie ihn

verstanden, dort hätte er geliebt auf eine Art, die alle Widersprüche überstrahlt hätte. Er wäre glücklich gewesen dort. Mit einem Mädchen mit kornblumenblauen Augen.

Sie war schlank und ziemlich groß, sie trug ein weißes, handgeschneidertes Leinenkostüm und einen schwarzweiß gepunkteten Schal um den Hals. Ihr Haar hatte das blasse Gold einer Märchenprinzessin. Ihre Augen waren kornblumenblau, eine seltene Farbe, und ihre Wimpern waren lang und beinahe zu blaß.
Sie erreichte den Tisch und streifte ihre langen weißen Handschuhe ab, und der alte Kellner rückte ihr den Stuhl zurecht, wie noch nie ein Kellner einen Stuhl für Marlowe zurechtgerückt hatte.
Sie setzte sich, legte die Handschuhe auf ihre Handtasche und dankte dem Kellner mit einem Lächeln, so mild und von so exquisiter Reinheit, daß er beinahe gelähmt war. Sie bestellte mit einer sehr leisen Stimme, und er stürzte davon wie ein Mann, der in seinem Leben eine echte Mission hatte.
Marlowe starrte sie über den Tisch an. Sie hob ihren Blick einen halben Zentimeter, und Marlowe war weg. Aber wo immer er war, er hielt den Atem an. Sie schien aus einer anderen Welt, so entfernt und klar wie das Wasser einer Gebirgsquelle und so unfaßbar wie seine Farbe.
»Mein Name ist Eileen Wade«, sagte sie mit einer Stimme, die Marlowe an weiße Wolken im Sommer erinnerte. Sie war die Frau des berühmten und erfolgreichen Schriftstellers Roger Wade. Der Mann hatte Probleme. Er konnte sein Buch nicht fertigschreiben. Er schien langsam verrückt zu werden, und irgend etwas steckte dahinter. Er trank und verschwand oft für Tage. Einmal war er nach Portland, Oregon, gefahren und dort in einem Hotel zusammengebrochen. Ein anderes Mal fand man ihn in einem türkischen Bad in Long Beach. Manchmal verschwand er in einem kleinen und nicht besonders gut

beleumundeten Privatsanatorium. Auch jetzt war er wieder verschwunden.
Mrs. Wade öffnete ihre Handtasche und präsentierte Marlowe ein Stück zusammengefaltetes Papier.
»Hier ist ein Scheck über 500 Dollar, Mr. Marlowe. Wollen Sie ihn als Anzahlung akzeptieren? Bitte, finden Sie meinen Mann!«
»Sie sagten, es sei schon öfter passiert. Wird er nicht wie immer irgendwann zurückkommen? Oder ist es anders dieses Mal?«
»Er hält das nicht mehr lange durch, Mr. Marlowe. Es wird ihn umbringen. Die Abstände werden kürzer. Ich bin sehr besorgt, mehr als besorgt. Ich habe Angst. Wir sind seit fünf Jahren verheiratet. Roger war immer ein Trinker, aber kein psychopathischer Trinker. Irgend etwas ist völlig durcheinander. Ich möchte, daß Sie ihn finden!«
»Irgendeine Ahnung, warum er trinkt?«
Die kornblumenblauen Augen sahen Marlowe fest an. Mrs. Wade biß sich auf die Unterlippe und schüttelte den Kopf.
»Außer, es ist wegen... mir«, sagte sie schließlich, fast flüsternd.
»Ich bin nur ein Amateurpsychologe, Mrs. Wade. Aber ich würde sagen, es ist eher wegen der Sachen, die er schreibt – oder nicht schreibt.«
»Schon möglich«, sagte sie ruhig. »Ich kann mir vorstellen, daß Schriftsteller solche Anfälle haben. Es stimmt, irgendwie kann er mit dem Buch, an dem er arbeitet, nicht fertig werden. Aber es ist auch nicht gerade so, als ob er fertig werden müßte, damit wir die Miete bezahlen können.«
Wieder griff sie in ihre Handtasche und kramte drei gelbe Zettel hervor. »Die habe ich auf seinem Schreibtisch gefunden.«
Marlowe sah sich die Zettel an:
»Ich mag mich nicht länger selbst lieben, und sonst ist niemand mehr da, den ich lieben könnte.«

Unterschrieben: »Roger (F. Scott Fitzgerald) Wade
PS: Deswegen habe ich den *Letzten Tycoon* nie zu Ende geschrieben.«
»Macht das irgendeinen Sinn für Sie, Mrs. Wade?«
»Er war immer ein großer Verehrer von Scott Fitzgerald. Er sagt, Fitzgerald sei der beste betrunkene Schriftsteller seit Coleridge. Der nahm Drogen.«
Auf einem anderen Zettel stand:
»Ich mag Sie nicht, Dr. V. Aber jetzt sind Sie der Mann für mich.«
Sie sprach, während Marlowe noch den Zettel betrachtete.
»Ich habe keine Ahnung, wer Dr. V. ist. Wahrscheinlich ist er der, der das Sanatorium besitzt, in dem Roger das letzte Mal war.«
»Okay«, sagte Marlowe. »Ich werde versuchen, Dr. V. zu finden. Ich weiß noch nicht genau, wie, aber ich werde mein Bestes tun. Nehmen Sie den Scheck mit, Mrs. Wade.«
»Aber warum, Sie haben ein Recht...«
»Später. Danke.«
Marlowe zahlte die Drinks und begleitete Mrs. Wade zu ihrem Wagen, einem grauen Jaguar, der ziemlich neu aussah. Sie stand dicht neben ihm, und er konnte ihr Parfüm riechen. Oder er bildete es sich ein. Vielleicht war es nur der Sommer. Sie verabschiedete sich, stieg in den Wagen und fuhr die Straße hinunter bis zur nächsten Kreuzung. Bevor sie abbog, winkte sie Marlowe mit ihrem Handschuh.
Marlowe fand Wade. Es war nicht ganz einfach. Über seinen Freund George Peters zapfte er die Datei der Carne-Organisation an, einer großen Detektiv- und Sicherungsagentur. Die Infos führten ihn auf die Spur eines Dr. Verringer. In seiner versteckten Privatklinik lag der erfolgreiche Schriftsteller Roger Wade nach einem alkoholischen Exzeß vollgepumpt mit Medikamenten in einem Einzelzimmer. Nach handgreiflichen Auseinandersetzungen mit dem Personal gelang es Marlowe, Wade aus Ver-

ringers Privatklinik zu befreien und nach Hause zu bringen.
Mitten in der Nacht setzte er ihn vor der Haustür seiner Villa in der Luxusgegend Idle Valley ab und wartete, bis Wade im Haus verschwunden war. Er wollte gerade gehen, als Mrs. Wade aus dem Haus gerannt kam.
»Hatten Sie großen Ärger?« fragte sie.
»Nun – ein wenig mehr, als einfach zu klingeln.«
»Bitte, kommen Sie rein und erzählen Sie mir alles.«
»Nicht heute nacht, ich hatte einen anstrengenden Tag.«
Marlowe zündete sich eine Zigarette an. Sie stand noch immer ganz ruhig und nah neben ihm, schlank, groß, in einem weißen Kleid. Das Licht aus dem Haus berührte die Spitzen ihres Haars und ließ es sanft leuchten.
»Ich muß jetzt ins Haus zurück, Mr. Marlowe, und nachsehen, ob mein Mann etwas braucht... Wenn Sie jetzt nicht reinkommen wollen – vielleicht ein andermal. Ich bin sicher, Roger würde Ihnen den Scheck gerne persönlich überreichen und Ihnen danken.«
»Ich überlasse Ihnen das«, sagte Marlowe, zog sie an sich und beugte ihren Kopf zurück. Er küßte sie fest auf die Lippen. Sie wehrte sich nicht. Sie erwiderte den Kuß auch nicht. Sie befreite sich ruhig und sah Marlowe an. »Das hätten Sie nicht tun sollen. Das war falsch. Sie sind ein viel zu netter Mensch. Gute Nacht, Mr. Marlowe. Und vielen Dank für fast alles.«

Er hatte schon manche Nacht von ihr Abschied genommen, als sei es das letzte Mal. Raymond Chandler wußte, daß Cissy sterben würde, und er begann, das Leben von seinem Ende her wahrzunehmen. Auch sein eigenes. Und er fragte sich, wie er dastehen würde, wenn irgendwann sein Werk als Ganzes vorlag.
Wieviel von dem verzweifelten Luftschlösser-Bauen würde am Ende bleiben? Wieviel von dem erbitterten Ringen darum, einer Sache Gewicht zu geben? In seinen schwar-

zen Stunden glaubte er zu wissen, daß es damit in wenigen Jahren endgültig vorbei sein würde.
Cissy wußte von diesen Zweifeln ihres Mannes, und sie versuchte, ihm durch ihren Glauben an ihn zu helfen.
»Wenn der liebe Gott gewollt hätte, daß ich ein bedeutender Schriftsteller werde«, meinte er dazu lakonisch, »hätte er mir nicht erlaubt, zwanzig Jahre meines Lebens in Büros zu verschwenden.«
Chandler tröstete sich mit der Gewißheit, daß es in jeder Generation unvollkommene Schriftsteller gab, die nie viel zu Papier brachten, deren Leistungen stets etwas Zufälliges anhaftete. Vielleicht, so vermutete er, weil ihr Sinn für Qualität zu stark ausgeprägt war. Und Chandler gestand sich ein: »Ich nehme an, daß ich da hineingehöre.«
Und doch war er diesem Traum trotzig treu gelieben: mit Worten etwas Magisches schaffen. Das hatte er immer gewollt. Dafür hatte er gelebt. Der Rest war für ihn etwas, das man durchstehen mußte.
Chandler war sich jedoch nicht einmal sicher, ob ihm der Versuch, aus Krimis etwas mehr zu machen, als ihnen ursprünglich zugedacht war, wirklich gelungen war. Immerhin, so stellte er in einem Brief an Charles Morton fest, hatte er sich eines billigen, bankrotten Genres angenommen und etwas daraus gemacht, worüber sich Intellektuelle in die Haare kriegten.
Nie konnte Chandler das Schielen auf den großen Bruder »seriöser Roman« ganz lassen. Und mit dem Roman, mit dem er sich abquälte, während seine Frau langsam starb, wollte er – wie nie zuvor – mit aller Kraft die Kluft zur Kunst überschreiben.
Ein Roman sollte es werden, der nur scheinbar ein Kriminalroman war und dessen Reiz bewahrte, der sein Schwergewicht aber auf Charakterisierungen und Atmosphäre legte: Gewalt und Furcht sollten mitschwingen.
Der definitive Chandler sollte es werden. Jetzt als 65jähriger arbeitete der Schriftsteller Raymond Chandler an seinem Alterswerk. Und die Angst saß ihm im Nacken, daß

ihn die Zeit und ihre Moden überholen würde, bevor er es fertiggestellt hatte.
»Die Jungen«, schrieb er an Charles Morton, »können alles sagen, ihre Szenen sind auf fast ermüdende Weise glatt und gefällig. Sie bringen alle Antworten, aber sie sind kleine Leute, die vergessen haben, wie man betet. Wie die Welt immer winziger wird, so wird auch der Verstand der Menschen immer winziger, kompakter und leerer. Diese Schriftsteller sind die Maschinenwärter der Literatur.«

Auf dem Schreibtisch stand eine Schreibmaschine. Daneben lag ein Stoß gelbes Papier. Das Zimmer war groß und kühl und ruhig; durch ein großes Fenster blickte man auf den See.
»Nett, daß Sie gekommen sind, Marlowe.«
Roger Wade lag ausgestreckt auf einer Ledercouch.
Marlowe setzte sich und betrachtete ihn. Er sah noch immer ziemlich blaß aus.
»Wie läuft die Arbeit?«
»Gut. Ich werde nur zu schnell müde. Schade eigentlich, daß so ein Viertagesuff so schmerzhafte Nachwirkungen hat, denn oft schreibe ich danach meine besten Sachen. Wenn es gut ist, dann fließt es. Dann fällt einem das Schreiben leicht. Alles andere, was Sie vielleicht gehört haben, ist Quatsch.«
»Kommt vielleicht auf den Schriftsteller an«, sagte Marlowe. »Flaubert ist das Schreiben nie leichtgefallen, und sein Zeug ist gut.«
»Okay«, sagte Wade und richtete sich auf. »Sie haben also Flaubert gelesen, und deswegen sind Sie ein Intellektueller, ein Kritiker, ein Kenner der Literatur.« Er rieb sich die Stirn.
»Ach, so ist das«, meinte Marlowe. »Sie brauchen jemand, den sie beleidigen können. Nur zu!«
Wade grinste und fuhr sich mit der Hand durch sein dichtes lockiges Haar.

»Sehen Sie mich gut an, Marlowe. Alle Schriftsteller sind Flaschen, und ich bin einer der miesesten. Ich habe zwölf Bestseller geschrieben, und kein einziger ist auch nur das Pulver wert, ihn zur Hölle zu blasen. Ich habe ein wunderschönes Haus in sehr exklusiver Nachbarschaft. Ich habe eine wunderbare Frau, die mich liebt. Und ich liebe mich selbst am meisten. Ich bin ein egoistischer Sauhund, eine literarische Hure oder ein Zuhälter, ganz, wie Sie das sehen wollen.«
»Schön, und?«
»Und was?«
»Ich höre Ihnen nur dabei zu, wie Sie sich selber hassen. Es ist langweilig.«
Wade lachte rauh. »Ich mag Sie«, sagte er, »lassen Sie uns einen trinken.«
Er füllte zwei Gläser mit Whiskey und trank seins in einem Zug leer.
»Sie sollten sich ein bißchen Zeit lassen, Ihre Widerstandskräfte wieder aufzubauen«, sagte Marlowe.
»Oh, ein kleiner Charaktererzieher! Sie sollten mehr Verstand haben, als zu versuchen, einen Trinker zu erziehen. Trinker sind nicht erziehbar. Trinker verfallen langsam. Und ein Teil dieses Prozesses macht ihnen großen Spaß.«
Er goß sich Whiskey nach und nahm einen Schluck. »Und – lassen Sie die Finger von meiner Frau, Marlowe! Sie wollen mit ihr ins Bett. Alle wollen das. Sie würden gern ihre Träume teilen und den Rosenduft ihrer Erinnerungen. Vielleicht täte ich das auch gern. Aber es gibt nichts zu teilen – nichts, absolut nichts. Man ist ganz alleine im Dunkeln.«
Er trank sein zweites Glas leer und stellte es auf den Kopf. »So leer, Marlowe. Es gibt da gar nichts. Ich bin ihr Mann, ich weiß es.«
Marlowe nahm einen Schluck aus seinem Glas und zündete sich eine Zigarette an. Wade streckte sich wieder auf der Couch aus. Marlowe war sicher, daß Wade mit dem Whiskey angefangen hatte, lange bevor er gekommen war.

»Mir fällt da was ein, Marlowe. Tun Sie mir einen Gefallen? Ich habe ein paar verrückte Sachen geschrieben, von denen ich nicht will, daß meine Frau sie sieht. Die Blätter liegen noch auf der Schreibmaschine. Zerreißen Sie das Zeug für mich.«
»Sicher.« Marlowe nickte.
Wades Augenlider wurden schwer, und sein Kopf sackte weg. Lange Zeit sagte niemand etwas. Dann versuchte Wade noch einmal, den Kopf zu heben. »Haben Sie je einen Mann umgebracht, Marlowe?«
»Ja.«
»Scheißgefühl, nicht?«
»Manche Menschen mögen es.«
Wades Augen schlossen sich ganz. Dann öffnete er sie wieder, aber sein Blick blieb vage. »Wie können sie bloß...?«
Marlowe antwortete nicht. Wades Augenlider senkten sich erneut, und nach einer Weile begann er zu schnarchen. Marlowe griff nach den betippten Seiten auf der Schreibmaschine. Er begann zu lesen: »Es ist in Ordnung für die ersten zwei oder drei Tage, aber dann wird es schlimm. Man leidet, man trinkt, und für eine Weile ist es besser, aber der Preis wird höher und höher, und was man dafür bekommt, wird weniger und weniger. Und dann gibt es immer den Punkt, wo man nichts als Ekel verspürt.
Komm, Wade, laß uns aufstehen und irgendwohin gehen. Irgendwohin, wo wir noch nie waren und wohin wir nie zurückgehen werden, wenn wir waren.
Ergibt dieser Satz einen Sinn? Nein.«

Lassen Sie mich Ihnen nun wünschen, was in dieser tristen Welt an Frieden und Glück noch verbleibt – rote Sonnenuntergänge, den Duft von Rosen nach einem Sommerregen, weiche Teppiche in stillen Zimmern, Kaminfeuer und alte Freunde.«
Chandlers Grußkarte an einen Bekannten war so traurig wie das ganze Fest in diesem Jahr.

Weihnachten 1953 feierten die Chandlers nicht. Cissy war physisch nicht in der Lage, und auch ihrem Mann war nicht nach Feiern zumute.
Taki, die greise Angorakatze, war kurz vor ihrem 20. Geburtstag gestorben. Am Ende mußte sie eingeschläfert werden. Chandler fand, daß man es auf eine wunderbare Art gemacht hatte. In die Vene von Takis Vorderlauf war Nembutal injiziert worden, und in zehn Sekunden war sie eingeschlafen.
Cissy wurde nach mehreren Klinikaufenthalten jetzt zu Hause gepflegt, zu Tode gepflegt. Chandler aß fast nichts mehr und wurde zunehmend dünner. Seine Kleidung schlotterte lose um seinen ausgemergelten Körper.
»Ich bin ein verbrauchter Mann, ein müder Mann«, hatte er seiner Sekretärin in einer schlaflosen Nacht auf das Band gesprochen.
In dem Maße, in dem die Gesundheit seiner Frau verfiel, hatte Chandler damit begonnen, seine tägliche Alkoholdosis wieder zu steigern.
»Ich werde Champagner trinken«, erklärte er seiner Sekretärin Mrs. Messick, »gerade genug, um den hoffnungslosen Zustand meiner Frau nicht so schmerzhaft zu empfinden.«
Und über Monate leerte er eine Kiste Mumm-Champagner nach der anderen.
Im Sommer des Jahres 1954 wurde Cissy mehrere Male in Krankenhäuser eingeliefert. Wenn sie zu Hause war, mußte der Arzt oft mitten in der Nacht kommen, um ihr irgend etwas zu spritzen.
Cissy litt an einer langsam fortschreitenden Verhärtung des Lungengewebes. Der befallene Teil der Lunge gab keinen Sauerstoff mehr ans Blut ab. Im Herbst kam Cissys Schwester Vinnie nach La Jolla, um die letzten Monate bei ihrer Schwester zu sein. Auch eine Krankenschwester lebte jetzt ständig im Haus.
Anfang Dezember wußte Chandler, daß es jetzt zu Ende gehen würde. Cissy stand in einer kalten Winternacht

plötzlich im Pyjama in seinem Zimmer und sah aus wie ein Geist. Noch in dieser Nacht mußte sie mit dem Krankenwagen in die Klinik gebracht werden.
Sie würde nicht schlafen können, ihr Mann nahm für sie, in ein Taschentuch verknotet, Schlaftabletten mit. Ein paar Pillen für ein paar Stunden ohne Schmerz und ohne Angst.
Cissys Zustand schwankte zwischen vergessendem Dämmern und harten Stunden verzweifelter Klarheit. Sie lag unter einem Sauerstoffzelt, aber immer wieder griff sie nach der Hand ihres Mannes, der viele Stunden neben ihrem Bett saß.
Jedesmal, wenn er kam, reichte sie ihm das Taschentuch, damit er neue Tabletten hineinlegte. Als Raymond Chandler am 11. Dezember 1954 seine Frau besuchte, nahm er keine Schlaftabletten mit. Cissy gab ihm wie immer ihr Taschentuch, aber er schüttelte den Kopf. Als sie erkannte, daß er ihr nichts mitgebracht hatte, wandte sie sich ab.
»Hast du es so gewollt?« fragte sie.
Am Nachmittag desselben Tages erhielt Raymond Chandler einen Anruf des behandelnden Arztes, der ihn bat zu kommen. Es könne die letzte Gelegenheit sein, mit seiner Frau zu sprechen. Als Chandler in der Klinik eintraf, suchte der Arzt gerade nach einer Vene in Cissys Fuß, um ihr Demerol zu spritzen.
Sie schlief tatsächlich ein, aber in der Nacht, die er an ihrem Bett verbrachte, war sie wieder hellwach. Oder sie schien es zumindest. Denn Chandler war sich nicht sicher, daß sie ihn erkannte.
Am frühen Morgen des 12. Dezember fuhr Chandler nach Hause, um sich ein wenig auszuruhen. Gegen Mittag erreichte ihn dort ein Anruf der Krankenschwester. Seiner Frau gehe es sehr schlecht.
Chandler raste, sämtliche Verkehrsregeln mißachtend, ins Krankenhaus. Als er eintraf, hatte der Arzt bereits das Sauerstoffzelt weggenommen. Cissy lag mit halboffenen Augen da. Der Arzt hatte ihr das Stethoskop auf die Brust

gesetzt und horchte. Chandler starrte ihn regungslos an. Schließlich nickte der Arzt kurz. Chandler trat ans Bett und schloß seiner toten Frau die Augen. Er küßte sie und ging aus dem Zimmer.
Es war nur eine Frage der Zeit gewesen, bis er sie verlieren würde. Aber in Gedanken von einem Menschen Abschied zu nehmen, war nicht dasselbe, wie wenn es dann geschah. Ihr die Augen zu schließen und zu wissen, daß sie sich nie wieder öffnen würden.
Chandler bat seine Sekretärin, die Beerdigung zu organisieren. Sie schlug für die Trauerfeier eine der kleinen Kapellen der St. James's Episcopal Church vor. Aber Chandler bestand darauf, daß der Gottesdienst in der Hauptkirche abgehalten wurde. Schon am frühen Morgen des Tags der Beerdigung begann Chandler maßlos zu trinken. Die Trauerfeier stand er mit Mühe durch. Keine zehn Menschen verloren sich in der großen Kirche. Cissy lag in einem offenen Sarg inmitten von Hunderten von Blumen aufgebahrt.
Chandler konnte sich nicht erinnern, was der Pastor gesagt hatte. Auf dem Wege aus der Kirche ging er neben seiner Sekretärin Mrs. Messick.
»Dreißig Jahre, zehn Monate und vier Tage war sie das Licht meines Lebens, mein ganzes Streben«, sagte er leise. »Alles, was ich sonst tat, war nur das Feuer zum Wärmen ihrer Hände.«
Der Beisetzung der Urne in einer Gruft des Cyprus-View-Krematoriums in San Diego wohnte Raymond Chandler nicht mehr bei. Er war inzwischen zu betrunken.

Es war nach Mitternacht, als er nach Hause kam. Er ging in die Küche, um sich einen Kaffee zu machen. Satt, stark, bitter und brühend heiß – das Lebensblut erschöpfter Männer. Er war müde und deprimiert. Es war eine von diesen Nächten, wo alle Geräusche gedämpft und wie von weit klangen. Ein nebliger Vollmond stand hoch und gleichgültig am Himmel.

Er lief in der Wohnung umher, spielte ein paar Platten, ohne sie wirklich zu hören. Es schien ihm, als ob irgendwo etwas tickte, aber es gab nichts im Haus, was ticken konnte. Das Ticken war in seinem Kopf.

Marlowe dachte an das erste Mal, als er Eileen Wade gesehen hatte. Irgendwie erschien sie ihm zunehmend unwirklicher. Eine Mörderin war immer unwirklich.

Es gab Menschen, die aus Haß, Angst oder Gier töteten. Es gab raffinierte Mörder, die planten und erwarteten, davonzukommen. Es gab wütende Mörder, die überhaupt nichts dachten. Und es gab Mörder, die in den Tod verliebt waren, für die Mord eine entfernte Art des Selbstmords war.

Eileen Wade hatte ihren Mann, den Schriftsteller Roger Wade, aus Eifersucht erschossen. Sie hatte es aussehen lassen wie Selbstmord, und es hätte beinahe geklappt.

»Ich habe noch 46 Demerol-Tabletten übrig«,
schrieb sie in ihrem Abschiedsbrief.
»Ich werde sie alle schlucken und mich auf das Bett legen.
Die Tür ist verschlossen.
Ich bereue nichts. Die Zeit macht alles schäbig, abgenutzt und zerknittert. Die Tragödie des Lebens ist nicht, daß das Schöne früh stirbt, sondern daß es alt und armselig wird.
Mir wird das nicht passieren.
Goodbye«

So starb das Mädchen mit den kornblumenblauen Augen. Es wurde schon fast hell, als Marlowe endlich schlafen ging.

Er schlief in ihrem Zimmer. Zuerst dachte er, er könne es nicht ertragen. Aber dann dachte er, wenn das Zimmer leer bliebe, würde es sich mit Gespenstern füllen, und jedesmal, wenn er an der Tür vorüberginge, würde ihn Grauen überfallen.

Nach außen wirkte Raymond Chandler in den Wochen nach Cissys Tod ganz gefaßt. Aber nachts, wenn das Haus still war und das Lesen Mühe machte, hörte er leise Schritte auf dem Teppich. Er vernahm Stimmen, die ihn

bei seinem Kosenamen nannten. Dann ging er zur Anrichte, mixte sich einen steifen Brandy mit Soda und versuchte an etwas anderes zu denken. Er blieb die halbe Nacht auf und spielte Schallplatten. Er war so deprimiert, daß das Trinken nichts half. Die Nächte waren schlimm.
Chandler zog sich immer mehr zurück. Nur selten verließ er Cissys Zimmer. Er trank mehr als je zuvor, meistens Whiskey.
Am 8. Februar 1955 hätten Cissy und Raymond Chandler ihren 31. Hochzeitstag gefeiert. Chandler füllte das Haus mit roten Rosen, hörte Musik und trank Champagner. Er dachte, daß diese Geste sinnlos und töricht war, weil seine Liebe verloren war. Mitten in der Nacht rief er die Vermittlung an und verlangte eine Nummer in London. Als die Verbindung stand, verfiel Raymond Chandler in Schweigen. Man hörte nichts als das Rauschen in der Leitung, das nur durch die ärgerlichen Anweisungen der Telefonistin unterbrochen wurde: »Sprechen Sie, Kalifornien! Sie sind jetzt mit London verbunden. Sprechen Sie, Kalifornien!«

Der Nebel hatte sich verzogen, und die Sterne leuchteten wie Chromsterne an einem schwarzen Samthimmel. Er fuhr schnell. Er brauchte einen Drink, und alle Bars waren heute geschlossen. In einer Nebenstraße parkte er seinen Wagen und nahm die Hintertreppe in den sechsten Stock. Er schloß auf und ging, ohne das Licht anzumachen, zu seinem Schreibtisch. Die Flasche in der linken Schublade war noch dreiviertel voll. Er zündete sich eine Zigarette an und saß nur da im Dunkeln und rauchte. Gegen zehn ging das Telefon. Bernie Ohls sagte, daß er auf dem Nachhauseweg kurz reinschauen würde. »Schon *The Journal* gelesen?« fragte er und hängte auf.
Als er ins Büro kam, bot Marlowe ihm einen Stuhl und einen Schluck an. Ohls setzte sich, nahm den Whiskey und zündete sich eine von Marlowes Zigaretten an. »Du hast also *The Journal* gelesen, hm?«

The Journal hatte in der Nachmittagsausgabe einen ziemlich detaillierten Hintergrundbericht über den Mordfall Wade gebracht. Der Artikel stammte von Lennie Morgan. Morgan war ein guter Freund von Marlowe.
»Ja«, sagte Marlowe, »ein Freund hat mich darauf aufmerksam gemacht.«
»Du hast Freunde?«
Bernie Ohls kannte und mochte Marlowe, seit sie gemeinsam für den Distriktsstaatsanwalt gearbeitet hatten.
»Du hast nicht zufällig eine Ahnung, woher das *Journal* die Informationen hat?«
»Was willst du, Bernie? Du magst mich nicht. Wir waren mal Freunde – wenn irgend jemand überhaupt mit einem Bullen befreundet sein kann. Aber das ist wohl etwas abgekühlt.«
Bernie Ohls beugte sich vor und lächelte. »Kein Bulle mag es, wenn ein Privatmann Polizeiarbeit hinter seinem Rücken macht. Wenn du von Anfang an ehrlich gespielt hättest, Marlowe, könnte Wade noch leben. Von Lennox ganz zu schweigen. Du hältst dich wohl für superklug, was?«
»Was soll ich darauf sagen?« fragte Marlowe.
»Nichts. Es ist zu spät. Es wäre vielleicht eine gute Idee für dich, die Stadt zu verlassen. Niemand mag dich, und es gibt Menschen, die eben deswegen auch etwas unternehmen könnten.«
»Ich wollte die Unschuld eines Mannes beweisen, und es war mir scheißegal, wie«, sagte Marlowe.
Bernie Ohls stand abrupt auf und ging zur Tür. Auf der Schwelle blieb er stehen. »Nett und ruhig hier«, konstatierte er, »gerade ruhig genug.«
Er verabschiedete sich nicht. Bullen verabschiedeten sich nie. Sie hofften immer, einen noch einmal zu sehen. Vorzugsweise in ihrer Gewalt.
Marlowe goß sein Glas noch einmal voll. Er dachte an Lennox und an Wade und seine Frau mit den kornblumenblauen Augen. Er fragte sich, ob er nicht alles falsch gemacht hatte. Es war schon fast Mitternacht, als es

wieder an der Bürotür klingelte. Marlowe schreckte aus seinen Gedanken auf und ging ins Vorzimmer, um zu öffnen. Draußen stand ein Mexikaner, das heißt, Marlowe dachte, es sei ein Mexikaner. Er hielt ihm die Tür auf. Der Fremde trat ein und setzte sich.
Es dauerte lange, bis Marlowe ihn erkannte. Sie hatten perfekte Arbeit geleistet. Man konnte ein Gesicht nicht total verändern, aber sie hatten es fast geschafft.
»Du Schwein«, sagte Marlowe.
»Ich vermute, es ist ein wenig spät für einen Gimlet«, sagte Terry Lennox lächelnd.
Er hatte den Selbstmord mit Hilfe von ein paar korrupten Beamten vorgetäuscht, sich sein Gesicht operieren lassen und sich in Mexico City eine neue Identität verschafft.
Lennox beugte sich über den Tisch und nahm eine von Marlowes Zigaretten. Mit einem modischen Feuerzeug, das er aus seiner Jackettasche fischte, zündete er sie an.
»Ich steckte in einer üblen Klemme, Marlowe.«
Marlowe konnte den Hauch eines süßlichen Rasierwassers riechen.
»Du hast mich gekauft, Terry. Für ein Lächeln und ein paar ruhige Drinks in einer ruhigen Bar. Es war nett, solange es dauerte.« Marlowe blickte zur Tür. »So long, Amigo. Ich werde dir nicht auf Wiedersehen sagen. Ich habe es getan, als es etwas bedeutete. Ich habe Abschied genommen, als es traurig und einsam und endgültig war.«
»Ich bin zu spät zurückgekommen«, sagte Terry leise.
»Du bist schon zu lange zu weit weg. Du hast schicke Kleidung und ein Rasierwasser. Du bist so elegant wie eine Fünfzigdollarhure.«
»Das ist nur eine Show«, sagte Lennox verzweifelt.
»Aber es macht dir doch Spaß, oder nicht?«
»Natürlich. Eine Show ist das einzige, was übrigbleibt. Es gibt sonst nichts. Ich bin durch, Marlowe, seit langer, langer Zeit.«
Er stand auf. Marlowe stand auf. Terry streckte ihm die

Hand entgegen. Marlowe schüttelte sie. Terry drehte sich um und verließ das Büro. Marlowe sah, wie die Tür zufiel. Er hörte die Schritte im Flur. Nach einer Weile wurden sie schwächer, dann war es ganz still. Marlowe hörte trotzdem weiter hin, als ob er wollte, daß Lennox plötzlich innehielt, sich umdrehte, zurückkehrte, um ihm das miese Gefühl auszureden. Er tat es nicht. Marlowe sah ihn nie wieder.
Er füllte sein Glas noch einmal und stand dann am offenen Fenster. Er fühlte sich so hohl und leer wie die schwarzen Löcher zwischen den Sternen. Er hörte den Verkehr auf dem Boulevard. Irgendwo heulte eine Polizeisirene. 24 Stunden am Tag rannte irgend jemand, und irgend jemand versuchte, ihn zu fangen. Draußen in der Nacht starben Menschen. Menschen wurden geschlagen, beraubt, vergewaltigt, ermordet. Menschen waren hungrig, krank, gelangweilt, verzweifelt vor Einsamkeit oder Reue oder Angst, wütend, grausam, von Schluchzen geschüttelt.
Eine Stadt wie jede andere, eine reiche, lebhafte Stadt voller Stolz, eine verlorene, geschlagene Stadt voller Leere. Es kam darauf an, wo man saß und wie man die Dinge sah. Marlowe war es egal.
Auf dem Nachhauseweg schaltete er sein Autoradio ein. Eine Meldung gegen Ende der Zweiuhrnachrichten erwischte ihn kalt.
»La Jolla. In den frühen Morgenstunden des 12. Februar mußte sich die Polizei von La Jolla mit Gewalt des 66jährigen Kriminalschriftstellers Raymond Chandler bemächtigen, der im Badezimmer seines Hauses mit einer Pistole wild um sich schoß, offenbar in der Absicht, sich selbst zu töten. Chandler ist einer der bekanntesten Krimiautoren der Welt. Es wird vermutet, daß er den Verlust seiner kürzlich verstorbenen Frau nicht verwinden kann. Überarbeitung und die fortwährende Beschäftigung mit Verbrechen und Verbrechern scheinen den Autor geistig verwirrt zu haben. Er ist schwer alkoholisiert in eine Heilanstalt eingeliefert worden.
Das Wetter...«

Seine Schritte klangen hohl in dem leeren Flur. Gestern waren die Möbel abgeholt worden. Sie standen nun in einem Lagerhaus – wie früher. Die Kisten mit seinen Büchern waren an der Wand seines Arbeitszimmers aufgestapelt. Sie würden in der Garage von Marge Suman, einer Mitarbeiterin seines Steuerberaters, eingemottet werden.
Der Makler hatte das Haus schnell verkauft. Seine letzten Nächte in Kalifornien würde er im Del Charmo Hotel verbringen. Die Zugfahrt nach Chicago war gebucht. Von dort ging es weiter nach New York, wo er sich einschiffen wollte.
Raymond Chandler trat an das große Fenster des völlig ausgeräumten Wohnzimmers und sah hinaus auf den Ozean. Auf dem Fenstersims stand ein halbvolles Glas Whiskey. Chandler fühlte sich wie der letzte Mensch in einer toten Welt.
Es klingelte, und der schrille Klang hallte in dem leeren Haus wider. So früh am Vormittag hatte Chandler die Spediteure für die Bücherkisten nicht erwartet. Er nahm einen Schluck Whiskey und schlurfte dann zur Haustür. Er öffnete.
»Hallo«, sagte sein Besucher.
Chandler riß die Augen auf. »Marlowe?«
»Kann ich reinkommen?«
Chandler öffnete die Haustür weit, um Marlowe hereinzulassen.
Marlowe ging durch den leeren Flur, warf einen Blick in das Arbeitszimmer mit den Kisten und dem Blick auf den Garten und ging dann ins Wohnzimmer. Er hatte seinen Hut abgenommen und trug ihn in der rechten Hand. In der Mitte des Zimmers blieb er stehen. »Es war bestimmt einmal ein sehr schönes Zuhause«, sagte er.
»Ja«, sagte Chandler.
»Ich habe vom Tod Ihrer Frau gehört und von Ihrem – Unfall.« Marlowe sah ihn an. Chandler sah nicht gut aus.

»Unfall ist gut. Es war der unzulänglichste Selbstmordversuch der Geschichte.« Chandler lachte bitter. »Ich könnte Ihnen im Leben nicht sagen, ob ich wirklich die Absicht hatte, die Sache zu Ende zu bringen, oder ob mein Unterbewußtsein nur eine billige dramatische Vorstellung gegeben hat. Ich war total betrunken.«

Marlowe schüttelte den Kopf. »Sie hatten mehrmals damit gedroht. Zuerst am 5. Februar, zuletzt am 22. Februar, dem Tag, an dem sich der Unfall ereignete. Ihre Schwägerin rief die Polizei an, und der diensttuende Beamte hielt Sie hin, bis ein Streifenpolizist bei Ihnen sein konnte. Als dieser Streifenpolizist gerade mit Ihrer Schwägerin telefonierte, hörte er aus dem Bad zwei Schüsse. Er fand sie in Morgenrock, Pyjama und Pantoffeln auf dem Boden der Dusche sitzend.«

»Sie haben mit ihm gesprochen?« fragte Chandler.

»Klar«, sagte Marlowe.

»Mir hat er später berichtet, ich hätte dagesessen und versucht, mir die Waffe in den Mund zu schieben, und als er mich dann aufgefordert hätte, sie ihm zu geben, hätte ich bloß gelacht und sie ihm ausgehändigt. Ich habe nicht die leiseste Erinnerung daran.«

»Sind Sie schon lange wieder zu Hause?« fragte Marlowe.

»Eine Weile«, sagte Chandler. »Zunächst wurde ich in die psychiatrische Abteilung des Kreiskrankenhauses gebracht. Zum Glück hat mich Neil Morgan, ein junger Journalist von der *San Diego Tribune*, den ich kenne, dort rausgeholt und in ein privates Sanatorium in Chula Vista, nahe der mexikanischen Grenze, gebracht.«

Marlowe nickte. Die Privatklinik war bekannt für ihre Entziehungskuren.

»Nach sechs Tagen bin ich da raus. Ich habe dem Psychiater gesagt, es gäbe kein Gesetz, mich aufzuhalten. Er wußte das. Ich kann diesen psychiatrischen Schnickschnack nicht ab. Neil Morgan hat mich wieder nach Hause gebracht.«

Marlowe sah Chandler an. »Warum das alles?« fragte er schließlich.
Chandler zuckte mit den Schultern. Beide schwiegen.
»Sie verlassen La Jolla?« fragte Marlowe.
»Ich gehe nach England«, sagte Chandler.
»Nach England?«
»Ja«, sagte Chandler und nahm sein Glas von der Fensterbank. »Darf ich Ihnen auch einen anbieten?«
»Es ist ein bißchen früh«, sagte Marlowe.
Chandler zuckte mit den Schultern und nahm einen Schluck. Marlowe sah ihn an. Chandler erinnerte ihn an den traurigen Mann, den es in jeder Bar der Welt gab. Der mit dem Barkeeper redete, weil sonst keiner – und wohl auch der Keeper nicht – zuhörte. Der reden wollte und nicht aufhören konnte, selbst wenn er es gewollt hätte. Der höflich und freundlich war, kaum einmal lallte und von dem doch jeder wußte, daß er mit der Flasche aufstand und sie erst wieder losließ, wenn er nachts einschlief. So würde er für den Rest seines Lebens sein, und das war sein Leben. Man würde nie erfahren, wie er so geworden war, denn selbst wenn er es erzählt hätte, wäre es nicht die Wahrheit gewesen.
»Ich könnte mit dem Trinken aufhören«, sagte Chandler, als hätte er Marlowes Gedanken gelesen.
»Es dauert ungefähr drei Jahre«, sagte Marlowe, »normalerweise. Es ist eine andere Welt. Man muß sich an blassere Farben und leisere Geräusche gewöhnen. Man muß Rückfälle einkalkulieren. Alle Menschen, die man kannte, werden ein wenig merkwürdig. Die meisten mag man nicht einmal mehr besonders und sie einen auch nicht.«
»Es ist mir eigentlich nie schwergefallen, mit dem Trinken aufzuhören«, meinte Chandler, »aber was bleibt einem dann noch übrig...«
Sie standen schweigend am Fenster. Marlowe zündete sich eine Zigarette an.
»Lassen Sie ruhig die Asche auf den Parkettfußboden fallen«, sagte Chandler, »der neue Besitzer ist wahrschein-

lich sowieso ein Arschloch.« Er nahm noch einen Schluck Whiskey. »Sie waren im Knast, habe ich gelesen? Für einen Freund?«

»Es war ein Irrtum«, sagte Marlowe kurz.

»Ein Irrtum?«

»Lennox hatte eine nette Art, aber irgend etwas an ihm war falsch. Er hatte Prinzipien und lebte danach, aber es waren bloß persönliche. Sie hatten nichts zu tun mit irgendeiner Art Ethik oder Skrupeln. Er war ein netter Mann. Aber er ist genauso glücklich mit einem korrupten Schwein wie mit einem ehrlichen Mann. Vorausgesetzt, das Schwein spricht ein ganz gutes Englisch und hat akzeptable Tischmanieren. Er war ein moralischer Defätist.«

Marlowe war laut geworden, und seine Stimme klang in dem großen, leeren Zimmer härter. Er warf seine Zigarette auf den Boden und trat sie aus.

»Ich bin ein Romantiker«, sagte er leiser. »Ich höre Stimmen in der Nacht, und ich gehe hin, um nachzuschauen, was los ist. Man macht keinen Cent auf diese Art. Wenn du schlau bist, kümmerst du dich nicht um anderer Leute Probleme. Als ich hörte, daß Lennox tot war, ging ich in die Küche, kochte Kaffee, schenkte eine Tasse für ihn ein und zündete eine Zigarette an für ihn. Und als der Kaffee kalt war und die Zigarette nur noch Asche, habe ich ihm Lebewohl gesagt. So macht man keine Dollars.

Als Eileen Wade sich um ihren Mann sorgte, bin ich los, habe ihn gefunden und nach Hause gebracht. Oder ein anderes Mal, da hat er Probleme und ruft mich an, und ich komme und bringe ihn ins Bett. Und ich kriege keine Kohle dafür, keine Prozente, gar nichts.

Ich kriege die Schnauze eingeschlagen oder werde ins Gefängnis geworfen. Klar, ich habe 5000 Dollar in meinem Safe, aber ich werde keinen Cent davon ausgeben, weil etwas falsch war an der Art, wie ich sie bekommen habe.«

Marlowe hielt inne.

»Vielleicht hätte Lennox mir seine Geschichte erzählt, wenn ich ihn gefragt hätte. Wenn ich gefragt und er geantwortet hätte, wären vielleicht ein paar Leben gerettet. Vielleicht.«
Er hatte Chandler für einen Moment vergessen. Sein Blick fixierte einen Punkt am Horizont des Ozeans.
»Ich glaube, ich nehme jetzt doch einen Drink«, sagte Marlowe schließlich noch leiser.
Chandler lächelte ein wenig und ging dann in die Küche, um Marlowe ein Glas und Eis zu holen.
Marlowe ging durch den Flur und warf einen Blick in die leeren Zimmer. Das Geräusch seiner Schritte irritierte ihn.
»Marlowe?«
»Hier.« Marlowe stand am Fenster eines Zimmers und betrachtete den kleinen Garten im Innenhof. Chandler brachte zwei gefüllte Gläser. »Hier war mein Arbeitszimmer«, sagte er. »Ich habe erlebt, wie meine Frau Stückchen für Stückchen gestorben ist, und unter der Qual dieser Erfahrung schrieb ich mein bestes Buch. Wie, weiß ich nicht. Ich schloß mich hier ein und versetzte mich in eine andere Welt.«
»Sie haben sie sehr geliebt, nicht wahr?«
Chandler schwieg. Marlowe wußte nicht einmal, ob er ihn gehört hatte.
»Linda Loring hat mich gebeten, sie zu heiraten«, fuhr Marlowe unvermittelt fort. Es war ihm egal, ob Chandler zuhörte. »Sie war Lennox' Schwägerin. Sie ist jetzt in Paris, um eine stille Scheidung zu arrangieren. Sie wollte, daß ich mitkomme. Wir haben die Nacht vor ihrer Abreise in meiner Wohnung verbracht.«
»Und? Haben Sie ja gesagt?« fragte Chandler, ohne seinen Blick von dem kleinen Teich im Innenhof zu wenden.
»Es hätte keine sechs Monate gehalten«, sagte Marlowe.
Er lehnte sich mit einer Hand gegen die Bücherkisten.

Eine der Kisten gab laut ächzend nach, und der ganze Stapel geriet gefährlich ins Wanken. Marlowe nahm seine Hand weg.
»Und wenn schon, hat sie auf meinen Einwand gesagt«, fuhr Marlowe fort, als klar wurde, daß Chandler stumm bliebe. »Wäre es das nicht wert? Angenommen, es hält sechs Monate oder ein Jahr oder zwei, was hättest du zu verlieren außer dem Staub auf deinem Schreibtisch und dem Dreck auf deinen Jalousien und der Einsamkeit eines ziemlich leeren Lebens?«
Marlowe nahm einen Schluck aus seinem Glas. Auch er starrte wieder in den kleinen Garten vor Chandlers ehemaligem Arbeitszimmer. »Als ich am nächsten Morgen nach ihrer Abfahrt mein Bett machte, fand ich ein langes dunkles Haar auf dem Kopfkissen. Ich glaube, die Franzosen haben ein Sprichwort. Diese Hunde haben ein Sprichwort für alles, und sie haben immer recht. ›Abschied ist immer ein kleiner Tod.‹«
Chandler legte seine Hand auf Marlowes Schulter. »Lassen Sie uns ins Wohnzimmer gehen«, sagte er, und seine Stimme schien von weit her zu kommen. »Heute nachmittag kommt der Makler zur Schlüsselübergabe. Ich werde den Blick auf das Meer vermissen.«
Er führte Marlowe durch den Flur zurück ans Wohnzimmerfenster. Marlowe wußte immer noch nicht, ob Chandler ein Wort von dem, was er, Marlowe, gesagt hatte, gehört oder verstanden hatte.
»Wahrscheinlich sind alle Schriftsteller verrückt«, sagte Chandler, als sie gemeinsam am Fenster standen und auf den Pazifik blickten. Er hatte seine Hand noch immer auf Marlowes Schulter. »Aber wenn sie irgend etwas taugen, dann sind sie, glaube ich, schrecklich ehrlich.« Chandler nahm sein Glas. »Sie haben mich eben gefragt, ob ich meine Frau sehr geliebt habe.«
Marlowe nickte. Chandler leerte sein Glas in einem Zug und stellte es hart an die Kante des Fenstersims. Vorsichtig strich er mit einem Finger über den Glasrand. »Sie war

dreißig Jahre lang das Pochen meines Herzens. Sie war die Musik, kaum hörbar, am Rande des Tons.«

Marlowe sah Chandler an. Hinter den dicken Gläsern seiner Hornbrille standen Tränen. Seine Hände zitterten, und sein dünner und ausgemergelter Körper schien noch mehr in sich zusammenzufallen.

»Es war mein großer und nun sinnloser Kummer, daß ich nie etwas geschrieben habe, das ihrer Aufmerksamkeit würdig gewesen wäre, kein Buch, das ich ihr widmen konnte.« Klirrend fiel Chandlers Glas zu Boden. Für einen Moment konnte man die Leere spüren.

Chandler fuhr fort, als habe er nichts gehört. »Ich hatte es vor. Ich dachte darüber nach«, sagte er, und jetzt liefen die Tränen über sein altes und müdes Gesicht. »Aber ich habe es nie geschrieben. Vielleicht hätte ich es gar nicht schreiben können.«

Into the Sunset
Das Ende

Seit der Einschiffung in New York im April 1955 hatte er seine Einzelkabine auf dem First-Class-Deck der Mauretania nur für die Mahlzeiten verlassen. Er war sehr blaß und sehr mager und trank zuviel.
Nur einmal erlebten ihn seine Tischgenossen, die ihn sonst höflich und distanziert kannten, in ausgelassener Stimmung. Er bestellte Champagner für den Tisch, und sie stießen auf das Telegramm an, das er am Nachmittag aus New York erhalten hatte. Die Mystery Writers of America hatten den Edgar für den besten Kriminalroman des Jahres 1954 für den Roman *Der lange Abschied* von Raymond Chandler vergeben. *Time* hatte in einer begeisterten Kritik festgestellt, daß die Grenze zwischen einem guten Krimi und einem guten Roman manchmal überschritten werde. »Und *Der lange Abschied* von Raymond Chandler ist weit über der Grenze.«
Die Kritik lobte die präzise Art und die ungemeine Kälte, mit denen Chandler eine verderbte Gesellschaft schildern könne. *Der lange Abschied* war Chandlers Meisterwerk.
Die letzten Wochen vor seiner Abreise hatte der Autor abwechselnd in Luxushotels, wie dem Waldorf Astoria, und dem New York City Hospital verbracht, wo er wegen seiner akuten Stirnhöhlenentzündung und zur Entziehung behandelt wurde. Vom Hotel aus hatte er immer wieder Freunde in Kalifornien angerufen und betrunken angekündigt, er werde aus dem Fenster springen.
Auch in London lebte Chandler zunächst in einem Luxushotel, bevor er sich eine kleine Wohnung am Eaton Square nahm.
Sein Verleger Hamish Hamilton hatte Zusammenkünfte

mit zahlreichen Persönlichkeiten der Literatur arrangiert. Chandler traf den Bond-Erfinder Ian Fleming, den Dichter Stephen Spender, dessen hübsche Frau Natasha, eine Pianistin, und viele andere. In den USA nichts als ein guter Krimischriftsteller, galt Raymond Chandler in England als amerikanischer Romancier von einiger Bedeutung. »Wie bedeutend, kann ich nicht sagen«, schrieb er einem Freund, »da der Prozentsatz schwankt.«

Chandler war, 66jährig, endlich das, wovon er immer geträumt hatte: ein angesehener Dichter in England. Er bemerkte es wohl, aber es machte ihn nicht mehr glücklich. Er war der Darling der jungen britischen Intellektuellen mit ihrer Vorliebe für das Exzentrische. In hellen kalifornischen Anzügen und gelben Handschuhen, die er wegen seiner Allergien jetzt wieder ständig tragen mußte, war Chandler in den Salons und als Gesprächspartner fürs Feuilleton eine Show.

Er führte junge, mehr oder weniger vergeistigte Ladies zu Lunch oder Dinner ins Café Royal, ins Ritz oder Connaught. In den meisten Nobelrestaurants hatte er eine laufende Rechnung. Er entwickelte allerlei romantische Phantasien, und in dem Maße, in dem die Damen zu Figuren seines realen Romans mutierten, wurde er ihr hartgesottener Retter in der Not.

Tatsächlich verhielt sich die Sache genau umgekehrt. Natasha Spender hatte unter ihren Freundinnen einen, wie sie es nannte, »Lotsendienst« organisiert, um Chandlers langsame Selbstzerstörung durch chronische Unterernährung und übermäßiges Trinken zu bremsen.

Chandler hatte sich in den Traum einer vergeblichen Liebe zu Natasha Spender hineingesteigert, und als er erfuhr, daß sie ein Konzert in Bournemouth geben würde, beschloß er, sie dort – seine Nichteinladung mißachtend – abzuholen.

Er mietete einen Rolls-Royce mit Chauffeur und ließ den Rücksitz des Wagens mit Blumen, Eiskübeln und Champagner beladen. Ziemlich betrunken tauchte er in voller

Abendgarderobe nach dem Konzert in einem Restaurant auf, in dem der Bürgermeister und andere Würdenträger der Stadt ein Essen zu Ehren der Pianistin gaben.
Mit den Worten: »Ich bin gekommen, Sie nach Hause zu geleiten«, schwankte er auf Natasha Spender zu. Sie konnte ihn bewegen, noch eine Weile Platz zu nehmen, und brach schließlich am späten Abend mit Chandler im Rolls-Royce nach London auf. Sie tranken Champagner zwischen den Blumen, und Chandler wurde, je mehr er trank, um so nüchterner. Irgendwann auf der Fahrt durch die Nacht wandte er sich plötzlich ganz ernst und klar an seine Begleiterin: »Ich weiß, was Sie alle für mich tun, und ich danke Ihnen dafür«, sagte er. »Aber die Wahrheit ist: Ich will wirklich sterben.«

Er hatte seinen Wagen am gewohnten Platz geparkt. Im Büro hatte er wie immer zunächst das Fenster aufgerissen. Es war randvoll mit nichts als muffiger Luft. Jedesmal, wenn er das öde Lokal betrat, überkam ihn neue Müdigkeit. Eine sanfte Brise wehte den Geruch von Kaffee und abgestandenem Bratfett aus Joes Wirtschaft herüber. Marlowe haßte diesen Geruch, er haßte überhaupt alles. Er saß in seinem Bürosessel und sah sich scheel und mißgünstig um. Schließlich holte er die Büroflasche aus der linken Schublade und goß sich ein Glas ein. Er zündete sich eine Pfeife an und blätterte gelangweilt in seiner Post.
Der übliche Ramsch von Rechnungen und Reklame, nur eine Ansichtskarte fiel Marlowe ins Auge. Sie zeigte das klassische Motiv des britischen Parlamentsgebäudes mit Big Ben vom Fluß aus gesehen.
»Seien Sie ganz herzlich gegrüßt«, las Marlowe.
»Ich glaube nicht, daß Sie mich wiedererkennen würden, wenn Sie mich jetzt sähen. Ich bin so verdammt vornehm geworden, daß ich mich manchmal vor mir selber ekle.
Auf bald?
Raymond Chandler«

Am 8. Mai 1956 flog Chandler, um in England nicht steuerpflichtig zu werden, zurück nach New York. Er lebte bei Freunden, wo er den ganzen Tag lustlos herumsaß und Unmengen von Whiskey trank.
Als er eines Tages betrunken die Treppe hinabstürzte, wurde er wieder in das New York City Hospital eingeliefert. Die Ärzte konstatierten geistige, körperliche und seelische Erschöpfung, kaschiert nur durch den übermäßigen Konsum von Alkohol.
Mitte Juni war Chandler kräftig genug, nach La Jolla in Kalifornien zurückzukehren, wo er sich unweit seines alten Hauses ein kleineres mietete.
Bald jedoch weilte er wieder in der Chuta-Vista-Klinik nahe der mexikanischen Grenze, nach seiner erneuten Entlassung dauerte es nicht lange, bis ihn das Krankenhaus in Pasadena aufnehmen mußte. Der Befund lautete immer wieder: Totale Erschöpfung infolge mangelnder Ernährung und Alkohol-Abusus.
Diese über einjährige Odyssee von Klinik zu Klinik wurde unterbrochen von kurzen Aufenthalten zu Hause, in denen sich Chandler in einem Zustand fortgeschrittener geistiger Verwirrung in immer neue verzweifelte Beziehungen zu anderen verzweifelten Menschen in seiner Umgebung stürzte und so für alle alles schlimmer machte.
Im November 1957 kündigte Helga Greene, eine erfolgreiche literarische Agentin aus London, mit der Chandler sich sehr eng angefreundet hatte, ihren Besuch in La Jolla an, um zu retten, was noch zu retten war.
Unter ihrer Pflege begann Chandler wieder zu schreiben. Er machte sich an die Überarbeitung des nie realisierten Filmskripts für die Universal. Er versuchte, eine Marlowe-Geschichte daraus zu machen. Er stand morgens um sechs Uhr auf und arbeitete zehn Stunden durch. Er lebte von Kaffee und Bourbon. Ende Dezember 1957 – drei Monate vor dem Abgabetermin – war er fertig. Er nannte den Roman *Playback*.
Es war ein schlechter Roman. Das war nicht Marlowe, der

da sprach, in den larmoyanten Selbstbespiegelungen eines alten Mannes, dem das Leben fremd geworden war. Und Chandler wußte es.

»Los Angeles ist mir entglitten«, schrieb er seinem alten Hollywood-Freund John Houseman, »es ist nicht mehr der Ort, den ich so gut kannte und fast als erster zu Papier brachte. Ich habe das nicht besonders seltsame Gefühl, daß ich mithalf, die Stadt zu erschaffen, und dann von den Drahtziehern aus ihr verstoßen wurde. Ich kann mich kaum noch zurechtfinden...«

Und mit der Stadt entglitt ihm Marlowe, dem er einst in ihren Straßen im Dunkel nachtschwarzer Träume begegnet war, mit dem er den Stolz geteilt hatte, nie zu gewinnen und doch nie verloren zu haben.

Im Sommer des Jahres 1958 ist der Schriftsteller Raymond Chandler am Ende.

Sein Arzt teilt ihm mit, daß er wohl noch vier bis fünf Monate zu leben habe.

»Er ist ein Lügner«, schreibt Chandler an seinen Anwalt, »ich werde ewig leben.«

Als Helga Greene im Februar 1959 nach La Jolla kommt, liegt Chandler gerade wieder einmal in der Klinik. Sie gibt seinem Drängen, ihn zu heiraten, nach, in der Hoffnung, dies werde ihm Kraft zum Weiterleben geben. Die beiden reisen, sobald Chandler reisefähig ist, nach New York. Raymond Chandler möchte die Wahl zum Präsidenten der Vereinigung amerikanischer Kriminalschriftsteller persönlich annehmen. Von dort aus will er mit seiner Verlobten nach England fliegen.

Auf der Party, die die Mystery Writers of America zu seinen Ehren geben, erscheint Chandler auf einen Stock gestützt. Er hält eine recht witzige Rede, in der er ankündigt, nach England zu gehen, und schließt mit den Worten:

»Ich danke Ihnen noch einmal für die mir entgegengebrachte Freundlichkeit und bin sicher, daß Sie mit Erleichterung zur Kenntnis nehmen werden, daß ich, wiewohl ich von großer Zuneigung erfüllt bin, keine Worte mehr weiß, die gesagt werden müßten.«

Aber anstatt mit seiner Zukünftigen nach England zu reisen, beschließt Chandler, allein zurück nach Kalifornien zu fliegen. Kurze Zeit später bricht er zusammen. Er ist ausgezehrt durch das permanente Trinken, und eine leichte Erkältung hat sich zu einer schweren Lungenentzündung entwickelt.

Am 23. März 1959 wird er ins La Jolla Convalescent Hospital eingeliefert, zwei Tage später in die Scripps-Klinik verlegt. Dort stirbt er allein am 26. März 1959.

»Ich lebte mein Leben am Rande von Nichts«, hatte er einige Monate vorher an einen Freund geschrieben.

So starb er auch.

Zur Trauerfeier in der St. James Episcopal Church erschienen 17 Gäste: ein paar Bekannte aus La Jolla, sein Steuerberater und eine Delegation der Kriminalschriftsteller-Vereinigung. Helga Greene – gerade erst in London eingetroffen – konnte nicht kommen. Wegen eines Feiertags in England war es ihr – oder sonst jemandem in Chandlers Wahlheimat – nicht einmal möglich, Blumen zu schicken. Chandlers Wunsch, eingeäschert und neben seiner Frau Cissy beigesetzt zu werden, wurde von niemandem ernst genommen und einfach übergangen.

Die *New York Herald Tribune* widmete Chandler am 28. März einen zweispaltigen Nachruf. Er sei an einer bronchialen Lungenentzündung gestorben, hieß es da. Und mit seinen feinen Zügen, seinem grauen Haar und seiner Hornbrille erinnerte er den Korrespondenten an einen älteren Staatsmann.

»Wichtig waren mir die Menschen«, hatte Chandler einmal in einem Brief an sein New Yorker Verlagshaus geschrieben. »Wichtig war mir die seltsam korrupte Welt, in der wir leben, und wie jeder, der darin ehrlich zu sein versucht, am Ende als sentimentaler Esel oder ganz einfach als Trottel dasteht.«

Marlowe kam nicht zur Beerdigung. Er hätte nicht gewußt, was er dort sollte. Wie alle wahren Helden hatte er mit dem Tod nichts im Sinn. Außerdem hatte er einen Fall, vielleicht den schwierigsten seines Lebens.
Vor ein paar Tagen war ein Mann namens Ikky Rosenstein in seinem Büro aufgetaucht. Er hatte Marlowe 5000 Dollar geboten, wenn er ihm helfen würde zu fliehen. Rosenstein hatte für die Mafia gearbeitet, Erpressungsgelder kassiert und dergleichen. Jetzt wollte er aussteigen. Also hatte die Organisation ihm den Bleistift geschickt.
Der Bleistift war ihr Zeichen dafür, daß der Name des Adressaten von der Liste gestrichen wurde. Sie waren hinter ihm her. Die Killer waren schon unterwegs.
»Das sind Spezialisten«, hatte Rosenstein Marlowe erklärt. »Ein Bursche mit einer Eisenwarenhandlung in Buffalo. Ein Bursche mit einem kleinen Milchladen in Kansas City. Immer eine solide Fassade. Sie melden sich in New York oder irgendwo weit weg. Wenn sie das Flugzeug nach Westen besteigen oder wo sie sonst hinmüssen, haben sie eine Pistole in ihrer Aktentasche. Es sind stille Leute und gut gekleidet, und sie sitzen nicht nebeneinander. Könnten Rechtsanwälte sein oder Steuerfahnder. Wenn ich zur Polizei gehe, erfährt's todsicher jemand. Die Mafia sitzt mit ein paar Leuten im Stadtrat, soviel ich weiß.«
Marlowe hatte Rosenstein versprochen, ihm zu helfen. Er mochte ihn nicht, aber er brauchte das Geld.
»Wenn ich auf der Strecke bleibe«, sagte er zu Rosenstein, »pflanzen Sie eine rote Rose auf mein Grab. Ich mag keine Schnittblumen. Ich seh' die Dinger gern wachsen.«
In der folgenden Nacht gelang es Marlowe tatsächlich, Rosenstein aus der Stadt zu bringen. Sie hatten Rosensteins Wagen genommen. An einer Tankstelle an der Route 66 stieg Marlowe aus. Rosenstein gab ihm das Geld, bedankte und verabschiedete sich.
»Ich habe eigentlich nicht das Gefühl, daß ich das alles verdient habe«, meinte Marlowe.

»Seien Sie kein Idiot. Ich hab's geschafft. Sie wußten ja gar nicht, auf was Sie sich da eingelassen haben. Die Organisation hat ihre Augen und Ohren überall – für Sie fängt der Schlamassel erst an...«
Um 2.25 Uhr nahm Marlowe den Überland-Greyhound zurück nach LA. Vorher hatte er noch eine Pintflasche Bourbon in einem 24-Stunden-Schnapsladen gekauft. Am Busbahnhof Hollywood stieg er aus, nahm ein Taxi und fuhr zu seinem Büro. Er bat den Fahrer, ein paar Augenblicke zu warten.
Der farbige Nachtportier ließ ihn ins Haus. »Sie arbeiten ja noch sehr spät, Mr. Marlowe. Aber bei Ihnen ist das ja fast die Regel, nicht?«
»Das bringt der Beruf so mit sich«, sagte Marlowe.
Oben im Büro tastete er auf dem Boden nach der Post, fand aber nur ein längliches, schmales Päckchen, Eilzustellung, Poststempel Glendale.
Es enthielt nichts als einen neuen, frisch gespitzten Bleistift.

Anmerkungen

Sachdienliche Hinweise

S. 7   Anfangszitat: Chandler an Mr. Inglis (Okt. 1951). In: *Die simple Kunst des Mordes. Briefe, Essays, Notizen, eine Geschichte und ein Romanfragment,* Hg. Dorothy Gardiner, Katherine Sorley Walker, Zürich 1975.

Down These Mean Streets a Man Must Go

9/10   »Während ich im Auto die pazifische Küste rauf- und runterfuhr, fing ich an, Schundmagazine zu lesen...«, berichtet Raymond Chandler in einem Brief an seinen englischen Verleger Hamish Hamilton am 10.11.1950. In diesem Brief und in einem weiteren vom 11.12.1950 erzählt Chandler von seinem Leben in England, von seinen Anfängen als Dichter, von seinen Ansichten über das Geschäftsleben und über Groschenhefte. In: *Die simple Kunst*.
Der Zeitungsverkäufer stammt aus der ersten Marlowe-Story »Finger Man«, Erstveröffentlichung: *Black Mask*, dt. in: *Erpresser schießen nicht,* Zürich 1980.
Das beschriebene Titelblatt von *Black Mask* erschien erst im November 1935. In dieser Ausgabe wurde Chandlers Story »Spanish Blood« veröffentlicht.

11–14   Erinnerungen an seine literarischen Anfänge gibt Chandler im *Twentieth Century Author's Supplement* zum besten. In: *Die simple Kunst.*
Von dem Angebot, Fortsetzungsromane zu schreiben, berichtet Chandler in einer autobiographischen Äußerung, die im Raymond-Chandler-Archiv verwahrt wird. Verwaltet wird dieses Archiv von Helga Greene. Frank MacShane hat es eingesehen. MacShane hat in einer ungeheuren Fleißarbeit alle Spuren von Chandlers Leben recherchiert. Er hat mit Zeitgenossen gesprochen, Zeitungsarchive, Verlagsunterlagen etc. studiert. Es gibt, mit ziemlicher Sicherheit, nichts, was er nicht entdeckt hat. Nun gilt es, das Entdeckte zu entdecken, denn das hat Mr. MacShane leider versäumt. Frank MacShane, *Raymond Chandler – Eine Biographie,* Zürich 1984.
Chandlers frühe Lyrik wird im Chandler-Archiv verwahrt/versteckt.

	Chandler über seine Kriegserlebnisse an Deidre Gartrell in: *Raymond Chandler* S. 55.
17	Chandler über seinen Vater an L. Wright (31.3.57). In *Raymond Chandler* S. 17.
17	Chandler über seine Zeit als Ölmanager an H. Greene (5.5.57). In: *Die simple Kunst* S. 24f.
17	Chandler über seine Mutter an J. Tyndale (18.1.57). In: *Raymond Chandler* S. 61.
19	An Chandler als besoffenen Besucher der Öl- und Gasbankette erinnert sich J. Abrams in: *Raymond Chandler* S. 69.
20	Über harte Helden und ebensolche Werbesprüche der Groschenhefte der *Black Mask*-Reihe: David Madden, *Tough Guy Writers of the Thirties,* Carbondale 1968.
21/22	Chandlers Idee vom Lesen als Flucht sowie die klassische Beschreibung des Helden in: »The Simple Art of Murder«, Erstveröffentlichung: 11.4.1950 in *Saturday Review of Literature,* dt. in: *Die simple Kunst* S. 318ff.
	Über Kriminalgeschichten und eine Welt, in der etwas schiefgelaufen ist, im Vorwort zu *Erpresser schießen nicht.*

Crime Doesn't Pay

23/24	Wie es in Marlowes Büro aussieht, kann man in jedem Marlowe-Roman nachlesen. Wie es bei »Victor's« aussieht, hingegen nur in *The Long Goodbye* Kap. 3 und 4.
	Das Material aus Chandlers Romanen habe ich hier und im weiteren selbst übersetzt.
23	Der kleine Ganove Lou Harger stammt wieder aus »Finger Man«, »Bier in der Mütze des Oberfeldwebels« in: *Englischer Sommer,* Zürich 1980, S. 115ff.
26/27	»Der kritische Beobachter, der gleich alles abschießt...« Chandler an G. H. Coxe (27.6.40). In: *Raymond Chandler* S. 75.
	Chandler über Holmes, Poirot, das wirkliche Leben, Hammett und seine Verdienste in: »The Simple Art of Murder«.
28	Joseph T. Shaws verlegerisches Konzept in: *Raymond Chandler* S. 79.
29	Chandler gestand Gardner seine Imitationsübungen in einem Brief vom 5.5.39. In: *Die simple Kunst* S. 84f.
	The Novels of Dashiell Hammett, New York 1965.
30	Lou van Ballin aus »Finger Man«.
	Die Zeitungsnotiz und weitere Informationen über die Depressions-Ära in: Studs Terkel, *Hard Times,* New York 1970.
33/34	»Wurde ich gefeuert...« *The Big Sleep* Kap. 1.
	Marlowe hat besagte Detektivgeschichte eigentlich im Fernsehen gesehen. *The Long Goodbye* Kap. 13.
	Chandler über Hammett in »The Simple Art of Murder«.

37	»Wir sind ein großes, rauhes, reiches, wildes Volk...« Klassischer Dialog zwischen Marlowe und seinem Freund bei der Staatsanwaltschaft Bernie Ohls in: *The Long Goodbye* Kap. 48.
38	Ob »Cap« Shaw mit seinem Anlageberater, so er einen hatte, Golf gespielt hat, weiß ich nicht. Ich habe die Information aus *Hard Times*. Joseph T. Shaw, »Greed, Crime and Politics«, in: *Black Mask*, März 1931, *Raymond Chandler* S. 79.
39	»Um Spannung zu erzeugen...«, so erinnern sich L. Dent, W. T. Ballard und ein Autor namens Wallace in *Raymond Chandler* S. 85.

I Was Calling on Four Million Dollars

41	»Alle Helden sind 33...«, jedenfalls ziemlich viele, tatsächlich ungefähr 33, was, wie ich gelernt habe, etwas mit unserer christlichen Tradition zu tun hat.
41–43	Montage aus *The Big Sleep* Kap. 1 bis 3.
43	Informationen zu den Reichen, zu Hunt, Rockefeller oder Hearst aus: Ferdinand Lundberg, *Die Reichen und die Superreichen, Macht und Allmacht des Geldes*, Hamburg 1969.
45	»Polizisten sind ziemlich dumm.« Chandler an J. Sandoe (31. 10. 51). In: *Raymond Chandler* S. 105. An die »Fictioneers« erinnert sich W. T. Ballard, *Raymond Chandler* S. 122.
46	Ob »Cap« Shaw mit seinem Steuerberater, so er einen hatte, Golf gespielt hat, weiß ich nicht. Ich habe die Information aus *Die Reichen und die Superreichen*.
47/48	*The Big Sleep* Kap. 6.
49	Ich nehme an, daß auch die Chandlers mal einen Ehekrach hatten, belegt ist keiner (welche Ehekräche sind das schon...). Die Tatsachen, um die sich der Streit entspinnt, hingegen sind es.
50	»Pulps« sind zunächst einmal Groschenhefte mit Stories und Fortsetzungsromanen jeden Genres von Western über Krimi bis zur gruseligen Romantik. »Pulps« wurden sie genannt, weil ihr Papier aus billigster Holzpulpe hergestellt wurde. »Pulps« hier im engeren Sinne bezogen auf die Groschenhefte, für die Chandler schrieb, also *Black Mask* und *Dime Detective*. »Slick« ist amerikanischer Slang für glatt, raffiniert etc. Die »slicks« sind elegante Hochglanzzeitschriften wie *Saturday Evening Post* oder *Colliers*. Chandler über »Slicks« in Briefen an C. Brandt (17. 10. 39, 3. 4. 49, 18. 10. 48) und an G. H. Coxe (17. 10. 39). In: *Raymond Chandler* S. 127 f.

51	Chandler über Katzen an J. Sandoe (23.9.48). In: *Die simple Kunst* S. 226.
	Chandler über Shakespeare, die Vulgarität und das wirkliche Leben an Mr. Inglis (10.10.51). In: *Die simple Kunst* S. 293f.
51	»Wenn es Unreife bedeutet...«, ebenda.
52/53	Montage aus *The Big Sleep* Kap. 7 und 8.
	Chandler über Privatdetektive und Marlowe an Mr. Inglis (10.10.51). In: *Die simple Kunst* S. 293f., und an L. Wright (12.4.54). In: *Raymond Chandler* S. 116.
	Die Zahl der 100000 verschwindenden Ehemänner stammt aus »Mr. America – zur Karriere verdammt« von Michael Schwelien, *Die Zeit*, 24.3.67.
54	»Ich könnte einen Bestseller schreiben...« Chandler wenige Jahre vor seinem Tod an J. Houseman. John Houseman, »Vergessene Vierzehn Tage«, in: *Englischer Sommer*.
	Chandler über die künstlerischen Einschränkungen in seiner literarischen Anfangszeit an F. L. Allen (7.5.48). In: *Die simple Kunst* S. 276.
	Chandlers Phantasie über den einsamen Marlowe in einem Brief an Maurice Guiness (21.2.59). Sie hatte den Wunsch geäußert, Marlowe verheiratet zu sehen. In: *Die simple Kunst*.
55/56	Montage aus *The Big Sleep* Kap. 9, 12 und 13.
57	»Ich hätte alles werden können...« Chandler an A. Knopf (12.1.46). In: *Raymond Chandler* S. 125.
	»Ganz gleich, wie betrunken er am Abend zuvor gewesen war...«, so beginnt Chandlers Geschichte »A Couple of Writers«, dt. in: *Die simple Kunst*. Der Dichter in der Geschichte heißt aber nicht Raymond Chandler, sondern Hank Bruton, seine Frau nicht Cissy, sondern Marion...
58/59	*The Far Side of Paradise*, Fitzgerald-Biographie von Arthur Mizener (New York 1949).
	»Some Notes on F. Scott Fitzgerald« von Leslie Fiedler, in: *An End to Innocence*, New York 1972.
	»The Rich Boy«, Fitzgerald-Kurzgeschichte aus dem Jahre 1926, in: *The Diamond As Big As the Ritz*, London 1962.
	Hemingway-Antwort aus: *The Crack-Up*, F. Scott Fitzgerald, ed. by Edmund Wilson, New York 1956.
59–62	Kriminalstatistik aus: *Die Reichen und die Superreichen*.
	Montage aus: *The Big Sleep* Kap. 27, 30 und 32.
	Als Chandler *The Big Sleep* schrieb, tat er, was viele tun: Er benutzte altes Material, schlachtete es aus, »cannibalized it«, wie er es selbst nannte. Er griff zurück auf die Geschichten »Killer in the Rain«, *Black Mask*, Januar 35, und »The Curtain«, *Black Mask*, September 36.
	Für *Farewell My Lovely* benutzte er »The Man Who Liked

Dogs«, *Black Mask*, März 36, »Try the Girl«, *Black Mask*, Januar 37, und »Mandarin's Jade«, *Dime Detective Magazine*, November 37.

The Lady in the Lake basiert auf »Bay City Blues«, *Dime Detective Magazine*, November 37, »The Lady in the Lake«, *Dime Detective Magazine*, Januar 39, und »No Crime in the Mountains«, *Detective Story Magazine*, September 41.

Philip Durham, auch ein Chandler-Gelehrter, erklärt die Technik des Ausschlachtens im Vorwort zu einer posthumen Neuauflage der »ausgeschlachteten Geschichten«. Zu Lebzeiten hatte Chandler einen Nachdruck verboten. *Killer in the Rain*, New York 1964.

62	Die Liste der 64 Mächtigsten in: *Die Reichen und die Superreichen*.
62	Die Geschichte vom Großgrundbesitzer und den Säufern erzählt John Steinbeck in »Die Träume einer Nation«, *Die Welt*, 12. 9. 1966.

LA – »The Plastic Asshole of the World«

64	William Faulkners Ausspruch bezieht sich, um ehrlich zu sein, eigentlich nur auf Hollywood, ist aber hier, ich hoffe im Sinne des Spruch-Erfinders, verallgemeinert. Gefunden habe ich das Zitat in *California Inc.* von Joel Kotkin/Paul Grabowicz (New York 1982), einem fantastisch recherchierten Buch über wirtschaftliche und politische Macht im amerikanischen Westen.
	Arbeitsplan Chandlers in: *Die simple Kunst* S. 259 ff.
66	Die Idee vom Westen als ursprünglich ungehöriger Himmelsrichtung aus *The Return of the Vanishing American* von Leslie A. Fiedler (New York 1976).
67/68	Montage aus *Farewell My Lovely* Kap. 3 und 31.
69	Chandlers erratisches Arbeitsgebaren offenbart sich in einem Briefentwurf, der sich offensichtlich auf einen Steuerrückzahlungsantrag bezieht. In: *Die simple Kunst* S. 309 ff.
	»Die Anstrengung, mir den Krieg...« Chandler an B. Knopf (23. 8. 39). In: *Die simple Kunst* S. 263.
70/71	*Farewell My Lovely* Kap. 7.
71	Chandler über sich als Gesellschafter an B. Baumgarten (8. 11. 49), in: *Raymond Chandler* S. 309, und H. Hamilton (10. 11. 50), in: *Die simple Kunst* S. 25.
72	»Ich bin in England aufgewachsen.« Chandler an H. Hamilton (11. 12. 50). In: *Die simple Kunst* S. 21.
73	Meditationen über Marlowe aus Chandlers Notizbuch. In: *Raymond Chandler* S. 337.
	Chandlers Tirade gegen Amerika: »Notizen zum amerikanischen und englischen Stil« in Chandlers Arbeitskladde, in:

	Die simple Kunst S. 94 f., und an J. Sandoe (16. 4. 49), in: *Die simple Kunst* S. 65 f.
73	Den Wunsch, Kalifornien aus den genannten Gründen zu verlassen, äußert Chandler gegenüber G. H. Coxe (17. 10. 39). In: *Raymond Chandler* S. 126.
74	Sheriff Jim Patton aus *The Lady in the Lake*. Das Schild entdeckt Marlowe in Kap. 7.
75–80	Montage aus *Farewell My Lovely* Kap. 23 und 33, *The Little Sister* Kap. 29, und *The Long Goodbye* Kap. 7.
78	Das Zitat des Geschäftsmannes aus *California Inc*.
79	Die Mulholland-Anekdote aus *From Wilderness to Empire. A History of California* von Robert Glass Cleland (New York 1960).
80	Chandlers Meditation über die Zivilisation an G. H. Coxe (1. 10. 40). In: *Raymond Chandler* S. 151.
81	Chandler über Kalifornien als Wüste an B. Knopf. In: *Die simple Kunst* S. 263. Der Kritiker hieß Morton Thompson. Chandler hatte die Kritik in seinem privaten Archiv aufbewahrt. In: *Raymond Chandler* S. 143.
82	Chandler über geregelt arbeitende Schriftsteller an A. Barris (18. 3. 49). In: *Die simple Kunst* S. 93 f.
	Die Liste möglicher Romantitel ist noch länger und veröffentlicht in *Englischer Sommer*.
83	»Wenn ich einmal ein Sachbuch verfassen würde, käme dabei wahrscheinlich die Autobiographie einer gespaltenen Persönlichkeit heraus«, schrieb Chandler 1949. In: *Raymond Chandler* S. 422.
83–86	Montage aus *Farewell My Lovely* Kap. 34, *The Lady in the Lake* Kap. 6, *The Little Sister* Kap. 13, 20 und 26 und echten Tatsachen...
86	»Alles, was ein Schriftsteller...« Vorwort zu *Erpresser schießen nicht*, Chandlers Sorge um das Erscheinungsbild seiner Generation an H. Hamilton (6. 10. 46). In: *Raymond Chandler* S. 155.
87	*The Collected Works of Nathaniel West*, London 1976.
88–90	*The Lady in the Lake* Kap. 25. Im Roman wird Marlowe am Ende einkassiert. In der Filmversion schleift er sich, soweit ich mich erinnere, auch zu einer Telefonzelle, allerdings, um sich von einer schönen Frau retten zu lassen.

Hurrah for Hollywood

91	Von Bogarts Vorstrafenregister berichtet François Truffaut in *Humphrey Bogart*, Hanser Reihe Film 8, München 1976, S. 106 f. Daß Billy Wilder der erste Zuschauer des Films war, erzählte John Huston in einem Interview, das das NDR-Fernsehen wenige Tage nach seinem Tod ausstrahlte.

	The Maltese Falcon – The Film Book, ed. by Richard J. Anobile, New York 1974.
92	Informationen zu Wilder, Lubitsch etc. aus *Fremde im Paradies, Emigranten in Hollywood 1933–50* von John Russel Taylor (Frankfurt 1987). Billy Wilder erinnert sich an Chandler in einem Gespräch, das veröffentlicht ist in: *Billy Wilders Filme,* N. Sinyard/A. Turner (Berlin 1980). In diesem Buch wird auch angedeutet, daß Chandler Modell war für den Helden in Wilders Film *The Lost Weekend* (1945).
98	Chandler über Film als Kunst in dem Essay »Oscar Night in Hollywood«, Erstveröffentlichung: *Atlantic Monthly,* März 1948, dt. in: *Englischer Sommer* S. 181ff.
	Chandler über sein Verhältnis zu B. Wilder an H. Hamilton (10. 11. 50). In: *Die simple Kunst* S. 167.
99	So jedenfalls malt sich Chandler die Tätigkeit eines Produzenten aus in dem Typoskript »A Qualified Farewell«, dt. in: *Englischer Sommer* S. 195f.
100	Chandlers Brief betreffs Wilder in: John Houseman, »Vergessene 14 Tage«.
100–102	*The Little Sister* Kap. 12 und 13.
103/104	Chandler über den Oscar und seine eigenen Leistungen in: »Oscar Night in Hollywood«.
104–109	*The Little Sister* Kap. 17. Der Agent in dem Roman heißt Mr. Ballou und pflegt stets ein Stöckchen zu schwingen wie Mr. Wilder.
	Hollywood-Infos aus: *Rebellin in Hollywood, 13 Portraits des Eigensinns* von Paul Werner und Ute van Steen (Frankfurt/M. 1986), *Film Noir* von Paul Werner (Frankfurt/M. 1985).
	»In einem Film gefangen bis ans Lebensende« von Valeska von Roques, in: *Der Spiegel,* 16. 2. 1987.
110	»... eine nicht enden wollende Balgerei...« aus dem Aufsatz »Writers in Hollywood«, Erstveröffentlichung: *Atlantic Monthly,* November 1945, dt. in: *Die simple Kunst* S. 138ff.
	Die Szene, in der das Mädchen dreimal »ah-hm« sagt, stammt eigentlich aus dem Film *The Blue Dahlia* (1946). Chandler an C. Morton (31. 5. 46). In: *Raymond Chandler* S. 180f.
110/111	»Schreiben Sie, was Sie wollen...« An diesen Rat erinnert sich R. Presnell jr. in: *Raymond Chandler* S. 174.
	»Ein Haufen schlechter Filme...« und »Was Hollywood anscheinend haben will...«, aus: »A Qualified Farewell«.
	»Die großen Männer in Hollywood...«, ebenda.
111–115	Montage aus *The Day of the Locust* Kap. 1, und *The Little Sister* Kap. 19 und 21.
116	*The Little Sister* Kap. 1.
117/118	*The Little Sister* Kap. 25.
118/119	Chandler über Kollegen und Filme und künstlerischen Bankrott in »Writers in Hollywood«.

	Chandlers Vermutung, er sei zu alt, sich blenden zu lassen, an P. Ferris (31. 1. 45). In: *Raymond Chandler* S. 181.
	Der Trinkspruch auf Hollywood aus einem Brief an A. Knopf (12. 1. 46). In: *Die simple Kunst* S. 154.
121	Howard Hawks in einem Interview 1962, in: *H. Bogart* S. 125.
	Chandler über die Wette zwischen Hawks und Bogart an H. Hamilton (21. 3. 49). In: *Die simple Kunst* S. 279.
122	Bogart erzählte diese Geschichte einem Reporter, in: *H. Bogart* S. 18.
	Chandler über Bogart und Ladd an H. Hamilton (30. 5. 46). Daß er sich Marlowe als Cary Grant vorgestellt hat, schreibt Chandler D. J. Ibbertsin, einem Fan, der sich nach Marlowe erkundigt hatte (19. 4. 51). In: *Die simple Kunst* S. 272/88.
123–128	Diese Geschichte erzählt John Houseman: »Vergessene 14 Tage«, in: *Englischer Sommer* S. 211 ff., Erstveröffentlichung: *Harper's Magazine,* August 1965.
129–131	Aus *The Big Sleep* Kap. 14, und *The Little Sister* Kap. 14.
132	Über die Reaktion Hollywoods auf seinen Aufsatz und seine eigene Einschätzung Chandler an C. Morton (12. 12. 45). In: *Die simple Kunst* S. 152 f. Morton war Herausgeber von *Atlantic Monthly.*
132	Die Couch-Episode. Brief an C. Brandt (26. 11. 48). In: *Die simple Kunst* S. 161.
133	Über den Streit mit Height an E. Weeks (10. 6. 57). In: *Raymond Chandler* S. 108 f.
134	»Die Kameraauge-Technik ist ein uralter Hut...« Chandler an A. Barris (16. 4. 49). In: *Die simple Kunst* S. 162.
	Chandler über das menschliche Hirn an H. Hamilton (11. 1. 50): »Sie sind gut aufgehoben bei Leuten, die so geradeheraus sind, wie ich es bin« – 22 bisher unveröffentlichte Briefe, in: *Tintenfaß 9,* Zürich 1983.
135	»Ich fühle mich sehr allein...« Chandler an E. Weeks (27. 2. 57). In: *Raymond Chandler* S. 196.
135–137	*The Little Sister* Kap. 32.
138	»Ich scheine langsam zu zerfallen...« Chandler an D. Warren (22. 12. 49), Chandler über seinen Urlaub an H. Hamilton (19. 10. 51), in: *Raymond Chandler* S. 264 ff.
	Chandler über die Klinik an C. Morton (15. 3. 46). In: *Raymond Chandler* S. 202.
139	Anthony Boucher in *The New York Times Book Review,* 4. 9. 49. In: *Raymond Chandler* S. 259.
139	Priestley im *New Statesman,* 9. 4. 49. In: *Raymond Chandler* S. 259.
	Chandler über PEN-Club an B. Baumgarten (17. 10. 49), in: »22 bisher unveröffentliche Briefe«.
	Chandler über *The Little Sister* an J. Sandoe (14. 10. 49). In: *Die simple Kunst* S. 283.

140/141	Chandler über Hollywood, in: »Schriftsteller in Hollywood«.
141	Chandlers Verdikt über das fertige Drehbuch in einem nie abgeschickten Brief an Alfred Hitchcock (6.12.50), in: »22 bisher unveröffentlichte Briefe«.
141	»Ich hatte wirklich gehofft...« Chandler an B. Baumgarten (5.10.49), in: »22 bisher unveröffentlichte Briefe«.
142	Chandler über Hollywood und südamerikanische Palastrevolutionen an A. Knopf (12.1.46). In: *Die simple Kunst*.

Put the Blame on Mame, Boys

144	Die Szene (ohne den von mir hineininszenierten Billardtisch) stammt aus dem Film *Gilda* von Charles Vidor (1946). Beim Erinnern geholfen haben mir Heinzlmeier/Menningen/Schulz, *Kino der Nacht*, Hamburg 1975. Weitere Informationen zu Frauen und Männerphantasien aus *Rebellin in Hollywood* und *Film Noir*.
145–147	*The Long Goodbye* Kap. 21.
148–154	Montage aus *The Little Sister* Kap. 12, 23, 25, 33 und 34, und *The Long Goodbye* Kap. 13, und einer Szene aus der Verfilmung von *The Lady in the Lake*.
154	Catherine Linton ist eine Erfindung von mir. Daß Chandler eine ähnliche Affäre hatte, ist jedoch belegt.
155	John Houseman, »Vergessene 14 Tage«. »Mein Vater war ein richtiges Schwein...« Chandler an L. Wright (31.3.57). In: *Raymond Chandler* S. 16.
156	»Billige Imitation von Häuslichkeit...« Chandler an J. Sandoe (18.10.45). Ebenda S. 179.
157–161	Leslie Aaron Fiedler ist Professor für Literatur an der State University of New York in Buffalo. Er ist berühmt und berüchtigt als »wild man of literary criticism«. Ich habe bei ihm studiert. Er sieht tatsächlich ein wenig so aus wie beschrieben. Nur ein wenig... Seine Thesen stammen aus den Büchern: *The Return of the Vanishing American*, New York 1976; *Waiting for the End*, New York 1964; *Love and Death in the American Novel*, New York 1966[2]. Chandler und Fiedler haben sich meines Wissens nie getroffen.
159	»James M. Cain, bäh!...« Chandler an A. Knopf (22.10.42). In: *Raymond Chandler* S. 161.
161	»Old Forrester...«, aus: *The Little Sister* Kap. 33.
162	Dieses Bedürfnis enthüllte Chandler einem Reporter vom *San Diego Tribune* (1946). In: *Raymond Chandler* S. 203. Marlowe als Schachspieler: *The Long Goodbye* Kap. 2 u. v. a.
163/164	*The Big Sleep* Kap. 23.

165/166	»Ich bin kein Boudoir-Techniker…« Chandler an H. Greene (29. 4. 57). In: *Raymond Chandler* S. 402. »Meine Frau war vollkommen anbetungswürdig…« Chandler an H. Greene (10. 3. 57). In: *Die simple Kunst* S. 36. *The Long Goodbye* Kap. 35, und *The Little Sister* Kap. 33.
166	Das Pappschild in der Bar aus *The Long Goodbye* Kap. 39.
167	Chandler über Frauen in England an Jean de Leon (11. 2. 57), in: »22 bisher unveröffentlichte Briefe«. »Ich kann noch wie ein Mann von 30…« Chandler an H. Greene (20. 10. 57). In: *Raymond Chandler* S. 402.
168	Die berühmte Marlowe-Rede über Blondinen: *The Long Goodbye* Kap. 13.
169–171	*The Big Sleep* Kap. 23 und 24.
172	Die Harry-Tugend-Anekdote: Chandler an C. Brandt (26. 11. 48). In: *Die simple Kunst* S. 161.
173	*Farewell My Lovely* Kap. 13 und 28.
174	Hier führen Chandler und Marlowe wieder den Dialog, den Terry Lennox und Marlowe im 4. Kapitel von *The Long Goodbye* haben.

The Long Goodbye

176	Über sein Haus: Chandler an D. Warren (2. 10. 46). In: *Die simple Kunst* S. 26. Ebenso an A. Barris (18. 3. 49). In diesem Brief berichtet Chandler auch von einem Rundfunkreporter, der am Fenster geheult hat. Ebenda.
176–178	*The Long Goodbye* Kap. 8, 11 und 13.
178/179	»Ten Percent of Your Life«, Erstveröffentlichung: *Atlantic Monthly*, Februar 1952, dt. in: *Die simple Kunst* S. 196 ff. »Eines Tages möchte ich mit Dir diskutieren…« Chandler an H. Hamilton (Anfang 46). In: *Die simple Kunst* S. 183. Chandler über ermordete Agenten an C. Morton (17. 12. 51). Ebenda S. 196. »Je besser man einen Krimi schreibt…« Chandler an H. Hamilton (5. 10. 49). In: *Raymond Chandler* S. 260. »Ich scheine meinen Ehrgeiz…« Chandler an H. Hamilton (17. 6. 51). Ebenda S. 260 f.
180	»Meine Art zu schreiben…« Chandler an B. Baumgarten (20. 7. 52). In: *Die simple Kunst* S. 298.
180–182	*The Long Goodbye* Kap. 8.
184	Eigentlich ist John Latimer diese Geschichte mit Cissy passiert. In: *Raymond Chandler* S. 205.
184	Chandler über TV an B. Baumgarten (16. 10. 50). Ebenda S. 271.
185–188	*The Long Goodbye* Kap. 9.
188	Chandler über Katzen an H. Hamilton (9. 1. 51). In: *Die simple Kunst* S. 230.

189	»So bin ich sicher, wenn ich mich lustlos und deprimiert fühle, daß mir spätnachts etwas zu tun bleibt und nicht nur dieses gräßliche Gefühl, daß kein Mensch da ist, mit dem ich reden oder dem ich zuhören kann.« Chandler an J. Sandoe (14.10.49). In: *Raymond Chandler* S. 213.
190	Brief an H. Hamilton (5.10.51). In: *Die simple Kunst* S. 28.
190	Nachricht an Mrs. Messick (April 51). Ebenda S. 29.
191/192	*The Long Goodbye* Kap. 12.
193/194	»Nocturne from Nowhere«. Chandler-Archiv. »Ich nehme an, ein Mann…« Chandler an E. Carter (3.6.57) und Chandler an D. Gartrell (23.4.57). In: *Raymond Chandler* S. 329f. *Mr. Bowling Buys a Newspaper* von Donald Henderson (1944). Ebenda.
195–198	*The Long Goodbye* Kap. 13, 14 und 20. Von seinen Zweifeln an seinem Werk schreibt Chandler an H. Hamilton (22.4.49). In: *Die simple Kunst* S. 97.
199	»Wenn der liebe Gott gewollt hätte…« Chandler an H. Hamilton (19.10.51). In: *Raymond Chandler* S. 351. »Vielleicht gibt es in jeder Generation…« Chandler an H. Hamilton (6.10.46). Ebenda S. 314f. »Mit Worten etwas Magisches…« Chandler an H. Hamilton (13.10.51). Ebenda S. 393f. »Gewalt und Furcht sollen mitschwingen…« Chandler an B. Baumgarten (21.4.49). Ebenda S. 263. »Die Jungen können alles sagen…« Chandler an C. Morton (5.1.47). In: *Die simple Kunst* S. 86.
200–202	*The Long Goodbye* Kap. 23, 24 und 26.
203	Chandler über den Tod seiner Katze an H. N. Swanson (15.12.50). In: *Die simple Kunst* S. 230. »Ich bin ein verbrauchter, müder Mann…« Chandler an Mrs. Messick (1953). In: *Raymond Chandler* S. 353.
204/205	Chandler über den Tod seiner Frau an H. Hamilton (5.1.55). In: *Die simple Kunst* S. 34.
205/206	Der Tod des Mädchens mit den kornblumenblauen Augen, in: *The Long Goodbye* Kap. 45.
206/207	»Ich sitze die halbe Nacht auf und höre Schallplatten…« Chandler an R. Machell (7.2.55). In: *Die simple Kunst* S. 36f.
207–211	*Farewell My Lovely* Kap. 13. *The Long Goodbye* Kap. 38, 43, 46, 52 und 53. Die Radiomeldung ist zusammengebastelt aus dem Polizeibericht eines Sergeants im Streifendienst in LaJolla, in: *Die simple Kunst* S. 37f., und einer Meldung aus der *Münchner Abendzeitung* vom 28.2.1955.
212	»Ich könnte Ihnen im Leben nicht sagen…« Chandler an R. Machell (5.3.55). In: *Die simple Kunst* S. 39. Marlowe zitiert noch mal den oben erwähnten Polizeibericht.

213	Marlowe über Alkoholiker und das Trockenwerden: *The Long Goodbye* Kap. 2 und 13.
214–216	*The Long Goodbye* Kap. 4, 39 und 50.
215	»Ich habe erlebt…« Chandler an Jean de Leon (11. 2. 57), in: »22 bisher unveröffentlichte Briefe«.
216	»Wahrscheinlich sind alle Schriftsteller verrückt…« Chandler an E. Carter (3. 6. 57). In: *Raymond Chandler* S. 13.
217	»Sie war dreißig Jahre lang…« Chandler an L. Russell (Januar 55). In: *Die simple Kunst* S. 33.

Into the Sunset

218	*Time* in einer Rezension, die ich zwar benutzt, aber leider verloren habe.
219	»Wie bedeutend, kann ich nicht sagen…« Chandler an H. Waugh (Okt. 55). In: *Die simple Kunst* S. 70. Natasha Spender: »In seiner Vorstellung wurden wir alle Figuren eines Raymond-Chandler-Romans.« In: *Raymond Chandler* S. 383. Natasha Spender erinnert sich auch an die Rolls-Royce-Episode.
221	Der Postkartentext stammt aus einem Brief Chandlers an den befreundeten Journalisten Neil Morgan (3. 6. 55). In: *Die simple Kunst* S. 42.
222	»LA ist mir entglitten…« Chandler an J. Houseman, in: »Vergessene 14 Tage«. »Er ist ein Lügner…« Chandler an H. Greene (7. 11. 58). In: *Raymond Chandler* S. 425.
223	Der Notizblock mit Chandlers Redeentwurf wird an der University of California in Los Angeles aufbewahrt. In: *Raymond Chandler* S. 427. »Ich lebte mein Leben am Rande von Nichts.« Chandler an M. Gilbert (25. 7. 57). In: *Raymond Chandler* S. 427. »Wichtig waren mir…« Chandler über *The Long Goodbye* an B. Baumgarten (14. 5. 52). In: *Die simple Kunst* S. 295.
224	»Marlowe Takes on the Syndicate«, Erstveröffentlichung: *London Daily Mail*, 10. 4. 1959, dt. in: *Gefahr ist mein Geschäft*, Zürich 1980. Marlowes letzter Fall, geschrieben für eine englische Zeitung, erschien zehn Tage nach Chandlers Tod.

Und für alle diejenigen, die sich die Mühe gemacht haben, die Anmerkungen zu studieren, hier zum Schluß etwas Tröstliches, etwas fürs Herz. Die Marlowe-Geschichte endet nicht, wie mein Buch endet, sondern so: Marlowe: »Anne Riordan war froh, daß alles vorüber und ich in Sicherheit war. Sicherheit, das ist ein Wort, das man in meinem Beruf nicht gebraucht.«

K. L.

Literatur

Raymond Chandler

Romane
The Big Sleep, New York 1939
Farewell My Lovely, New York 1940
The High Window, New York 1942
The Lady in the Lake, New York 1943

In The Raymond Chandler Omnibus (New York 1964):
The Little Sister, New York 1949, London 1979
The Long Goodbye, New York 1953
Playback, New York 1958

Stories
Killer in the Rain, New York 1964
Gesammelte Detektivstories in 3 Bänden:
Erpresser schießen nicht, Zürich 1980
Der König in Gelb, Zürich 1980
Gefahr ist mein Geschäft, Zürich 1980

Drehbücher
»Double Indemnity«, in: Best Film Plays 1945, J. Gassner/D. Nichols (ed.), New York 1946
»Playback«, in: Scharze Beute. Thriller Magazin 2, Klugmann/Mathews (hrsg.), Reinbek bei Hamburg 1987

Geschichten, Aufsätze, Briefe, Skizzen etc.

Die simple Kunst des Mordes, Dorothy Gardiner/Katherine Sorley Walker (hrsg.), Zürich 1975
Englischer Sommer, Zürich 1980
»Sie sind gut aufgehoben bei Menschen, die so geradeheraus sind, wie ich es bin« – 22 bisher unveröffentlichte Briefe, in: Tintenfaß 9, Franz Sutter (hrsg.), Zürich 1983

Über Chandler und Marlowe

Frank MacShane, Raymond Chandler – Eine Biographie, Zürich 1984
Alfred Marquardt, Über Philip Marlowe, Stuttgart 1984

Aufsätze
»Der kleinen Schnüffler langer Abschied«, *Der Spiegel* v. 22.4.1974

»Parzival schreibt Reißer«, Patricia Highsmith, *Christ und Welt* v. 1.10.1976
»Ein Yankee an Sherlock Holmes' Hof«, Yaak Karsunke, *Frankfurter Rundschau* v. 10.1.1976
»Das schmutzige Land und der traurige, einsame Detektiv«, Jürgen Busche, FAZ v. 7.12.1976
»Vom Leben tödlich verwundet«, Jürgen Busche, FAZ v. 12.12.1980

Über Geschichte, Politik und Geographie von den USA, Kalifornien und Los Angeles

Joel Kotkin/Paul Grabowicz, California Inc., New York 1982
Alexander Campell, Der Jammer mit Amerika, Wien, München, Zürich 1972
Raymond Cartier, 50mal Amerika, Zürich, München 1974[13]
Robert Glass Cleland, From Wilderness to Empire. A History of California, New York 1960
John A. Garraty, The American Nation. A History of the United States Since 1865, New York 1975
Ferdinand Lundberg, Die Reichen und die Superreichen. Macht und Allmacht des Geldes, Hamburg 1969
Henry Marx, San Francisco – Los Angeles, Stuttgart, Berlin, Köln 1981
Studs Terkel, Hard Times. An Oral History of the Great Depression, New York 1970

Aufsätze
»Die neue Neue Welt – Olympiastadt Los Angeles: Babylons Wiederauferstehung am Pazifischen Ozean«, Peter Sartorius, *Süddeutsche Zeitung* v. 21.7.1984
»Mr. America – zur Karriere verdammt«, Michael Schwelien, *Die Zeit* v. 24.3.76
»Die Träume einer Nation«, John Steinbeck, *Die Welt* v. 12.9.1966

Über Literatur, Film, Kultur

F. Scott Fitzgerald, »The Rich Boy« (1926), in: The Diamond As Big As the Ritz and Other Stories, London 1962
F. Scott Fitzgerald/Edmund Wilson (ed.), The Crack-Up, New York 1956
Nathaniel West, »The Day of the Locust« (1939), in: The Collected Works of Nathaniel West, London 1967[3]
Richard J. Anobile (ed.), The Maltese Falcon – The Film Book, New York 1974
Leslie A. Fiedler, Waiting for the End, New York 1964
Leslie A. Fiedler, Love and Death in the American Novel, New York 1966[2]
Leslie A. Fiedler, The Return of the Vanishing American, New York 1968, 1976

Leslie A. Fiedler, An End to Innocence, New York 1972

A. Heinzlmeier/J. Menningen/B. Schulz, Das Humphrey Bogart Fan-Buch, Hamburg 1984

A. Heinzlmeier/J. Menningen/B. Schulz, Kino der Nacht. Hollywoods Schwarze Serie, Hamburg 1985

Peter W. Jansen/Wolfram Schütte (hrsg.), Humphrey Bogart, Hanser Reihe Film 8, München 1976

David Madden (ed.), Tough Guy Writers of the Thirties, Carbondale 1968

Arthur Mizener, The Far Side of Paradise. A Biography of F. Scott Fitzgerald, New York 1949

Georg Seeßlen, Der Asphalt-Dschungel. Geschichte und Mythologie des Gangsterfilms, Reinbek bei Hamburg 1980

Neil Sinyard/Adrian Turber, Billy Wilders Filme, Berlin 1980

John Russel Taylor, Fremde im Paradies. Emigranten in Hollywood 1933–1950, Frankfurt/M., Berlin 1987

Paul Werner, Film Noir, Frankfurt/M. 1985

Paul Werner/Uta van Steen, Rebellin in Hollywood. 13 Portraits des Eigensinns, Frankfurt/M. 1986

Aufsatz

»In einem Film gefangen bis ans Lebensende«, Valeska von Roques, *Der Spiegel* v. 16.2.1987